W0069814

bei Klett-Cotta

ZU DIESEM BUCH

Für viele Menschen sind Prüfungen in Schule, Studium und Ausbildung oder die Führerscheinprüfung extrem angstbesetzt. Aber
auch alltägliche Anlässe wie das Sprechen vor anderen Menschen,
Empfangen von Gästen oder der Besuch einer Behörde können als
kaum zu bewältigende Prüfungssituation erlebt werden. Ähnlich
geht es manchen Menschen in Schwellensituationen wie Einschulung, Beginn oder Beendigung einer Ausbildung oder bei entwick-
lungs- und altersbedingten körperlichen und sozialen Veränderungen in jedem Lebensalter.
In ihrer langjährigen Erfahrung als Psychoanalytikerin wurde für
die Autorin immer deutlicher, dass es sich bei den unbewussten
Konflikten, die derartigen Ängsten zugrunde liegen, häufig um sich
zuspitzende Identitätskrisen handelt. Sie können als Ausdruck der
Angst vor einer anstehenden Veränderung verstanden werden. Neben der bewusst erlebten Prüfungsangst kommt es dabei häufig zu
schweren Arbeitsstörungen und Alpträumen vor anstehenden Prüfungen oder Schwellensituationen.
Die hier dargestellten psychodynamischen Behandlungsmöglich-
keiten reichen von der Krisenintervention, die den Klienten kurzfristig »prüfungsfähig« macht, über Fokaltherapie und tiefenpsychologisch fundierte Psychotherapie bis zur psychoanalytischen
Langzeitbehandlung. Zahlreiche Fallbeispiele veranschaulichen eindrucksvoll die Bandbreite der Störungen sowie die therapeutischen
Interventionsmöglichkeiten.

Dr. med. Christine Tabbert-Haugg ist Fachärztin für Psychotherapeutische Medizin, Psychoanalytikerin in freier Praxis in München,
Leiterin der psychotherapeutischen und psychosozialen Beratungsstelle des Studentenwerkes, Dozentin und Lehranalytikerin der
Akademie für Psychoanalyse und Psychotherapie e.V. München
und Gruppenlehranalytikerin (DAGG, DGPT, DPG).

Christine Tabbert-Haugg

Alptraum Prüfung

Gestörtes Prüfungsverhalten
als Ausdruck von Schwellenängsten
und Identitätskrisen

Pfeiffer bei Klett-Cotta

Leben lernen 158

Pfeiffer bei Klett-Cotta
© J. G. Cotta'sche Nachfolger GmbH, gegr. 1659,
Stuttgart 2003
Alle Rechte vorbehalten
Fotomechanische Wiedergabe
nur mit Genehmigung des Verlages
Printed in Germany
Umschlag: Michael Berwanger, München
Titelbild: Horst Thürheimer, München:
Ohne Titel, 1994, 22 × 36 cm,
Mischtechnik auf Bütten
Satz: Filmsatz Schröter GmbH, München
Auf holz- und säurefreiem Werkdruckpapier gedruckt
und gebunden von Gutmann + Co., Talheim
ISBN 3-608-89715-1

Bibliographische Information Der Deutschen Bibliothek
Die Deutsche Bibliothek verzeichnet diese Publikation in der Deutschen
Nationalbibliographie; detaillierte bibliographische Daten sind im
Internet über <http://dnb.ddb.de> abrufbar.

Inhalt

Vorwort 7

Klinische Einführung in die Thematik 11

I. Physiologische und neurobiologische
   Grundlagen 31

II. Psychodynamische Grundlagen 42

   1.   Allgemeines 42
   2.   Traumtheorie 45
   2.1 Manifester Traum und Traumdiagnostik 45
   2.2 Prüfungsangstträume 61
   3.   Entwicklungsstufen der Angst 65
   3.1 Normale und gestörte Entwicklung 65
   3.2 Spezielle Krankheitsbilder mit dem
        Symptom Angst 94
   3.3 Arbeitsstörungen 104
   3.3.1 Das Phänomen 104
   3.3.2 Die Psychodynamik 105

   4.   Identität und Selbst 113
   4.1 Einführung 113
   4.2 Soziokulturelle und psychoanalyische Konzepte 114

III. Differenzierung von normalen und pathologischen
     Prüfungs- und Schwellenängsten in Bezug
     auf phasenspezifische Konflikte und Defizite 130

   1.   Allgemeine Überlegungen 130
   2.   Adoleszenz und Spätadoleszenz 133
   3.   Protrahierte Adoleszenz 143

4. Reaktivierung ödipaler Konflikte 148
5. Reaktivierung präödipaler Konflikte 152
5.1 Analsadistische und masochistische Konflikte ... 152
5.2 Depressive Konflikte 160
5.3 Narzisstische Konflikte 169
5.4 Schizoid-narzisstische Konflikte 187
5.5 Psychotisches Störungsniveau 202

IV. Spezifische Schwellenängste im mittleren
und höheren Alter 208

V. Möglichkeiten psychotherapeutischer
Interventionen 223

1. Die psychoanalytische Grundhaltung 223
2. Einzelne psychoanalytische Behandlungsansätze 228

Literatur 237
Sachregister 245

Vorwort

Es besteht eine große Diskrepanz zwischen dem in der Praxis überaus häufigen Auftreten von Prüfungsängsten bei Menschen in verschiedensten Lebenssituationen und unterschiedlichsten Altersstufen und der geringen Aufmerksamkeit, die das Thema in der psychoanalytischen Literatur bislang genießt.

Seit fast einem Vierteljahrhundert ist mir diese Thematik immer wieder begegnet, und zwar im Rahmen meiner psychoanalytischen Praxis, in der psychotherapeutischen/psychosozialen Beratungsstelle des Studentenwerks München und in meiner früheren Funktion als Leiterin der psychotherapeutischen Beratungsstelle der Akademie für Psychoanalyse und Psychotherapie e.V. München für Kinder, Jugendliche und Familien. In den letzten Jahren wurde mir nun die große Bedeutung dieses Problembereichs mehr und mehr bewusst. Als besondere Herausforderung empfand ich dabei immer wieder den behandlungstechnischen Spagat zwischen der Notwendigkeit zur sofortigen Hilfe in Krisensituationen und einer längerfristigen Bearbeitung der psychodynamischen Hintergründe bei schwereren Störungsbildern. Über das engere Thema der Prüfungsängste hinaus faszinierte mich die Verschiedenartigkeit der Lebensumstände, in denen Bewältigung von Entwicklungsschritten und neuen Aufgaben gefordert wird: Diese Bewältigung kann auch missglücken. Derartige Situationen oder Schwellen können entweder gesund gemeistert werden oder zu mehr oder weniger schweren psychischen Krisen führen. Dabei fiel mir auch auf, wie sich Prüfungs- und Schwellenprobleme, die sich bis zu Panikattacken steigern können, von Kindheit an bis ins hohe Alter hinein ähneln. Dies veranlasste mich, nach tieferen Einsichten in die psychodynamischen Hintergründe zu suchen.

Als Basis für das Verständnis dieser Thematik werden die psychodynamischen Konzeptionen der Angst und Identität anhand entwicklungspsychologischer Gesichtspunkte unter besonderer Berücksichtigung von Schwellensituationen dargestellt, wobei auch Befunde aus den Neurowissenschaften mit einfließen. Folgende Überlegungen sind mir dabei wichtig: Jede Schwelle verlangt einen psychischen Reifungsschritt, dessen Gelingen bereits in der vorangegangenen Entwicklung eines Menschen vorbereitet sein muss. Jede Veränderung in Richtung Reifung wird bei einem instabilen Selbstwerterleben als zu hohes Risiko erlebt, was dann zur Prüfungsangst (oder zur Risikovermeidung) führt. Wenn zur Zeit des anstehenden Schwellenaugenblickes das notwendige psychische Wachstum nicht erreicht ist, d. h. der Kern des Selbstgefühls von Geburt an im zwischenmenschlichen Dialog nicht ausreichend gebildet werden konnte, kommt es – vielleicht immer wieder – zu Knickstellen in der seelischen Entwicklung und im Identitätserleben. Dadurch kann es für einen Menschen keine Sicherheit geben, einer Prüfung oder einer als Prüfung erlebten Schwellensituation standzuhalten. Dieser Vorgang hat eine unbewusste Konfliktdynamik und erweist sich oft als relativ unabhängig von dem erlernten Wissen.

Die Behandlungsmöglicheiten, die von Erstinterviews und Beratungen bis zu intensiven psychoanalytischen Langzeitbehandlungen reichen, werden durch zahlreiche, z. T. sehr ausführliche Fallvignetten illustriert.

Die Falldarstellungen geben auch Aufschluss über das entsprechende Strukturniveau der Patienten bzw. das Ausmaß ihrer Regression auf kritische Entwicklungsstellen mit der dazugehörigen Dekompensationsgefahr bezüglich ihrer Ich-Kompetenzen. Bei meiner therapeutischen Arbeit als Psychoanalytikerin konnte ich viele wertvolle Erfahrungen mit Patientinnen und Patienten machen, die ich durch die verschiedenen tiefenpsychologisch fundierten und analytischen Prozesse begleitete. Bei meinen Ausführungen in diesem Buch lege ich großen Wert auf die Beachtung bildhafter Ausdrucksweisen in Form von Träumen und Phantasien. Ebenso wichtig erscheinen mir bildnerische, literarische und musikalische Gestaltungen von Patienten selbst, aber auch von Künstlern, mit denen sie sich identifizieren.

Schöpferische Tätigkeit setzt ein ganzheitliches Erleben eines Menschen voraus: den Mut zu denken, von sich selbst aus etwas zu entwickeln, die Achtung des Eigenen und die innere Erfahrung eines geglückten emotionalen Dialogs bereits seit Beginn seines Lebens. Kreativität gehört zum Lebendigsein und sie kennzeichnet eine

Grundeinstellung des Einzelnen zur Realität, dem Offensein gegenüber Neuem, seiner Flexibilität und Begeisterungsfähigkeit. So findet der Musiker aus seinem Innersten einen sicheren Zugang zu seinem Instrument oder seiner Stimme, der Tänzer lebt im eigenen Körper, und unzählige weitere Beispiele von kreativen psychischen Gestaltungsprozessen – Träume, Sprache, Phantasien – können Ausdruck einer ungestörten Kreativität und Identität als menschliches Potenzial sein. Kreative Persönlichkeiten müssen neben ihren Begabungen psychische Qualitäten – wie beispielsweise eine gewisse Ambivalenz- und Frustrationstoleranz, also eine integrierte Innenwelt – besitzen, um ihren inneren Bildern und Schöpfungen Ausdruck verleihen zu können. Aber auch konflikthafte Belastungen – und dazu gehören Prüfungen oder als Prüfung erlebte Situationen – müssen zu bestehen und zu bewältigen sein. Bei Menschen mit einer gestörten Identitätsentwicklung sind auch die Kreativität, die Vitalität und die Schaffenskraft gestört. Grundsätzlich kann sich Kreativität auch in bestimmten Symptombildungen, ähnlich wie beispielsweise in Träumen oder Tagträumereien, zeigen. Diese Symptombildungen sind nicht selten die einzige Möglichkeit eines Menschen, sein unbewusstes Anliegen zum Ausdruck zu bringen.

Der konzeptuelle Teil des Buches konzentriert sich auf den psychoanalytischen Zugang zum Problem der Angst, der Identität und die psychodynamische Verbindung zur Symptomatik bei pathologischen Entwicklungen, wobei als Leitsymptome Arbeitsstörungen, Prüfungsängste und Prüfungsangstträume dominieren. Die Angst wird von der aktuellen Symptomatik wie von ihrer Entwicklung her dargestellt. Dabei werden normale Entwicklungsschritte und entsprechende Störungen in den jeweiligen Entwicklungsphasen bzw. missglückte Bewältigungen von Entwicklungsaufgaben untersucht. Besondere Berücksichtigung findet auch die normale Entwicklung der Identität und ihre pathologischen Arretierungen in spezifischen seelischen Entwicklungsstadien.

Hier möchte ich auch Herrn Professor Dr. Michael Lukas Moeller sehr herzlich danken, der mir seine Doktorarbeit und seine frühen Veröffentlichungen mit fruchtbaren Kommentaren anvertraut hat. Er ist unmittelbar vor dem zugesagten Schreiben eines Geleitwortes zu diesem Buch verstorben.

Ganz besonders dankbar bin ich auch meiner Lektorin, Frau Dr. Christine Treml, die mich in ihrer stillen und kreativen Art während der Fertigstellung dieses Buches sehr hilfreich begleitet hat. Sehr froh bin ich auch über die kompetenten Hinweise der mir sehr vertrauten Psychoanalytikerin, Frau Gertrud Wendl-Kempmann, die mir noch unmittelbar vor den Abschlussarbeiten des Buches ihre intensive Aufmerksamkeit zukommen ließ. Eine ganz besondere Bereicherung habe ich durch die liebevoll kritischen und fruchtbaren Gespräche mit meinem Mann und Kollegen, Dr. Frank Schwarz, erfahren. Er hat aufmerksam und gleichzeitig hilfreich zurückhaltend die einzelnen Buchabschnitte gelesen und mich dadurch wohltuend beraten.

Klinische Einführung in die Thematik

Mit den folgenden Fallbeispielen möchte ich dem Leser das Thema näher bringen: Herr S. äußert sofort bei der Begrüßung die Angst, er könne mich mit seinen Problemen »erschlagen«. Er hat schwere Prüfungsängste, ein Studienabschnitt geht wieder einmal zu Ende. Sein Unbehagen und nun seine Ängste treten *schon in der Vorbereitung der Prüfung* auf. Er bekommt schwere Konzentrationsprobleme, und er erlebt den Lernstoff wie eine »riesige Masse, die mich erschlägt«. Er kann sich dann auf kein Detail mehr konzentrieren, verfällt in Tagträumereien, wie überdurchschnittlich begabt und erfolgreich er sei. Dafür schämt er sich entsetzlich. Oder er ist in »ruhigeren Zeiten« extrem ehrgeizig und fleißig. Die dabei erworbenen Kenntnisse stehen ihm aber bei Prüfungen nicht zur Verfügung. »Ich bringe nur noch Müll aufs Papier.« Schon als Schulkind ist er immer wieder unter Druck gekommen. Allzu oft hatte er »Lernblockaden«, und er fühlte sich dann meist ungerecht benotet. »Ich hatte immer Angst, Angst vor dem Größerwerden, Angst, Leuten unterlegen zu sein, die viel leisten«, Angst vor Rivalitäten also und Angst vor Beschämung durch den »übertüchtigen« Vater, der als Lehrer extrem streng im Umgang mit Schülern und den eigenen Söhnen war. Es gab Prügelstrafen für schlechte Leistungen. Dieser Student steht unter hohem Leidensdruck und wünscht sich dringend eine Therapie. Er sucht in mir die Ärztin, die ihm sagen soll, was zu tun sei. Er spürt Angst davor, etwas aktiv in die Hand nehmen zu müssen, und erlebt seine Bedürftigkeit nach Anerkennung, den Wunsch, als »starker Typ« gesehen zu werden, ohne sich selbst dabei irgendwie achten zu können. Aus dem Nesthäkchengefühl als jüngster Sohn kommt er einfach nicht heraus. Aber gerade und nur in dieser Nesthäkchenrolle konnte er sich vor Druck und Schlägen seitens des Vaters schützen.

Im nächsten Gespräch wurde Folgendes deutlich: Bei progressiven Bedürfnissen, d. h. wenn er frei, erfolgreich, selbstbewusst werden will, bekommt er sofort immer wieder Angst; dann muss er schauspielern, sich klein machen und darf nur heimlich größer sein – ein dauernder innerer Konflikt und Stresspunkt. In seinen Ängsten hat er Trennung, Strafe und Beschämung zu befürchten.

In der darauf folgenden Sitzung fühlt er sich betrogen um das »verlorene Paradies«. Er erinnert einen Traum: *»Ich bin allein in einer Landschaft. Der Himmel öffnet sich. Da ist ein riesengroßes blaues Loch. Ich höre eine männliche Stimme sprechen. Sie klingt freundlich, aber sie sagt: Du bist nur versehentlich hier!«*

Er hatte immer wieder – vergebliche – Hoffnung, durch einen allmächtig, gottähnlich erlebten Vater von seiner Verlassenheit erlöst und ins Paradies aufgenommen zu werden. Aber im Grunde ist er klein und unwichtig in seinem Selbsterleben und nur »versehentlich« hier. Auch ich als die idealisierte Ärztin konnte ihm natürlich nicht die Suche nach seinem *eigenen* Weg aufzeigen, das wäre illusionär gewesen. Nun fühlt er sich *»gottverlassen und unwichtig«*. Dieses Erleben von Ohnmacht und Bedeutungslosigkeit versucht er zum Teil mit Größenphantasien in seinen Tagträumen zu kompensieren. »Jede Prüfung ist ein Alptraum«, jeder Schritt in einer Schwellensituation ist eine vernichtende Bedrohung und macht Angst vor dem nächsten Schritt in seiner Reifung und weiterer Identitätsentwicklung. Das geprügelte Kind fürchtet in der Übertragung (bereits vor dem ersten Kennenlernen), die Therapeutin zu erschlagen. Sein Selbstwertgefühl ist extrem brüchig, seine Kränkbarkeit groß. Für die tiefen Ängste dieses Patienten musste eine Langzeitbehandlung eingeleitet werden, die schließlich nach Jahren erfolgreich beendet wurde.

Während bei dem gerade geschilderten Beispiel sich die Angst schon auf die Prüfungsvorbereitungen lähmend auswirkt und zu einem Vermeideverhalten mit Tagträumen führt und schwere Arbeitsstörungen bewirkt, tritt die Angst einer jungen Frau überraschend während der Prüfung auf, wie die folgende Vignette zeigt:

Frau B., die 24-jährige, intelligente Biologiestudentin, kommt wegen akuter Prüfungsängste. Sie war in ihrer ersten Diplomprüfung gescheitert und hat nun panische Angst vor ihrem nächsten Versuch. Sie war nahezu »überperfekt« vorbereitet, hatte dann aber *in der Prüfung* eine »totale Mattscheibe. Ich bekam Herzklopfen und

Schweißausbrüche und konnte nur noch unzusammenhängendes Zeug von mir geben. Ich halte mich dann für total blöd.« Die hübsche und im Kontakt offene Studentin hat im bisherigen Studienverlauf gute bis durchschnittliche Leistungen erbracht, nebenbei Geld verdient und die Freizeit mit ihrem Freund und anderen jungen Leuten lebendig und befriedigend gestaltet. Sie verfügte über gute psychische Ressourcen während der Studienzeit. In der Abschlussphase und in den Prüfungsvorbereitungen setzte sie sich jedoch selbst stark unter Druck: »Das müsstest du längst schon wissen.« Sie kann erkennen, wie unfruchtbar ihre Selbstvorwürfe sind und wie sie dadurch ihr eigenes Denken blockiert. Mit Blick auf die Wiederholungsprüfung hat sie nun unerträgliche Angst vor einer erneuten Denkblockade. Ihre Angst bezieht sich vor allem darauf, sie könne die Prüfungsfragen nicht richtig verstehen, und nicht so sehr auf den Fall, dass sie die richtige Antwort nicht finden könnte. Sie ist ja wirklich perfekt vorbereitet! Die Prüfungsfrage könnte eine Falle sein, man könnte sie reinlegen und irgendwie auf eine falsche Fährte lenken wollen.

In wenigen Gesprächen erfuhr ich, dass sie als Einzelkind in einer sehr eng bezogenen familiären Situation aufwuchs, in der Zuwendung stark von Leistung und dem Erfüllen elterlicher Erwartungen abhingen. Die zunehmende Selbstständigkeit und Autonomie der jungen Frau, die ja als Studentin in einem lang anhaltenden wirtschaftlichen Abhängigkeitsverhältnis von zu Hause stand, war wohl für ihre Eltern ein großes Problem, denn sie reagierten darauf mit Verlustgefühlen, die sich ganz unterschiedlich äußerten. Die äußerst überbehütende Erziehung bewirkte dann eine zu große Bindung an das Elternhaus, und die Welt wird als gefährlich und Furcht einflößend erlebt. Die übermäßige Verstrickung mit den primären Bezugspersonen macht Frau B. unbewusst Schuldgefühle und Angst im Sinne von symbiotischer Angst vor Eigenverantwortung und sie reagiert während der Prüfung »kopflos«. Ihre Prüfer erlebt sie als Gegner, die sie »nur in die Irre führen« und abwerten wollen. Das Problem der Selbstbehauptung versus Unterwerfung war bereits in der frühen Kindheit und Pubertät der jungen Frau virulent und von ihr nie befriedigend gelöst worden. Bei den liebevollen, aber neurotischen Eltern mangelte es an Auseinandersetzungsmöglichkeiten. Aggressionen wurden verdrängt. Bei ihr entstanden Trennungsschuldgefühle und Gewissensangst. Als »brave« Tochter fürchtet sie unbewusst nun bei dem nächsten Autonomieschritt durch eine bestandene Abschlussprüfung die Vergeltung dieser inneren enttäuschten Elternfiguren: Die Mutter wendet sich ab mit Liebesentzug, der Vater greift ihre Intelligenz an, indem er sie verwirrt. Sie selbst könnte der Unklarheit des Prüfers, der verwirrende Fragen stellt, (in der Vaterübertragung) ausgeliefert sein. Aus dieser unbewussten Angst vor Beschämung, Verlust, Strafe und willkürlicher Irreführung, die sie quält, tritt ihre Denkblockade mit all den geschilderten Begleitphänomenen auf.

Diese Studentin hat die seelische Kraft, ihre Angst bis zur letzten Minute abzuwehren. In der Prüfung selbst versagt aber die Abwehr der neurotischen Angst, von der sie letztlich überschwemmt wird.

Anders als beim ersten Beispiel ist die Prüfung als Angst auslösende Situation nicht so verheerend in der Auswirkung. Deshalb kann ihr auch schon mit geringerem therapeutischen Aufwand in Form einer Krisenintervention als Sofortmaßnahme eine Brücke zur Wiederherstellung ihrer Prüfungsfähigkeit gebaut werden. Vielleicht könnte man sich fragen, weshalb Frau B. nicht bereits nach Beendigung ihrer Schulzeit, d. h. zu Beginn ihres Studiums als einer wichtigen Schwellensituation, hätte in Angstzustände geraten müssen. Aber sie war zum einen psychisch stabiler als vergleichsweise Herr S. und zum anderen ist ja ihr Problem die zu eng verquickte, symbiotische Bindung an das Elternhaus, die während des Studiums wegen der protrahierten Abhängigkeit als Studentin noch zu einem großen Teil nicht allzu sehr in Frage gestellt werden musste. Hier ist nun die bedrohlichere Schwelle die Loslösung von der Familie (stellvertretend hier auch die Universität als Alma Mater) durch mehr Eigenständigkeit.

Frau B. kommt zwei Jahre später nochmals zu mir. Im Berufsleben hat sie sich »einigermaßen arrangiert«, allerdings leidet sie – längst *nach den bestandenen Prüfungen* – unter *quälenden Alpträumen,* die ihr den Schlaf rauben. Am schlimmsten sind die Alpträume, in denen sie sich in »endlosem Horror« immer wieder in der Abiturprüfung oder in längst erfolgreich abgelegten Examina befindet, die sie nicht bestehen kann, wo ihr der Wissensstoff fehlt oder abhanden gekommen ist und sie schweißgebadet in Angst aufwacht. Sie bittet um therapeutische Hilfe »diesmal über einen längeren Zeitraum« und beginnt mit einer analytische Gruppenpsychotherapie, in der sie einen großen Teil ihrer tiefer liegenden Probleme aufarbeiten kann.

In jedem Leben treten in der biographischen Entwicklung immer wieder spezielle Anforderungen auf Veränderungen ein, die eine Anpassung an neue Lebensumstände verlangen. Solche Schwellensituationen können als unüberwindbare Prüfungen und Herausforderungen erlebt werden, Angst auslösen und in Krisen mit den verschiedensten Symptomen führen. Eine Krise wird oft wie das Sterben gefürchtet oder erfahren. Mario Erdheim spricht auch vom »sozialen Tod«. Bedeutet ja jeder Veränderungsschritt, also das Überschreiten einer Schwellensituation, auch eine Veränderung – zumindest teilweise – im Identitätserleben. So ermöglicht zum Beispiel ein Hochschulabschluss eine völlig veränderte Situation im alltäglichen Leben: die Studentenzeit ist zu Ende, es gibt berufliche Entfaltungsmöglichkeiten, oft erstmals ein selbstständiges Einkommen und ein höheres Sozialprestige. Auch Hauptschulabsolventen geraten in eine ganz andere Lebenszeit, wenn sie zunächst in die Situation eines Lehrlings kommen und später in die Berufstätigkeit mit mehr Einkommen, Selbstbestimmung oder Macht aufsteigen. Die Chance, mehr auf eigenen Beinen zu stehen, ist immer wieder eine Herausforderung, die vorher Angst machen kann, aber auch während einer wichtigen Prüfung als Schwellensituation ängstigt oder nachher Probleme bereiten kann, wie dies die oben geschilderten Fallvignetten zeigen. Ein Schulabschluss, in unserem Kulturkreis vor allem das Abitur, stellt eine wichtige Schwellensituation im Leben dar, ist gewissermaßen ein bedeutungsvolles Ritual der modernen Gesellschaft (vergleichbar mit den Initiationsriten primitiver Gesellschaften) und gibt höheres Ansehen und mehr Freiheit, um in eine weiterführende Ausbildung oder in ein Studium zu gehen. Auf die Psychodynamik solcher Veränderungsschritte möchte ich später anhand von Fallbeispielen mit Trauminterpretationen eingehen. Als Schwellensituation können die verschiedensten Anlässe erfahren werden. Ein »klassisches« Beispiel ist die Geburt eines Kindes. Aber auch der erste Kindergartenbesuch kann Schwellenangst auslösend wirken. Auch ein anstehender Schwimmkurs wie z. B. bei der *vierjährigen Jessica,* deren Mutter wegen einer schweren Depression sehr lange bei mir in Therapie war, brachte das Kind in eine schwere Krise. Die Ängste Jessicas und auch anderer Kinder, zum Beispiel vor der Schwelle »Schule«, sollen im Folgenden betrachtet werden, um die im westlichen Kulturkreis rituelle Komponente bei der Entstehung von Schwellenängsten schon an dieser Stelle anzusprechen. Jessica hatte bereits zwei Jahre vor der oben erwähnten Krise große Angst, in den Kindergarten zu gehen, und »trödelte« zu Hause oder weinte oft stundenlang vor oder nach der Trennung von der Mutter und war auch von den Kindergärtnerinnen nur schwer zu trösten. Während der Therapie der Mutter war dies immer wieder Thema gewesen. Einige Jahre nach Beendigung der Analyse bittet mich Jessicas Mutter erneut um Hilfe. Jessicas Vater war heroinsüchtig geworden und musste für ein Jahr in eine Drogeneinrichtung. Jessicas Ängste spitzten sich währenddessen zu. Wegen der äußerst angespannten Ehesituation kommen nun beide Elternteile zu Paargesprächen. Eine intensivere Phase von Paartherapie kommt zustande. Nachdem die kleine Jessica zu mehreren Familiensitzungen mitgebracht worden war, äußert sie plötzlich unvermittelt Todesangst vor dem anstehenden Schwimmkurs: »*Ich will gleich tot sein, dann muss ich nicht sterben … da ist niemand, der mich vor dem Ertrinken rettet… ich will tot sein!*« Sie hat Angst, sich in das Wasser fallen zu lassen, der Schwimmlehrer – so weiß sie das schon von anderen Kindern – wird das ohne Schwimmflügel verlangen. So wie sie ihren inneren Objekten und ihrem Körpergefühl kein Vertrauen schenken kann, so will sie die Schwelle vermeiden,will lieber tot sein, als sich einer Schwimmhilfe auszuliefern und ins – kalte – Wasser zu springen. Die Vorfreude, mit anderen Kindern nach Überwindung der Schwelle »Schwimmkurs« sich freier im Wasser vergnügen zu können, kennt sie nicht. Sie malt in der Familientherapie sehr viel und drückt ihre Selbstzustände und Schwellenängste (Schwimmkurs, Scheidungsgedanken der Eltern, Wegzug des Vaters in eine therapeutische Wohngemeinschaft usw.) sehr eindrucksvoll in

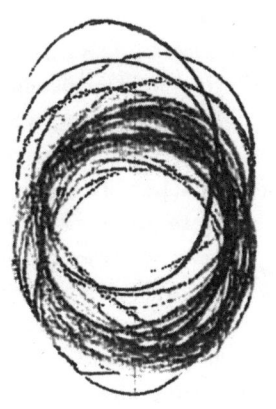

Abb. 1:
»Das bin ich in meiner Familie.«
(Jessica, 5 Jahre)

Abb. 2:
»Die Familiengespräche,
da streiten die Eltern nur.«

ihren Bildern aus. Zunächst ist sie noch in ihrer Identität ein kaum wahrnehmbares »Knäuel« (Abb. 1), dann setzt sie sich jedoch vermehrt mit der »Gruselheirat« ihrer Eltern und der anstehenden Scheidung auseinander (Abb. 2). Aus eigener Erfahrung weiß sie nun allmählich: Wenn sie jemandem ihre Ängste anvertrauen kann, werden sie schon weniger. In den therapeutischen Sitzungen kann sie vieles aufzeichnen und lernt dadurch ihre Ängste zu beherrschen. Die Mutter sagt in einer Stunde zu ihr: *»Jetzt kann ich mir erst vorstellen, wie deine Angst war. Das war ja fürchterlich und du warst ganz allein damit.«* Nun wird Jessica mehr und mehr zur »Prinzessin« im Familiengeschehen, allerdings droht der Vater sie zu »verbrennen« in der inzestuösen Verführungsangst des Kindes (er macht sie in distanzloser Nähe zum Partnerersatz bzw. sucht in ihr eine Verbündete gegen die Mutter). Gleichzeitig »verbrennt«

Abb. 3: »Mein Papa verbrennt mich, der ist so heiß.«

Abb. 4: »Stress«

Abb. 5: »Der Punkt in der Leere«

der »Vaterbaum« sich selbst durch seine selbstzerstörerische Sucht (Abb. 3). Sie fühlt sich von den Eltern in ihrem Kummer allein gelassen und unverstanden, kommt in Stress (Abb. 4). Sie ist allerdings im fortschreitenden familiären Klärungsprozess ein nicht zu übersehender, wenn auch einsamer »Punkt« (die wenig Halt gebende Bezugswelt wird als »Leere« empfunden) inmitten der sehr gefährdeten Familie geworden (s. Abb. 5). Dieses Kind kann durch seine Bilder sehr eindrucksvoll den jeweiligen Selbstzustand, der sich während der Familientherapie verändert, ausdrücken. Es zeigt sich, dass die neurotische Störung als ein gemeinsames Produkt

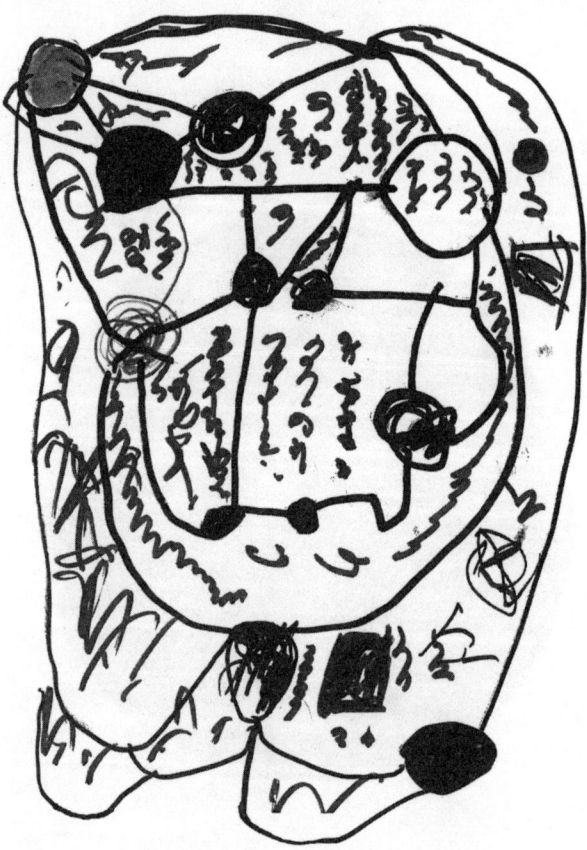

Abb. 6: »Landkarte, damit wir wissen wohin«

einer Anzahl von Personen, der Familie, zu sehen ist, die bei seiner Entstehung und Erhaltung zusammenwirken. Die Schwellenangst vor dem Schwimmkurs kann schließlich besser verstanden und allmählich überwunden werden. Später beginnt Jessica wegen erneut auftretender schwerer Angstzustände während der Scheidungsauseinandersetzung ihrer Eltern (»ein Flugzeug stürzt auf unser Haus und wir alle verbrennen«) eine analytische Kinderpsychotherapie, die ihr eine große Hilfe für ihre weiteren Entwicklungsschritte ist und bei symptomverstärkenden Schwellensituationen (z. B. Umzug etc.) Halt bietet (Abb. 6).

Bei dem 4-jährigen Arvid zeigt sich die Schwellenangst anders und milder als bei Jessica. Er besteht »eisern« – so die Mutter – als Trostspende und Einschlafhilfe auf seinem Schnuller und dem Teefläschchen, obwohl er schon sehr groß ist, während sein kleiner acht Monate alter Bruder noch Baby ist und das Saugen tatsächlich noch braucht. Die selbst sehr anlehnungsbedürftige Mutter stammt aus einem fremden südlichen Land und hat bereits mit 18 Jahren ihren deutschen Ehemann geheiratet. »Das war mein Familien- und Heimatersatz … ich flog von einem Nest ins andere … meine Entwicklung war wie abgebrochen, mein Mann musste beruflich viel verreisen und Arvid war meine einzige Bezugsperson.« Mutter und Sohn lebten eine innige Symbiose, der Loslösungsprozess war für beide durch die neue Schwangerschaft »erzwungen«. Doch eines Tages wünscht sich Arvid, angeregt durch andere spielende Kinder aus der Umgebung, »durchbruchartig dringend« ein erstes Kinderfahrrad. Bislang hatte er weder nach einem Dreirad, Roller oder sonstigen Fortbewegungsmöglichkeiten gefragt. Die überängstliche Mutter will ihn nun davon abbringen, indem sie sagt, es sei noch zu früh, er hänge doch noch so sehr an seinem Schnuller. Dann setzt sich Arvid gegen den mütterlichen Sog heftig durch und schlägt spontan ein Ritual vor: »Heute trinke ich mein letztes Fläschchen und werfe alle Schnullis weit, weit, weit weg, gleich in die Mülltonne, dann nehmen die Männer da unten die Schnullis für immer mit!« Tapfer vollzieht er zum großen Erstaunen und dem damit verbundenen Trennungsschmerz seitens der Mutter das Ritual und erkämpft sich damit sein Fahrrad, sein Freiheitssymbol.

Abb. 7: Mein 1. Schultag: »Da lernen wir vielleicht fliegen!« (Katja, 6 Jahre)

Abb. 8: Mein 1. Schultag: »Da bin ich nicht mehr frei!« (Moritz, 6 Jahre)

Die Mutter nimmt diesen Vorgang zum Anlass, selbst eine Therapie zu beginnen. »*Ich habe mein Kind als Partnerersatz genommen, Arvid war mein Trost in der Fremde und meiner Einsamkeit. Es war eine Illusion.*« Diesen Satz wird sie nach zwei Jahren Analyse formulieren. Die gescheiterte Ehe hat sie aufgelöst, das Fremdgehen des Mannes nicht mehr duldsam hingenommen. Arvid entwickelt sich zu einem durchsetzungskräftigen, zwischendurch sich trotzig verweigernden Jungen.

Eine andere wichtige Schwelle im Leben ist sicherlich auch die **Einschulung** eines Kindes. Auch hier gibt es natürlich die verschiedensten individuellen Verarbeitungsmöglichkeiten sowohl bei den Eltern als auch bei den Kindern. An dieser Stelle möchte ich zwei sehr unterschiedliche Erlebnisweisen von Kindern, die sich auf die »Schwelle« Schule einzustellen hatten, in deren selbst gemalten Bildern zeigen. Die sechsjährige Katja ist stolz, in die Schule zu kommen. Ängstlich ist sie aber auch, sie malt ein recht bodenständiges Bild mit einem gut verwurzelten Baum, doch will sie in der Schule lieber erst einmal »fliegen lernen« (s. Abb. 7, auf das Bild des »Fliegens« werde ich später anlässlich eines sehr kranken Verarbeitungsmodus bei einem Patienten nochmals eingehen). Der sechsjährige Moritz fürchtet sich schon etwas mehr vor dem »Käfig« Schule. Er hat in den letzten Wochen häufiger Tiere gemalt und sie dann in den Käfig gesperrt. Er will das »wilde Tier« selbst bändigen und seine Ängste damit »selber« beherrschen. Für ihn ist die subjektiv erlebte Schwelle seiner Einschulung bedrohlicher als für Katja, zumindest erlebt er sie als sehr einschränkend. Mit dem »Selbermachen« des Käfigs rettet er subjektiv seine Selbstbestimmung. Er spielte immer schon gerne »Tiger«, und er sah seinen Freiheitsdrang bereits im Kindergarten zum Teil wie jetzt im »Schulkäfig« eingesperrt (s. Abb. 8). Die psychoanalytische Erfahrung zeigt uns, dass es angstfreie Kinder nicht geben kann. Die verschiedenen Angstformen sind normale Begleiterscheinungen der einzelnen Entwicklungsstufen. Die Trennungsangst entsteht in der Phase der frühen Mutter-Kind-Dyade, die Angst vor Liebesverlust entspringt der bereits konstanten Objektbeziehung, und die Kastrationsangst hat ihren Höhepunkt in der ödipalen Phase, wobei hierfür bereits frühere Gefahrenquellen zu bemerken sind (vgl. das Kapitel über Angstentwicklung). Wie sehr ein Kind oder später ein Erwachsener seine Entwicklungsaufgaben bewältigen und damit auch die dazugehörigen spezifischen Ängste bewältigen kann, hängt von seinem seelischen Gleichgewicht und seinen Ich-Kompetenzen ab. Es gibt Kinder, die alles Neue lustbetont erwarten, zum Beispiel auch die Einschulung oder einen Ausflug im Kindergarten oder eine neue Speise usw., und sich freuen über ihre Fortschritte in der Beweglichkeit, im Abenteuer der Unabhängigkeit und dem Selbstständigwerden. Sie wollen »groß« sein wie die Erwachsenen und werden dadurch entschädigt für alle Schwierigkeiten und Schwellenängste samt Hindernissen, die ihnen auf diesem Weg zum Erwachsensein begegnen. Diese relativ angstfreien Kinder hatten in ihrer Vorgeschichte ausreichend Halt gebende Objektbeziehungen, die ihnen halfen, ihre Welt zu ordnen und eine gefestigte Identität aufzubauen. Andere Kinder erleben jeden Fortschritt in der Entwicklung als herben Verzicht auf alte Lustquellen oder gar als schweren Verlust. Sie klammern sich an die Mutter, fürchten sich vor dem Fremden oder vor Eigenverantwortlichkeit. Hier wird dann der Schulbeginn zur quälenden Angstquelle wie zum Beispiel bei Sandra. Sie leidet seit dem ersten Schultag unter heftigen Bauchschmerzen, die in den Schulferien fast ganz verschwinden. Bei geringsten Fehlern beginnt sie in der Schule zu weinen und sie will »lieber sterben«, wenn sie keine sehr gute Schulbeurteilung bekommt. Ihr innerer Leistungsdruck ist so groß, dass sie in der Klasse ständig weint und bereits von den Mitschülern als »Heulsuse« verlacht wird, was ihr schwaches Selbstbewusstsein noch mehr angreift. Erhöhte Leistungsangst bei Schulkindern ist dabei nach Schwarzer (1993, S. 105) die Angst »angesichts von Leistungsanforderungen, die als selbstwertbedrohlich eingeschätzt werden«. Die negative Wirkung von Angst wird primär auf die mit ihr einhergehenden Kognitionen zurückgeführt. Die bei Menschen mit Prüfungsangst ablaufenden Gedanken lassen sich hinsichtlich ihres Inhalts nach Schwarzer (1993) in *Besorgnis* und *Aufgeregtheit* unterscheiden. Besorgnis beeinträchtigt die kognitiven Komponenten der ablaufenden Gedanken (»Wenn ich keine hervorragende Schulnote schaffe, bin ich eine schlechte Schülerin und muss vielleicht sitzen bleiben«, eine übertriebene Angst von Sandra). Aufgeregtheit beeinträchtigt dagegen mehr die Leistung durch Heftigkeit des Affekts und damit die Informationsverarbeitung im Schulunterricht und beim Lernen auf Prüfungen über Körpersymptome (»Mein Herz rast«, »ich habe Bauchweh vor Angst« usw.). Das Kind Sandra entwickelt nach der Einschulung als eine sie besonders ängstigende Schwellensituation in ihrem Leben so heftige und nicht zu beruhigende Angstsymptome, dass sie eine tiefer greifende Therapie beginnen muss. Es stellt sich heraus, dass die erste Bindungsphase an die Mutter durch deren seelische Unsicherheit sehr behindert war, sodass ein unsicherer Bindungstyp entstand, in dessen Rahmen die kleine Patientin nur wenig Urvertrauen aufbauen konnte und extrem vulnerabel für Trennungssituationen und Kränkungen im Leistungsbereich wurde. Außerdem hatte die ohne Partner erziehende Mutter überhöhte Leistungsanforderungen an sich selbst und in Folge davon auch an das Kind gestellt. Sandra sollte in ihrem Leben etwas schaffen, was der Mutter nicht möglich gewesen war. Dadurch kam sie in das Dilemma, nicht für sich selbst und ihre eigene Lebensneugier Erfahrungen im Lernen sammeln zu dürfen, sondern in der so genannten Bringschuld der Mutter gegenüber als deren Selbstobjekt funktionalisiert zu werden. Sie arbeitet also für das Objekt und nicht für ihre eigene Autonomieentfaltung und entwickelt pathologische Angst vor Leistungsnachweisen, die sie in das Dilemma zwischen selbstständigem Denken und Arbeiten *für* das Selbstobjekt Mutter bringt. Ein Nachreifungsprozess im geschützten therapeutischen Setting einer analytischen Spieltherapie kann ihr schließlich viel Halt geben und ihr helfen, mehr altersgemäße Konfliktfähigkeit aufzubauen.

Melanie entwickelt mit 11 Jahren eine heftige Angst vor dem täglichen Schulbesuch. Sie leidet unter Einschlafstörungen, kann sich beim Lernen nicht mehr konzentrieren und »dreht fast durch«, wenn Schulleistungsprüfungen anstehen. Tageweise bricht sie unter den Belastungen seelisch und körperlich zusammen. Sie weint unaufhörlich und kann sich nicht mehr auf den Beinen halten. Für die Eltern und Lehrer kommt dieser Zustand umso überraschender, als

Abb. 9: »Selbstbild« 1 (Melanie, 11 Jahre)

Melanie bislang sehr gut in der Schule war und sogar immer wieder betont hatte, dass sie sich in der Schule geborgener fühle als zu Hause. »Mein Leben macht keinen Sinn mehr, ich wünschte, ich wäre tot, ich gehe nicht mehr in die Schule«, sagt Melanie zu ihrer Mutter. Die Mutter ist zum Zeitpunkt der Dekompensation von Melanie sehr belastet durch die Untreue ihres Mannes, Melanies Vater, und dessen Betrügereien im Beruf, die zur Anzeige gekommen waren. Die Mutter hat schon längere Zeit Trennungsabsichten, jetzt hat sie sich zur Scheidung durchgerungen, ohne noch mit den

Kindern darüber gesprochen zu haben. Melanie ist wohl mit der selbst sehr depressiven Mutter identifiziert und gleichzeitig wird für sie mit der beginnenden Pubertät die Hinwendung zum Vater sehr erschwert. In der Therapie stellt sich dann heraus, dass Melanie bereits als Baby »sehr schwierig« war. Aus den Erzählungen der Mutter wird klar, dass sie viel geschrien hat, die Nahrungsaufnahme »trotz aller Bemühungen« verweigerte und schließlich im Alter von acht Monaten mit der Sonde im Krankenhaus ernährt werden musste. Die Mutter hat das Kind nicht gewollt, fühlte sich ständig überfordert und ihren eigenen Schuldgefühlen »ausgeliefert«. Sie war und ist auch heute nicht in der Lage, auf sich und ihre eigenen Bedürfnisse zu achten, und fühlte sich infolgedessen seit der Entbindung von ihrem Baby »ausgesaugt«, ein Teufelskreis, der schwer zu durchbrechen war. In der Schule bekam Melanie zunächst mehr Spielraum, sich selbst auszuprobieren und eigene Verbindungen außerhalb der neurotischen Familie aufzubauen, was nicht zuletzt auch dank ihrer hohen Intelligenz gut glückte. Ihre Trennungsangst wird nun aber angesichts der zerbrechenden Familie, der anstehenden Trennung der Eltern, akut. Sie muss sich in der desolaten Familiensituation mit einem neuen Lebensabschnitt, der

Abb. 10: »Selbstbild« 2 (Melanie)

bevorstehenden Pubertät und der Trennung als unüberwindbare Schwellensituation auseinander setzen und bricht in sich zusammen. Ein Leitsymptom ist dabei die Angst vor der Schule, Melanie nimmt den Lernstoff nicht auf, wie sie als Baby keine Nahrung aufnehmen wollte. Diesmal wird der Hilfeschrei von ihren Lehrern verständnisvoll interpretiert, und sie kommt zur Therapie. Hier malt sie ein Bild von sich selbst in schwarzer Farbe (Abb. 9). Die Augen sind ängstlich und traurig, der Mund ist ernst, die Arme sind eng an den Körper gepresst, Beine und Füße fehlen. Erst im späteren Therapieverlauf lernt sie, sich selbst zu behaupten und zu »streiten«, sie gewinnt mehr Selbstvertrauen und erobert sich ihr »Freiland« Schule wieder zurück. Ihr späteres »Selbstbild« zeigt mehr Lebensfreude, sie öffnet vorsichtig ihr Herz (zwei! Herzen im Bild) und hat einen »*Gefährten*«, ihren »*Freund und Begleiter*«, ein Tier aus der Phantasiewelt, das andeutungsweise schon »auf eigenen Beinen« stehen kann (Abb. 10) und den »intersubjektiven Ursprung eines Sicherheit gebenden Selbstgefühls« repräsentiert (Altmeyer, 2000).

Aber auch viele andere Situationen können als schwer zu überwindende Schwellen wahrgenommen werden, Angst auslösen oder gar eine Krise einleiten. Sehr beeindruckt hat mich auch die Angst einer jungen Frau, die zum ersten Mal in ihrem Leben aus Gefälligkeit in der Nachbarschaft einen Auftrag als Babysitterin angenommen hatte. Sie selbst ist Mutter eines Kleinkindes und engagiert sich im Kindergarten. »Dieses Babysitting ... ich habe eine unerträgliche Angst ... ich träume schon wieder, ich bin im Abi durchgefallen, eine Panik, die schlimmer ist als früher meine Prüfungsangst, ich muss den Termin absagen, der Jakob (2 Jahre alt) will mich fertig machen, vernichten! Meine Angst ist so groß, dass ich gar nicht mehr weiß, wer ich bin ... alle im Kindergarten starren mich so an mit aufgerissenen Augen, wie wenn ich etwas Böses getan hätte.« Auch hier lassen sich in der anschließenden Therapie frühe Traumatisierungen anlässlich des Babysitter-Termins erarbeiten. Jakob erinnert sie wohl an ihre jüngere Schwester, auf die sie unfreiwillig und oft aufpassen musste. Die Mutter, depressiv und überfordert, verstarb sehr früh an Brustkrebs. Die Patientin hätte damals als Siebenjährige die sehr lebhafte Schwester »ständig erwürgen können«. Sie fühlte sich ihrer Freiheit beraubt und musste die unbewussten Rachegefühle und die damit verbundene Schuld- und Strafangst projektiv verarbeiten. Anlässlich der geschilderten Babysitter-Szene bricht dieses Erleben in ihr wieder auf: Jakob will sie vernichten! Quälende Alpträume, die sich in frühester Kindheit jahrelang wiederholten, kommen ihr in Erinnerung: »Ich hatte schon als Kleinkind Todesangst. Jahrelang hatte ich immer wieder den Traum, dass mein Elternhaus abbrennt. Irgendwie war ich schuld daran. Das kommt mir jetzt erst wieder so hoch.« Was zu diesem Zeitpunkt als Auslösesituation noch hinzukommt, ist eine akute ernste Erkrankung der Schwester, an deren Temperament sie Jakob erinnert.

Ein weiteres Beispiel: Ein beruflich erfolgreicher, gut verdienender Patient gerät plötzlich anlässlich eines geplanten Hauskaufs in einen ihm unerträglichen und unverständlichen Zustand. Er entwickelt hypochondrische Ängste, sein Herz könnte versagen, er könnte ein Krebsgeschwür bekommen und seinen gewohnten Beruf nicht mehr ausüben. »Die Vorstellung, plötzlich so ein Hausbesitzer und nicht nur Mieter zu sein, macht mich ganz krank.« In der Analyse wird ihm allmählich deutlich, wie sehr ihn Veränderungen (oder auch Schwellensituationen) »schon immer in meinem ganzen Leben aus der Bahn geworfen« hatten, speziell wenn es um Schritte in Richtung höherer Verantwortung wie z. B. beruflicher Beförderung und insgesamt »mehr Freiheit« ging.

Auch im höheren Lebensalter treten kritische Schwellensituationen mit schwer zu verkraftenden Einbrüchen auf. So gerät z. B. ein 67-jähriger Chirurg nach seiner Praxisabgabe in eine ausgeprägte Identitätsstörung. Das Gefühl, nicht mehr gebraucht zu werden (»Wegwerfleben«), drückt seine narzisstische Kränkung aus. Ferner führt die Trennung vom Berufsleben mit selbst auferlegter übermäßiger Arbeitsbelastung im Sinne einer Ersatzbefriedigung zu desolaten Leere- und Einsamkeitsgefühlen (»Ich kann mit mir nichts mehr anfangen«). Ebenfalls Angst hat er vor der ständigen Präsenz seiner auch bereits pensionierten Ehefrau. Ihm wird klar,

dass er das ganze Eheleben lang »nur funktioniert« hat für Geld-
beschaffung, Hausbau und das soziale Ansehen der Familie. Er
sagt: »Ich habe gearbeitet und gearbeitet.« Therapeutin: »Und Sie
wurden und wurden nicht satt.« Der Patient: *»Und ich habe nichts
mehr und ich bin nichts mehr. Meine Leere erdrückt mich von
innen, meine Frau erdrückt mich von außen. Alt werden ist schlimmer als der Tod, eine furchtbar harte Prüfung.*« Es gäbe noch viele
weitere Anlässe von Veränderungen im Leben zu erwähnen, wie
Vorstellungsgespräche, ärztliche Untersuchungen, Wegzug der
Kinder, Einladungen, das Wort ergreifen bei Diskussionen, öffent-
liches Musizieren, Referate halten, Reisen usw., die subjektiv als
schwere oder gar unüberwindbare Prüfung erlebt werden können
und bei entsprechenden Lebensschicksalen auch schwere psycho-
pathologische Symptome auslösen können. Für besonders ge-
wissensstrenge oder zwanghafte Menschen kann jede Aufgabe eine
schwer zu bestehende Prüfung werden bis hin zur Charakter-
haltung:
»Das ganze Leben ist eine einzige Prüfung!«

I. Physiologische und neurobiologische Grundlagen

Alle Schwellensituationen und Prüfungen stellen schon für psychisch gesunde Menschen eine Belastung dar, die sich auch körperlich deutlich bemerkbar macht. Ist der Angstpegel eines Prüfungskandidaten oder auch eines Künstlers vor dem Auftritt genau auf dem richtigen Level, kann er eine Höchstleistung vollbringen. Wenn er jedoch zu große Angst beziehungsweise Lampenfieber bekommt oder gar in Panik gerät entweder während der Vorbereitungszeit oder mitten im Auftritt oder in der Prüfungssituation, ist er in einer höchst unangenehmen Situation. Seit Iwan Pawlow (1849–1936) zu Beginn des 20. Jahrhunderts gibt es intensive Forschungsbemühungen, um die Mechanismen pathologischer Angstregulation zu ergründen. An seinen Konditionierungsexperimenten mit Tieren wurde beobachtet, wie Lernen vor sich geht. Endokrinologische Untersuchungen bei Prüfungskandidaten haben bereits in den siebziger Jahren (Prahl, 1979) und neuerdings aus der Neurobiologischen Forschung (Roth und Prinz, 1996; Roth, 1996, 2000; Andreasen, 2002) ergeben, dass es zur erhöhten Ausschüttung von Adrenalin und Noradrenalin kommt, wodurch der Körper in einen Zustand erhöhter Aktionsbereitschaft für Notfälle versetzt wird. Das autonome oder vegetative Nervensystem ist in Sympathikus und Parasympathikus unterteilt. Beide wirken zusammen, um die Regulierung des elementaren Überlebenstriebes im Gleichgewicht zu halten. Der Sympathikus arbeitet in erster Linie auf der Basis von Adrenalin und Noradrenalin, um den Körper einsatzbereit zu machen. Die Regulierung des autonomen Nervensystems findet im Hypothalamus (Kleinhirnregion unterhalb des Thalamus, s. Abb. 11) statt. Die Höhe der Hormonproduktion korreliert mit dem Ausmaß der Angst. Dabei können signifikante

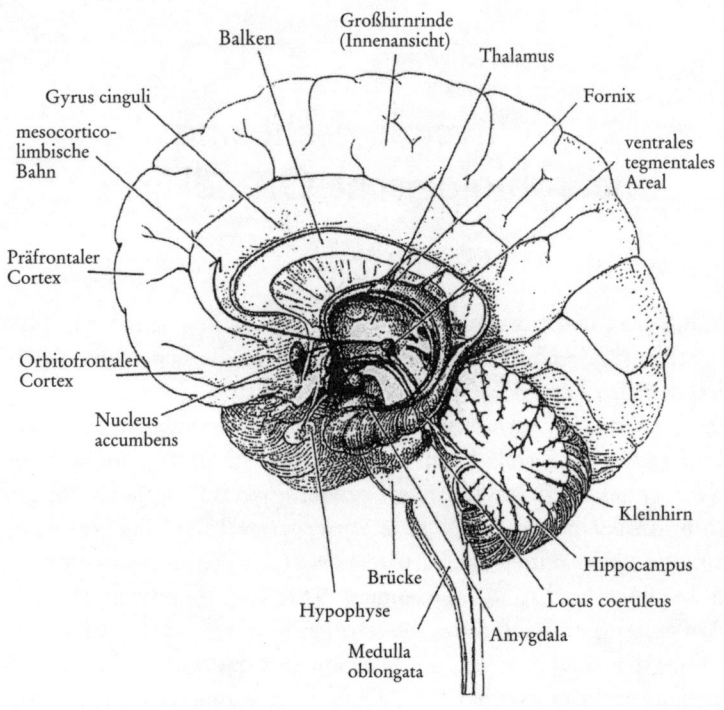

Abb. 11: Limbisches System. Längsschnitt durch das menschliche Gehirn mit den wichtigsten limbischen Zentren. Aus Spektrum/Scientific American, 1994, verändert.

körperliche Veränderungen auftreten wie Tachykardie, Herzklopfen, Arrhythmie, Hyperventilation, vasomotorische Phänomene wie Erhöhung des Blutdrucks oder niedriger Blutdruck und Kältegefühl in den Gliedern, erhöhte Körpertemperatur, verstärkte Schweißbildung, Magenbeschwerden, Heißhunger, Mundtrockenheit, Zittern, Appetitlosigkeit, Durchfälle, Erbrechen, Harndrang, Engegefühl im Hals, Muskelverspannungen, Schlafstörungen usw. Eine Erhöhung des Stresshormons Kortisol ist ebenfalls nachgewiesen. Adrenalin ist ausschließlich im peripheren Nervensystem, das heißt in den Nervenbahnen außerhalb unseres Gehirns, nachgewiesen, die mit den inneren Organen wie der Lunge, dem Herzen, der Muskulatur, dem Verdauungsapparat und anderen Organen in Verbindung stehen. Bei Stress werden Adrenalin und Kortisol aus dem Nebennierenmark ausgeschieden und verursachen die geschilderten Symptome. Adrenalin reizt auch den so genannten Locus caeruleus am Boden des Gehirns (Hirnstamm), der das Noradrenalin auf direkten Bahnen zum Mandelkern und zum Hippocampus abgibt. Auf diese Weise werden das so genannte limbische System des Gehirns und der restliche Körper während einer Stressreaktion zur selben Zeit in Alarmbereitschaft versetzt. Der neuroendokrine Transmitter Kortisol reguliert den Schlaf-Wach-Rhythmus, die psychische Weckreaktion und das Immunsystem. Sowohl der Mandelkern als auch der Hippocampus besitzen zahlreiche Kortisolrezeptoren und sind somit an der Stressregulierung bei Angst und Panik beteiligt.

Ängste, die sehr häufig Ausdruck sind von nicht bewussten, letztlich nicht gelösten Konflikten, kommen scheinbar aus unvernünftigen (unbewussten) Quellen und beunruhigen bzw. bedrängen sehr und rufen – wie bereits geschildert – Symptome hervor, die unterschiedlicher Art sein können und mehr oder weniger starke Veränderungen zeigen in den Körperfunktionen, im Verstandesvermögen und Verhalten. Oft zeigt sich ein ganzes Gemisch von Funktionsstörungen als Folge von Schwellen- und Prüfungsangst. So schildert zum Beispiel ein sehr sensibler, im Kontakt offener Medizinstudent seine Hauptsymptome: »*Vor allem in Kursen an der Uni in der Unfallchirurgie und in Seminaren und Vorlesungen in der Psychiatrie bekomme ich plötzlich Herzrasen, ein Engegefühl im Hals, Schweißausbrüche, ich habe Todesangst zu ersticken, dann hyperventiliere ich, Angst und Panik und Bedrängnis füllen mich aus, und dann bricht mir fast der Magen durch ... dann muss ich oft weinen ... ich kann das nicht stoppen, wie ein reißender Strom.*« Im therapeutischen Gespräch kommen traumatische Erlebnisse zum Vorschein. Der Tod des Bruders als Folge eines »selbstverschuldeten« Verkehrsunfalles und auch die psychiatrische Erkrankung seiner Mutter seit seinem vierten Lebensjahr, unter der er in seiner gesamten Kindheit und Jugend »unendlich gelitten« hat und an die er sich in den Psychiatrievorlesungen ständig erinnert fühlt. Den eigentlichen Zusammenbruch befürchtet er in den Prüfungen, weshalb er sich nicht anzutreten traut: *»Ich scheitere jetzt schon aus Panik vor der Panik, ich habe mein Leben nicht mehr in der Hand, mein Körper ist nicht mehr etwas, was ich steuern kann, er steuert mich!«*

Pathologische Angst kann demnach gravierende Auswirkungen haben. Neben den geschilderten körperlichen Symptomen kann sie auch Veränderungen der Verstandesfunktionen bewirken wie zum Beispiel bei Frau B. während der Prüfung. Die Situation wird nicht mehr realistisch wahrgenommen, Erinnerungsvermögen, logisches Denken und die Wiedergabe von gespeichertem Wissen ist eingeschränkt oder blockiert. Die Minderung der intellektuellen Funktionen, der Ich-Funktionen aus psychoanalytischer Sicht, wie Wahrnehmung und Konzentration, können also im Vorfeld einer Schwellen- oder Prüfungssituation oder eben plötzlich auch während einer als bedrohlich erlebten Lebensanforderung die Leistung deutlich verschlechtern oder ein Black-out verursachen. Angst kann den Verstand lähmen, mit dem es möglich wäre, Probleme zu lösen. Intellektuelle Störungen wirken sich auf die Konzentrationsfähigkeit aus, der Überblick geht verloren, Zweifel und Denkblockaden verhindern, dass das erarbeitete Wissen zur Verfügung steht, es droht eine Eskalation der Prüfungsangst. So erfasst zum Beispiel einen bislang sehr erfolgreichen 25-jährigen Studenten der Rechtswissenschaften im zweiten Staatsexamen eine folgenschwere Gedankenblockade, als er nach dem ehemaligen Homosexualitätsparagraphen gefragt wird. Seine Prädikatsexamensnote verfehlt er in der mündlichen Prüfung knapp, da er – wie sich in der späteren Therapie zeigt – in seiner passiv-homosexuellen Thematik unbewusst getroffen war und eine nicht zu bewältigende Angst vor Beschämung, Ausgrenzung und Verurteilung durch sein soziales Umfeld über ihn »hereinbricht«, er fühlt sich seinem »totalen Gedankenblock ohnmächtig ausgeliefert«. Frühe Beziehungserfahrungen werden in der Stresssituation der Prüfung wieder lebendig und können eine neurotische Einschätzung der Prüfungssituation verursachen. Primärprozesshaftes Denken kann die jeweilige Prüfung oder Schwellensituation aus der infantilen Sicht zu einer magisch vergrößerten Gefahr anwachsen lassen, die dann unter Umständen ebenso wenig beherrschbar erscheint wie eine unbewältigte Kindheitserfahrung. Auch die Art der Prüfung kann unterschiedliche Reaktionen hervorrufen (mündliche, schriftliche Arbeiten usw.). Es wäre in dem soeben geschilderten Beispiel auch von hohem Interesse zu ergründen, weshalb der Prüfer, der das mündliche Examen leitete, mit dieser speziellen Frage an diesen jungen Mann herangetreten war. Die unbewussten Beweggründe, Ahnungen oder auch die eigenen, oft unbewussten Ängste der Prüfer selbst bleiben bei der Beobachtung von pathologischen Prüfungsängsten der Kandidaten zunächst unberücksichtigt, dürften aber eine nicht zu unterschätzende Aussagekraft hinsichtlich der Psychodynamik des gesamten Prüfungsvorgangs haben. Wie in einem späteren Fallbeispiel noch ausführlich zu erfahren sein wird, können auch Prüfer unter pathologischer Schwellenangst vor der zu haltenden Prüfung leiden. Abgesehen nun von der Gesamtdynamik einer Prüfungssituation (mündliche oder schriftliche Prüfung, Alter und Geschlecht des Prüfers oder des Kandidaten usw.) ist die Spezifität der Störungen von den Geängstigten ein Hinweis auf die subjektiv erlebte Gefahrensituation, die unbewusst Angst auslösend (neurotisch) ist und in dem Schwellenmoment aktualisiert wird. Erfahrungsgemäß handelt es sich dabei um ein Angstgemisch, das heißt, dass die Angst vor Schwellen unbewusst als mehrfache Gefahrensituation determiniert ist. Wesentlich heftiger als im soeben geschilderten Fallbeispiel kommt es bei akuten Psychosen zur Überflutung mit unbewussten und Angst erregenden Inhalten und zu einer extremen Beeinträchtigung der Verstandesfunktionen (Beispiel s. unten). Der Kranke kann dann zwischen äußerer Realität und seiner Innenwelt nicht mehr unterscheiden, und er verliert seine Handlungsfähigkeit bzw. entfaltet eine produktive Wahnsymptomatik. Angst kann auch den eigenen Willen zur Problembewältigung lähmen, was zur Passivität und unter Umständen zu chronischen Arbeitsstörungen führt, worauf später eingegangen wird. Angst kann sich – wie gesagt – auch zusätzlich oder ausschließlich auf Körperfunktionen auswirken, und sie kann unser Verhalten stark beeinflussen oder verändern im Sinne von vermehrter Angriffslust (nach dem Motto *Angriff ist die beste Verteidigung*); eine häufige Reaktion ist auch, Fluchtimpulsen nachzugeben. Das weiter unten noch zu schildernde Fallbeispiel des Geigers,

35

der vor seinem Auftritt in den Wald flieht, ist hierfür prototypisch. Die Angst kann uns auch zum Vermeidungsverhalten führen, einer gewissermaßen indirekten Flucht, was sich meist in Form einer Störung in der Vorbereitung des Auftritts oder einer Arbeits- bzw. Lernstörung niederschlägt. Auch verstärktes Bindungsverhalten und Anklammern an das zur Verfügung stehende Objekt im Sinne von Zufluchts- und verstärkter Schutzsuche sind vielfach zu beobachtende Verhaltensänderungen bei Prüfungsgeängstigten, selbst wenn sie zu einer autonomen Lebensführung längst bereits fähig waren.

Aus allen Beobachtungen der Verhaltensforschung, der Neurobiologie und der Psychoanalyse resultieren wichtige Folgerungen für unser Verständnis von der Beziehung zwischen Gedächtnis, Stress und Angst. In welcher Weise diese Aspekte genau miteinander interferieren, wird zur Zeit weltweit erforscht, wobei wir immer mehr über unbewusstes Gedächtnis, bewusstes Gedächtnis und die Auswirkung des Kortisols auf Gedächtniskodierung, Verfestigung und Speicherung erfahren. Der Hippocampus ist verantwortlich für das explizite oder bewusste Erinnern, wenn wir willentlich Informationen ins Gedächtnis rufen. Er spielt auch eine wesentliche Rolle bei der langfristigen Speicherung von Gedächtnisinhalten. Der Mandelkern ist zuständig für das implizite oder unbewusste Gedächtnis, er stimuliert die Freisetzung von Kortisol, während der Hippocampus dieses unterdrückt. Der Neurowissenschaftler Bruce McEwen (1992) hat mit entscheidenden Forschungsbefunden über die Wirkungen des Kortisols auf den Hippocampus im Zusammenhang mit Stress und Gedächtnis zum größeren Verständnis von Ängsten beigetragen. Es hat sich gezeigt, dass bei chronischem Stress Neurone des Hippocampus Dendriten und Dornen verlieren können mit der Folge einer Schrumpfung des Hippocampus. Vor allem bei der posttraumatischen Belastungsstörung (PTBS) kann es zu einer dauerhaften Schädigung des Hippocampus kommen. Insgesamt wissen wir heute, dass bei der Entstehung von Angst sowohl subkortikale (Mandelkern) als auch kortikale Komponenten beteiligt sind. Auch andere, sehr eindrucksvolle neurophysiologische Untersuchungsbefunde in der Stressforschung liegen inzwischen vor. Deneke (1999) weist auf dauerhafte

Veränderungen im zentralen Nervensystem in Abhängigkeit von lebensgeschichtlichen Erfahrungen (synaptische Veränderungen, Neubildungen von Neuronen) hin. Man kann diesen Befund mit den psychoanalytischen Erfahrungen über die oft sehr lange Dauer von Veränderungen und Umstrukturierungen in Verbindung bringen. Leutzinger-Bohleber (2002) meint dazu allerdings: »Beim interdisziplinären Nachdenken über diese Fragen geht es meines Erachtens allerdings nicht um eine Neuauflage des von Freud in seinem ›Entwurf einer Psychologie‹ (1895) formulierten Versuchs, psychische Prozesse auf neurophysiologische zu reduzieren ..., sondern um einen Versuch, sich im Sinne Carlo Strengers (1991) um externe Kohärenz psychoanalytischer Konzepte mit jenen der Neurowissenschaften zu bemühen. Allerdings ist dabei zu bedenken, dass auch die Neurowissenschaften nicht Wahrheiten an sich, das heißt Daten und Beobachtungen, präsentieren, die für sich selbst sprechen, sondern – wie alle Wissenschaften – Modelle und Konzepte formuliert haben, die diese Beobachtungsdaten möglichst adäquat interpretieren und erklären. Mit anderen Worten: Der interdisziplinäre Dialog besteht zwischen der Psychoanalyse und den Neurowissenschaften bei näherem Hinsehen aus einem kritischen Austausch von Modellen – Modellen einerseits, die psychoanalytische Daten abzubilden versuchen, und Modellen andererseits, die von Beobachtungen in den Neurowissenschaften ausgehen.« (S. 43–44) Aus psychoanalytischer Sichtweise lässt sich nun feststellen, dass sich oft ein sehr starres Übertragungserleben in der therapeutischen Beziehung einstellen kann, was zeigt, wie tief die psychischen und neurobiologischen Prägungen im menschlichen Gehirn sind und wie lange es unter Umständen dauert, in einem Nachreifungs- oder Umstrukturierungsvorgang zum Beispiel auch bei Schwellenangstpatienten Symptomlinderung zu erzielen. Unbewusst kann diese notwendige Auflösung einer solchen Übertragung von frühen Beziehungserfahrungen eventuell auch bei Patienten, die zunächst nicht unter Prüfungsangst gelitten haben, als nicht zu bewältigende Prüfungsaufgabe erscheinen. Die neurobiologischen Befunde ermutigen uns jedenfalls in den Bemühungen, Übertragungen in analytischen Langzeitbehandlungen zu bearbeiten. Das spezifisch menschliche Bewusstsein, die Selbststrukturen und das autobiographische Ich-Bewusstsein, psychische Bereiche also, die einen Menschen seit seiner Geburt in seinem individuellen Leben und Schicksal unverwechselbar geprägt haben, sind in unserem zentralen Nervensystem, dem menschlichen Gehirn, festgeschrieben. Bisher verstehen wir noch nicht im Detail, wie höhere kortikale Verbindungsbahnen durch Psychotherapie beeinflusst werden, dennoch besteht große Hoffnung auf eindeutigere Aussagen und Möglichkeiten, mehr Erkenntnisse darüber zu erhalten, wie exzessive Angst reduziert werden kann (Andreasen, 2002). Auch Kandel (1999) vertritt die Meinung, dass es unbedingt notwendig ist, den Fortschritt der Psychoanalyse mit neurobiologischen Hypothesen und Erkenntnissen voranzutreiben. Das betrifft die Erweiterung des Verständnisses unbewusster Prozesse und damit zusammenhängender Gedächtnisvorgänge, die Natur der psychologischen Determinierung mit der Frage, wie verschiedene Erlebnisse miteinander assoziiert werden, und die Beziehungen zwischen psychologischer Kausalität und Psychopathologie, wie dies beispielsweise bei der Entstehung pathologischer Ängste der Fall sein kann. Freud (1925) postulierte, wiederholtes Zusammentreffen neutraler und schädigender Stimuli könne dazu führen, dass die neutralen Stimuli durch den Koppelungsvorgang als gefährlich empfunden werden und irreale Angst (z. B. in Schwellen- und Prüfungssituationen) entsteht. In diesem Sinne entsteht nach Kandel auch Signalangst bzw. antizipatorische Angst. Er weist hier bezüglich des mit Emotionen verbundenen Gedächtnisses auf die Bedeutung der Amygdala, des Mandelkerns, hin und bestätigt somit Freuds Hypothese. Weitere Verknüpfungen der Psychoanalyse mit den Neurowissenschaften gibt es nach Kandel bezüglich früher Erfahrungen mit der Objektbeziehungswelt und der Prädisposition für psychische Erkrankungen (z. B. frühkindliche Bindungsstörungen, wie dies Bowlby [1976, 1980] erstmals beschreibt, Traumatisierungen usw.). Bei dauerhaftem Stress über viele Monate oder Jahre hinweg gibt es irreversible Schädigungen der Neurone des Hippocampus durch Atrophievorgänge, bedingt durch den chronischen Anstieg der Glukokortikoide. Ebenso gibt es den neurobiologischen Zusammenhang zwischen dem so genannten vorbewussten Unbewussten und dem präfrontalen Cortex mit seinen zwei Hauptfunktionen: erstens die Sinneseindrücke eines Individuums zu integrieren und zu einer geplanten Bewegung hinzuführen, zweitens zielgerichtete Aktionen in der Langzeitplanung zu etablieren (Psychoanalytiker würden sagen, der präfrontale Cortex ist bedeutungsvoll für die exekutiven Ich-Funktionen und für das Über-Ich, das moralische Beurteilungsvermögen). Was die sexuelle Orientierung und die Entwicklung der Geschlechtsidentität betrifft, gibt es inzwischen interessante hirnanatomische Befunde im Hypothalamus. Kandel wirft außerdem die Frage auf, ob es infolge von Langzeitpsychotherapie zu strukturellen Veränderungen im Gehirn kommt, und er thematisiert die Bedeutung der Psychopharmakologie bei spezifischen Krankheitsbildern und die Beeinflussung affektiver Funktionen durch Medikamente als Hilfsmittel für die analytische Psychotherapie.

Nach der Auffassung von Damasio (1994) können diese eben erwähnten höher organisierten Prozesse im menschlichen Gehirn ohne die Verbindung zu ganz basalen Systemen der primären Gefühle nicht funktionieren. Er ist überzeugt, dass es eine fundamentale biologische Regulation gibt, mit der die individuelle und die evolutionäre Überlebensfähigkeit des Menschen gekoppelt ist: »Die Gene legen eine präzise Struktur für einen Teil des Gehirns fest und bestimmen die großen Züge eines anderen Teils, in dem die präzise Struktur erst noch festgelegt werden muß« (S. 159). Weiter heißt es: »Also sind Körperregulation, Überleben und Geist eng miteinander verbunden« (S. 173). In einem späteren Buch schreibt Damasio (1999): »Der Selbst-Sinn, der sich gleichzubleiben scheint, ist das biographische Selbst, weil dieses sich auf einen Bestand von Erinnerungen an grundlegende Fakten aus der individuellen Biographie stützt, die teilweise reaktiviert werden und unserem Leben daher Kontinuität und scheinbare Dauer verleihen« (S. 262). Die so genannten Urrepräsentationen des Körpers, die basalen Regelsysteme, bilden schließlich gemeinsam mit der Repräsentation von Schlüsselereignissen in der Autobiographie eines Menschen die Grundlagen für den Zustand des Selbst, der allerdings immer wieder neu bei jeder Berührung mit der Außenwelt konstruiert werden muss.

Der Neurowissenschaftler Jan Panksepp (1998) spricht von einem basalen Steuerungssystem für die Regulierung der Emotionalität. Er beobachtete hauptsächlich vier primäre emotionale Schaltkreise, die man inzwischen in der neurowissenschaftlichen Forschung sehr gut kennt. Sie sind aufeinander abgestimmt und treten bald nach der Geburt eines Kindes in einen Reifungsprozess ein. Er spricht u. a. von angeborenen, basalen emotionalen Systemen, die sich in tiefer gelegenen subkortikalen Regionen des Gehirns befinden und auf einer präsymbolischen Ebene funktionieren. Sie sind gekoppelt mit höher organisierten Hirnfunktionen, die im Verlauf der menschlichen Entwicklung Veränderung durch Lernprozesse erfahren. Das emotionale Grundpotenzial wird nach seinen Erkenntnissen in neuronalen Kreisläufen des Gehirns generiert. Es ist angeboren und zunächst unabhängig von äußeren Einflüssen vorgegeben. Die bisher am besten erforschten Motivations- und Affektsysteme, die kurz nach der Geburt zur Reifung kommen, nennt Panksepp *Such-System* (Antriebskraft, die Umwelt zu erforschen), *Angst-System* (Aufgabe, der Gefahr von Schmerz und Vernichtung zu entgehen, um z. B. zu fliehen oder andere Kompetenzen des Überlebens zu aktivieren). Davon zu unterscheiden ist das *Panik-System*, das eine große Rolle für das Überleben in der sozialen Abhängigkeit spielt, wenn z. B. bei der Gefahr einer lebensbedrohenden Trennung entsprechende Signale an die betreuende Umwelt (von Jungtieren und Kleinkindern) gesendet werden müssen. Als viertes System nennt er das *Wut-System*. Es steht in Opposition zum Such-System (Neugier auf die Umwelt) und lässt durch das Erleben von Frustration Wut-Affekte entstehen (Selbstverteidigung und die Kompetenz, dem Gegner Angst einzujagen, »dem Feind ins Auge sehen«). Bemerkenswert ist an Panksepps Ergebnis aus der Hirnforschung auch, dass er Freuds Ansicht über die Vermischung zärtlicher und sexueller Gefühle in der Eltern-Kind-Beziehung bestätigt, auch wenn er davon ausgeht, dass die zärtlichen Gefühle und Sexualität unabhängig voneinander organisiert sind. Auch den Mechanismus des Träumens, die REM-Aktivität, vermutet er auf einer Zwischenebene der Hirnregionen, was seiner Meinung nach verständlich machen würde, warum Träume oft stärkere Affekte zum Ausdruck bringen können und warum das Traumdenken auf einer kognitiv archaischeren Ebene als das

Wachdenken organisiert ist. Neu ist die Entdeckung, dass dem symbolisch organisierten Traumdenken eine noch ältere seelische Organisation vorausgeht, eine ganz primitive Antriebsinstanz als primäre Repräsentation des Selbst (S. 311). Hier bieten sich für die Psychoanalyse als Zukunftsvision interessante Zusammenhänge an, nämlich sich vorzustellen, welche unterschiedlichen basalen Steuerungssysteme des Gehirns – je nach vorherrschender psychischer Konfliktdynamik z. B. auch bei Prüfungsgeängstigten – betroffen sind.

Ausgehend von den Beobachtungen, Forschungsergebnissen und Hypothesen der Neusowissenschaften zeigt sich demnach immer wieder der Vorteil der Psychoanalyse mit ihrem intersubjektiven Ansatz in der therapeutischen Arbeit, sich mit den Schwellenängsten von Patienten intensiv und über lange Zeiträume zu befassen. Die inneren Objekte der Geängstigten und die innerseelischen Konflikte, die in Prüfungssituationen aufbrechen, werden in der Übertragungsbeziehung lebendig und einer Bearbeitung zugänglich. Wenn Menschen nicht so tief und so dauerhaft in der Regression gefangen sind, lassen sich vielleicht auch kognitive Brücken bauen, um zum Beispiel das Schlimmste zu verhindern, das Scheitern in einer Prüfung, wie dies bei der anfangs geschilderten Fallvignette möglich war. Inwieweit damit auch strukturelle Veränderungen im zentralen Nervensystem zu bewirken sind, ist noch weitgehend offen und macht neugierig.

II. Psychodynamische Grundlagen

1. Allgemeines

Psychisch ist ein Mensch im Stress an die Grenzen seiner Reizverarbeitungskapazität geführt. Zum einen ist die Schwelle/Prüfung ein Stimulus für die intellektuellen Fähigkeiten. Eine Aktivierung der gesunden Denkprozesse kommt im Normalfall in Gang. Zum anderen droht ein regressiver Zustand mit einer Einschätzung der »Gefahrensituation« nach infantilen Konfliktmustern und einer Gefährdung der Realitätsprüfung sowie einer Schwächung der problemlösenden Ich-Kompetenzen.

Bei realen Prüfungen handelt es sich gewissermaßen um ein Ritual und um den Nachweis von erworbenen Kenntnissen und Fertigkeiten. Es geht um die Auslese und Berechtigung für das Weiterkommen in einer Ausbildung und um die Ausübung eines Berufes oder anderer Fertigkeiten wie z. B. beim Erwerb eines Führerscheines. Spezielle Aspekte dabei sind das Erlangen von mehr Macht und sozialem Ansehen oder eines höheren Lebensstandards. Meist hat das Überschreiten einer Lebensschwelle oder das Bestehen einer Prüfung etwas mit Aufstieg zu tun, wie es z. B. der Begriff »Reifeprüfung« besagt. Mit dem überstandenen Prüfungsritual beginnt gewöhnlich ein neuer Abschnitt zumindest im beruflichen Leben oder gibt – wie am Beispiel des Führerscheins – mehr Bewegungsfreiheit. Damit geht natürlich ein bisheriger Lebensabschnitt zu Ende, was nicht selten mit Trauer und Abschiedsschmerzen verbunden ist.

Schwellen- und Prüfungsangst sind keine immer gleich auftretenden Phänomene. Sie existieren bei Gesunden als realistische Angst vor dem als Prüfung erlebten Ereignis und im Rahmen verschiedenster Störungen als pathologische Angst z. B. vor einer Lebens-

veränderung. Es zeigen sich dabei natürlich fließende Übergänge zwischen gesunden und neurotischen Ängsten. So hat zum Beispiel ein 39-jähriger Geschäftsmann »höllische Angst« vor seinem 40. Geburtstag und quält sich bereits lange Zeit vorher mit dem Gedanken, ob und, wenn ja, wie er ihn begehen könnte, ob er ihn »überspringen« und so tun solle, »als gäbe es ihn nicht«, oder ob er ihn mit einem »rauschenden Fest« gewissermaßen überfliegen sollte und er damit in seinem bewussten Erleben mit diesem Thema nicht unmittelbar in Berührung kommen müsste. Dank seiner doch relativen Ich-Stärke und seiner Fähigkeit zur Problembewältigung kann er diesen Tag mit einem für ihn erfreulichen Fest »auf dem Boden der Realität« würdigen. Im Anschluss daran ist er »wie erlöst. Was habe ich mir für eine wahnsinnige Hürde davor aufgebaut, wie wenn ich zu meiner Hinrichtung hätte gehen müssen und alles ist aus.« Nach dem Überschreiten dieser Schwelle erlebt er also Entlastung und fühlt sich befreit aus seinem eigenen Vermeidungsverhalten. Anders ergeht es einem fast 40-jährigen Mann, der den bevorstehenden »runden« Geburtstag zum Anlass nimmt, eine Therapie zu beginnen mit dem Erleben, »ich bringe mein Leben nicht auf die Reihe und mit 40 ist in meiner Bilanz die Deadline erreicht«. Seine Angst ist so groß, dass er den Tag »verschläft« und in selbstzerstörerisches Grübeln und Minderwertigkeitgefühle abgleitet. Für ihn ist die Schwelle zu hoch, »es ist alles zu spät«. In der im Anschluss an die Erstkontakte begonnenen analytischen Gruppenpsychotherapie träumt dieser Patient, der sehr oft in seinem Leben schwere zwischenmenschliche Konflikte hatte und beruflich sowie in verschiedenen Ausbildungsanläufen aus Angst vor Prüfungen gescheitert und wegen schwerer Arbeitsblockaden aus seinem kontinuierlichen Rhythmus gerissen worden war, folgenden Traum: »Ich stehe unten vor einem gewaltigen Abhang. Oben steht eine ganz große Frau. Plötzlich löst die einen riesigen Felsbrocken und stößt ihn runter auf mich. Ich habe grässlich Angst. Der Felsbrocken kommt unmittelbar neben mir zum Liegen. Ich bekomme kaum Luft und schreie aus letzter Kraft, dass sie das nicht machen kann. Da sagt sie von oben herab: Ach du, werd' erst mal Arzt, dann kannst du was melden.«
Dieses manifeste Traumbild möchte uns etwas über den Zustand

des Träumers sagen. Durch Prüfungen und in der Übertragungsbeziehung zur Therapeutin und zu anderen Gruppenteilnehmern wird eine alte Wunde narzisstischer Verletzungen aufgerissen, sein zentrales narzisstisches Trauma und sein schwaches Identitätsgefühl. Dieser Patient sucht die Gruppentherapie zunächst aus einem »verheerenden Gefühl von Wehrlosigkeit, Ohnmacht, Angst und Selbstverachtung« auf. Gleichzeitig ist er ständig in Schlägereien verwickelt, wo er »meist den Kürzeren« zu ziehen scheint. Nach außen wirkt er sehr sanft und schüchtern, seine inneren Spannungen, Hassgefühle und Beschämungsangst projiziert er allzu oft »zufällig« auf eine Person, die ihm z. B. auf der U-Bahn-Rolltreppe begegnet. Er fühlt sich »angemacht« und »schlägt zurück«. Im Gruppenprozess wird deutlich, dass er ein geschlagenes und mehrfach traumatisiertes Kind von Einwanderer-Eltern ist. Seine Eltern waren ihrerseits wiederum ständiger Gewalt ausgesetzt gewesen und konnten in ihrem eigenen verletzten Selbst keine ausreichende Containment-Funktion bzw. nicht genügend eigenen psychischen Raum in der frühen Entwicklung dieses Patienten zur Verfügung stellen. Die nichtintegrierten und in der eigenen Phantasie vorhandenen (mentalisierten) Selbstanteile des Patienten wurden somit als psychischer »Fremdkörper« nach außen verlagert und »im Spiegel« des anderen (z. B. auf der Rolltreppe) bekämpft oder er leidet »still unter den Demütigungen oder der Missachtung« und neigt zur Idealisierung seines »Opferbildes«. Sein Erleben, in der Welt und in der Gruppe ohnmächtig und fehl am Platz zu sein bzw. sich erst über akademische Prüfungen und Titel legitimieren zu müssen, verursacht vernichtende Angst. Er fühlt sich von seinem inneren Idealanspruch (aktualisiert durch seine Übertragung zur Therapeutin) im Bild der »großartigen Frau ganz oben am Berggipfel erschlagen« und es ist ihm fast nicht möglich, mit dem, was er ist, nämlich nicht Arzt, zu bestehen oder zu überleben. Dieser Patient hatte bereits seit seiner Adoleszenz Prüfungsangst-Träume, und zwar in verschiedenen Lebensabschnitten (in sog. Schwellensituationen) und *nach* längst bestandenen Prüfungen und nicht *vor* anstehenden Prüfungen, wenngleich der 40. Geburtstag eine überhöhte Angst *vor* der Schwelle bewirkte.

Aktuelle Konfliktsituationen des Alltags, Schwellen- und Umbruchsituationen und Krisen lassen also uns Menschen, Erwachsene ebenso wie Kinder und Jugendliche, immer wieder in frühe und meist nicht bewältigte Entwicklungsphasen zurückfallen. Bleibt der äußere oder/und innere Konflikt unlösbar, entsteht Angst, die sich auch in Träumen abbilden kann, weil die Selbstentfaltung und das vitale Geschehen im augenblicklichen Leben gestört sind. Die Angst warnt uns also auch vor inneren Gefahren und gibt uns zum Beispiel mit Hilfe von Träumen Hinweise, dass etwas in unserem Lebensablauf nicht stimmig ist, dass gerade im Augenblick Knickstellen und Defizite der früheren Entwicklungsphasen den nächsten Entwicklungsschritt stören. Oftmals kommt es ja in Träumen zu Angstgefühlen, die sich auf längst bestandene Prüfungen – zum Beispiel das Abitur – beziehen und etwas über die derzeitige Schwellenangst ausdrücken wollen. Träume, in unserem speziellen Thema die Prüfungsangstträume oder Traumbilder, die eine Schwellen- oder Prüfungsangst vermuten lassen, können in der therapeutischen Arbeit bei der Entschlüsselung nicht fassbarer Konflikte und deren Dynamik sehr hilfreich sein. Um die Arbeit mit diesem unbewussten Erfahrungsschatz transparenter zu machen, möchte ich nun zunächst auf die Traumtheorie ganz allgemein eingehen.

2. Traumtheorie

2.1 Manifester Traum und Traumdiagnostik

Für Freud sind die Analyse und das Verständnis der Träume die »via regia« zum Unbewussten. Er betrachtet den Traum als Wächter des Schlafs. Unerfüllte Wünsche, Sehnsüchte und ungelöste Konflikte verursachen innerseelische Spannungen, die – ebenso wie äußere Geräusche – den Schlaf stören können. Im Schlaf ist der Realitätsbezug vorübergehend aufgehoben, es findet eine Regression statt, in der unbewusste Wünsche nach Ausdruck drängen, während die Motorik und das Handeln ausgesetzt sind. Freud war der Ansicht, dass Träume in erster Linie sexueller Natur seien und konfliktdynamische und verdrängte Wünsche ausdrückten. Sie haben ihre Wurzeln in infantilen Konflikten, die in der Kindheit verdrängt, aber im Unbewussten stets aktiv geblieben sind. »Träumen ist ein Stück des überwundenen Kinderlebens« (Freud, 1900, GW II/III, S. 573). In gewisser Hinsicht hat der »Tagesrest«, der den Traum auslöst, Ähnlichkeit mit einem Ereignis, das den Ausbruch einer Neurose oder eines neurotischen Symptoms bewirkt haben könnte. Ein scheinbar harmloser oder gleichgültig erscheinender Tagesrest kann eine emotional aufwühlende Vorstellung verdecken, die den Anlass für die Entstehung des Traumes gibt. Tiefe unerfüllte Wünsche verursachen dann innere Spannungen, deren Erfüllung jedoch Angst und Schuld zur Folge haben könnten. Deshalb werden diese Wünsche mittels des Zensors, der die Wunscherfüllung verbietet, zunächst unterdrückt. Freud versteht Träume als Ergebnis eines Kompromisses zwischen verdrängten und verdrängenden Kräften, eben wie ein neurotisches Symptom als Kompromiss zwischen Wunsch und Abwehr. Die so genannte Traumarbeit verwandelt den latenten Traumgedanken in annehmbarere manifeste Trauminhalte. Diese psychische Traumarbeit hat den Sinn, mit Hilfe von Verkleidung konfliktbeladene Wünsche zu erfüllen. Die Traumsprache des manifesten Traums bringt zum Teil dramatische und oft bildhaft lebendige Situationen zum Ausdruck, dahinter verbirgt sich jedoch in der Regel der latente Traumgedanke. Im analytischen Prozess wird die Traumarbeit – zumeist gegen erhebliche Widerstände – wieder aufgedeckt, die indirekte Inszenierung wird mit Hilfe der freien Assoziation des Analysanden und der Deutungsarbeit seitens des Analytikers entschlüsselt. Freud unterscheidet selbst drei Arten von Träumen: einmal den unverstellten Wunscherfüllungstraum (zum Beispiel das kleine Mädchen, das sich im Traum mit Erdbeeren vollstopft [GW II/III, S. 274 f.]); zweitens Träume, die Traumanalyse erfordern und dann die geheime Wunscherfüllung preisgeben, und drittens Träume, die der Wunscherfüllungs-Hypothese zu widersprechen scheinen: nämlich Angstträume und Bestrafungsträume, in denen er zunächst einen erfolglosen Wunscherfüllungsaspekt sieht. Später weist Freud bei den Angstträumen auf die Wiederholung traumatischer Ereignisse hin, die schließlich zu einer traumatischen Neurose geführt haben, und bei den sich wiederholenden traumatischen Angstträumen sieht er ein Scheitern der Traumarbeit bei der Aufgabe der Wunscherfüllung.

Träume dienen also als Beweismittel für die Existenz des Unbewussten und unbewusster Phantasien. Es stellt sich natürlich die Frage, was passiert, wenn das Ich zu schwach ist, um die komplizierten Mechanismen der Traumarbeit, wie Verschiebung und Verdichtung, zu leisten. In der bisherigen Darstellung meiner Fallvignetten war zunächst nur vom manifesten Traum, also dem unmittelbar berichteten und sichtbaren Traumbild, die Rede. Der dahinter liegende latente Traumgedanke wurde dabei noch nicht berücksichtigt, ebenso wenig die Einfälle zum Traum sowie seine weitere Bearbeitung. Ich möchte deshalb meine Ausführungen zur Traumtheorie zunächst einmal – unabhängig vom latenten Trauminhalt – auf den manifesten Traum konzentrieren und auf seine eigenständige Bedeutung verweisen. In Eriksons Arbeit »Traummuster der Psychoanalyse« (1954) wird auf die zentrale und eigenständige Bedeutung des manifesten Traumes vor allem bei der Traumdiagnostik hingewiesen. Erikson (1954) spricht beim manifesten Traum von einer »schützenden Schale«, welche die Ich-Funktionen verkörpert und uns auch deshalb Informationen über mögliche Strukturdefekte geben kann. »Inoffiziell interpretieren wir Träume oft gänzlich oder teilweise auf der Basis ihrer manifesten Erscheinung. Offiziell beeilen wir uns bei jeder Konfrontation mit einem Traum seine manifeste Erscheinung zu knacken, als ob es eine nutzlose Schale wäre, und ... werfen die Schale ab zugunsten dessen, was der wertvollere Kern zu sein scheint.« (Erikson, 1954, S. 17) Er betrachtet den manifesten Traum nicht nur als »Fassade« (Freud, 1900) um den latenten Kern des Traumes herum. Vielmehr sieht er in ihm den Ausdruck verschiedenartiger Fähigkeiten des Träumers, so z. B. das Bild seiner sinnlichen Wahrnehmungsfähigkeit, der Reichweite seiner Affekte und der Atmosphäre seiner Objektbeziehungen. Pulver (1987) vertritt die Auffassung, dass in der klinischen Praxis traumatische Kindheitserfahrungen im manifesten Traum oft mit sehr wenig Verzerrung auftreten können. In der

Analyse muss man nach Pulvers Auffassung diese Erinnerungen aus dem berichteten Traum rekonstruieren, um dann diese meist unter beträchtlicher Angst berichteten Aspekte therapeutisch nutzen zu können. Eine Patientin von mir berichtet zum Beispiel während ihrer Analyse von Alpträumen aus ihrer Kindheit, die sie seit ihrem fünften Lebensjahr immer wieder hatte und die während der Therapie erneut auftreten: »*So ganz verzerrte Fratzen wie Gesichter kommen ganz nah auf mich zu, ich fühle ein Würgen an meiner Kehle, ich kann nicht schreien, ich habe Todesangst, dann ist alles ganz schwarz.*« Diese Patientin ist jahrelang missbraucht worden und bekommt erst während der schützenden Therapie wieder Zugang zu diesen qualvollen Erinnerungen. Als Symptom bringt sie zu den Vorgesprächen zunächst Angst vor Beziehungen mit, die sich vor allem in mündlichen Prüfungen bei männlichen Dozenten so gravierend auswirken, dass sie *wie versteinert mit einem Würgen im Hals keinen Ton mehr sagen kann.* Sie war aus diesem Grund bereits mehrfach in Prüfungen gescheitert, obwohl sie inhaltlich bestens vorbereitet gewesen war. Erst im Laufe der Analyse bekommt sie Zugang zu diesem Trauma, das sich in mühevollen Schritten allmählich so weit integrieren lässt, dass sie in weiteren mündlichen Prüfungen besser Stand zu halten lernt.

Ganz allgemein lässt sich anhand des manifesten Traumbildes viel über das Identitätserleben und den so genannten Ich-Zustand des Träumers aussagen. Ebenso über seine Neurosenstruktur und seine kompensatorischen Funktionen, die ihm helfen, problematische Zustände oder Lebenssituationen bewältigen zu können. Auch die prospektiven Möglichkeiten eines Menschen lassen sich im manifesten Traum erkennen. Gemeint sind damit Vorstellungen zukünftiger Lösungsmöglichkeiten von Konflikten und Entwicklungsschritten, aber auch umgekehrt Bilder vom Scheitern an einem Konflikt oder einer beängstigenden Situation. Schließlich zeigen sich neben den Schutzfunktionen und Abwehrbewegungen der Psyche des Träumers im manifesten Traum seine Fähigkeit zu symbolisieren. Im Rahmen einer längeren psychoanalytischen Behandlung hat der manifeste Traum ebenfalls eine bedeutende Stellung, da er die Übertragungssituation beleuchtet und überhaupt kommunikative Aspekte enthält, wie dies am Beispiel des vorher geschilderten Gruppenteilnehmers der Fall war.

Dem Traum wohnt also ein schöpferisches Potenzial inne, das sich unter dem Schutz des Schlafes entfalten kann. Freuds Annahmen über den Traum – manifester Traum, latenter Traum, Traumarbeit, Traumzensur – beruhen wesentlich auf seiner Triebtheorie. Seine Vorstellung, dass jeder Traum Wunscherfüllung sei, hängt eng mit der Bedeutung, die er den infantilen Triebregungen gab, zusammen. Seine Auffassung war, dass die infantilen Triebregungen, die unbewusst bleiben müssen, als latente Traumgedanken im Traum einer so genannten halluzinatorischen Wunscherfüllung zugeführt werden. Um eine einleuchtendere Erklärung für das Phänomen von Verfolgungs- und Angstträumen geben zu können, führte Freud in *Das Ich und das Es* (1923) eine neue Instanz in den psychischen Apparat ein, nämlich das Über-Ich. Daraus ist zu folgern, dass der Wunsch des strengen Über-Ichs, der im Traum mit anderen Anteilen der Persönlichkeit in Konflikt stehen kann, die Verfolgungsangst erzeugt. Nach Freuds Auffassung war es aber weiterhin immer der Wunsch des Träumers, der seine Psyche zum Arbeiten (Traumarbeit) veranlasst hatte.

In den 30er Jahren des 20. Jahrhunderts schlug Melanie Klein (1932) eine neue Theorie des Unbewussten, des Mentalen und der Träume vor. Sie erfasste intuitiv die Analogien zwischen dem kindlichen Spiel und die darin angewandte Sprache des Kindes und der Traumsprache. Beide sind sehr archaisch und drücken sich durch Bilder aus. Der Begriff des Unbewussten wurzelt nach Melanie Kleins Auffassung hauptsächlich in den emotionalen Erfahrungen des Säuglings mit seiner Mutter, die in erster Linie aus Versagungen im frühen Leben des Kindes geprägt sind. Durch die Vorstellung von inneren Objekten und einer Dynamik zwischen diesen inneren Objekten (Repräsentationen von bedeutsamen Menschen aus der frühen Kindheit), die gefühlsmäßig hoch besetzt sind, wird die menschliche Psyche lebenslang zum Träumen angeregt. Träume übernehmen somit eine wichtige Funktion in der psychischen Ökonomie, indem sie die verschiedenen Entwicklungsstufen im menschlichen Leben repräsentieren. Klein sieht, ähnlich wie beim Kinderspiel, ein inneres Theater, in dem die unterschiedlichsten

Charaktere interagieren und dadurch Konflikte und Abwehrmechanismen im Zusammenhang mit affektgeladenen Repräsentationen in Szene bringen, die wiederum auf die Außenwelt projiziert
werden.

Die 8-jährige Natalie zum Beispiel leidet unter quälenden Alpträumen seit Beginn ihrer Kindergartenzeit. In den Träumen wird sie
allein gelassen im »riesengroßen Flur« der elterlichen Wohnung, sie
ist »wie angewurzelt«, kann sich nicht von der Stelle bewegen,
wenn sie »große Monster mit furchtbaren Fratzen« töten oder ver-
schlingen wollen. Um Hilfe schreien kann sie auch nicht, ihr bleibt
die Stimme weg, und dann wacht sie unter Panik und mit schrecklichen Bauchschmerzen auf. Sie hat Angst vor jedem Abend, wenn
sie zu Bett gehen muss, jedes Einschlaf-Zeremoniell ist für sie und
die Bezugspersonen – wie die Mutter dies sagt – »schlimmer als
eine Beerdigung, meine Nerven werden jedes Mal auf die Probe
gestellt, zum Zerreißen!« Natalie war schon im ersten Lebensjahr
für die psychisch sehr labile Mutter ein »Problemkind« gewesen.
Sie hatte Verdauungsstörungen und war ein »ständig schreiendes
Baby«. Als sie dreijährig in den Kindergarten kam, starb der Großvater, ein Brüderchen wurde geboren, und die Großmutter erkrankte an Krebs. Nach der Schwellensituation der Einschulung
werden die Alpträume und die Ängste vor dem Einschlafen immer
heftiger, sodass sich die Mutter auch auf Anraten von Natalies Lehrerin in eine psychotherapeutische Behandlung begibt. Natalie ist
– ausgedrückt in ihren Traumbildern und ihrer frühkindlichen
Symptombildung – ein einsames Kind, das wenig Trost und Halt
bezüglich ihrer inneren Spannungszustände bekommen konnte.
Die Beruhigung durch die Bezugswelt bleibt also aus, und Natalie
ist ihren inneren »Monstern« ohnmächtig ausgeliefert. Die Schwelle des Einschlafens wird zur dauerhaften »Katastrophe«, alle weiteren Schwellensituationen in ihrem Kinderleben beinhalten bedrohliche Absturzgefahren. Ihre Fähigkeiten der Selbstwahrnehmung,
Selbststeuerung, Objektwahrnehmung und Kommunikation (sie
kann nicht nach Hilfe schreien) sind zu wenig entwickelt und
können erst in einer analytischen Spieltherapie zur Nachreifung
gelangen.

Es entsteht im Traum somit ein Bezug zwischen den inneren Objekten des Träumers, seinem Selbst und der äußeren Realität bzw. wie diese vom Träumer erlebt wird. Diese geträumte Darstellung affektiver Ereignisse – ähnlich wie im Spiel – wird schließlich nur durch Erzählung erkennbar. Die Traumerzählung wiederum bringt dann im therapeutischen Prozess Deutung und Veränderung mit sich. In der analytischen Arbeit kann die Diskrepanz zwischen dem manifesten und dem latenten Trauminhalt reduziert werden, und es wird möglich, den Zustand der Beziehung des Analytiker-Analysanden-Paares sowohl bezüglich der Psyche und der inneren Objekte des Patienten als auch bezüglich des Analytikers und dessen Gegenübertragungsaffekten zu erfassen. So kann der Traum mannigfache Mitteilungen geben. Er kann die Ganzheit der Übertragung in ihrer unmittelbaren Gegenwart oder unter Umständen auch eine Pattsituation widerspiegeln, und er kann die Erfüllung eines alten verdrängten Wunsches ausdrücken. In erster Linie ist er wohl als eine emotionale Erinnerung zu betrachten, die mit der Reaktivierung von nichtgeglückten oder gar traumatischen Entwicklungsereignissen verbunden ist und wichtige Stufen der Entfaltung der kindlichen Psyche abbildet. Diese Wiederbelebung im analytischen Prozess – in einem späteren Kapitel werde ich diesen Vorgang ausführlich am Beispiel des »Fliegers« darstellen – ermöglicht die Verknüpfung von frühen Erfahrungen mit jenen emotionalen Erlebnissen der Gegenwart, wie sie durch die Übertragung in der Psychoanalyse aktiviert werden. Der Traum stellt somit eine Brücke zwischen dem vergangenen und dem gegenwärtigen Unbewussten her (Sandler & Sandler, 1984). Dieser klinische Aspekt ist gerade auch für Träume von Menschen, die unter Prüfungs- und Schwellenängsten leiden, von großer Bedeutung. Träume können eine ganze Reihe von Funktionen in der analytischen Beziehung übernehmen. Sie sind oft ein zuverlässiger Ausdruck von Gefühlen, die wegen unbewusster Ängste auf keine andere Weise ausgedrückt werden können. Das Selbstgefühl und die Natur der inneren Objektbeziehungen des Patienten können zum Beispiel in Träumen zur Darstellung kommen, und alles, was ängstigt oder geängstigt hat, kann in der Therapie bearbeitet werden. Dieser Aspekt wird, wie gesagt, in den ausführlichen Falldarstellungen noch deutlich vermittelt werden. Auch sind die Fähigkeit zu träumen und die analytische Arbeit wichtige Faktoren, einem potenziellen Ausagieren von Problemen vorzubeugen. Dies betrifft sicher viele Menschen mit pathologischen Schwellenängsten, die beispielsweise in einer Arbeitsvermeidung oder einer Flucht dem befürchteten Ereignis oder Problem aus dem Weg zu gehen versuchen, um dann möglicherweise einen irreversiblen Schaden davonzutragen. So gesehen hat der Traum in der Psychoanalyse eine entwicklungsfördernde Funktion, und er drückt das derzeit bestehende Entwicklungspotenzial des Träumers aus.

Die soeben geschilderten klinisch-psychoanalytischen Aspekte der Träume erfahren eine Bereicherung durch die bereits dargestellten neurowissenschaftlichen Betrachtungsweisen. Die Neurowissenschaften interessieren sich für die physiologischen Tatsachen des Schlafs in den verschiedenen REM- und NREM-Phasen, den sonographisch nachweisbaren Gehirnaktivitäten in verschiedenen Funktionszuständen während des Schlafs (Koukou-Lehmann, 1995) und die biologischen Folgerungen, wie das Träumen organisiert ist oder sein könnte. Sie unterstützen somit die psychophysiologische Forschung, indem sie zur Korrelation zwischen den mentalen und den physiologischen Ereignissen während der Schlafphasen wichtige Beiträge liefern. Darüber hinaus steuern sie, wie ebenfalls oben schon erwähnt, wichtige Ergebnisse über Affekte und Gedächtnis bei, wofür sich die Psychoanalyse gegenwärtig sehr interessiert. Die Gedächtnissysteme spielen sowohl im Traum als auch in der Übertragung eine entscheidende Rolle. Nach Mancia (2002) kann man sie folgendermaßen einteilen: Das *explizite* Gedächtnis ist als ein Teil des autobiographischen Gedächtnisses dem Bewusstsein näher, während das *implizite* Gedächtnis das Bewusstsein nicht erreicht und an die archaischen und vergessenen Erfahrungen der Kindheit gebunden ist. Letzteres kann durch die subjektive Erfahrung in der Übertragung bzw. der Gegenübertragungsanalyse des Analytikers und durch die Darstellung im Traum wiedergewonnen und in der rekonstruktiven therapeutischen Arbeit entschlüsselt werden. Beland schreibt zum Beispiel im Vorwort zu Meltzers Buch »Traumleben« (1988), der sich darin auch kritisch mit Freuds Traumdeutung auseinander setzt: »Träumen ist Denken... Das unbewußte Denken überdeckt Tag und Nacht die emotionalen Primärerfahrungen. Träumen ist als dramatische Symbolerzählung im Schlafzustand das ins Bild gesetzte Denken. Denken meint hier im strengen Sinn problemlösendes, konfliktlösendes, schöpferisches Probehandeln, das entweder wahr ist oder lügenhaft wahrheitsentstellend ... dann (ist) die erkenntnisbildende und die therapeutische Funktion des Traums höherrangig als die wunscherfüllende. Da wäre der Traum nicht nur ein Königsweg zum Unbewußten, sondern darüber hinaus ein Königsweg für die Erkenntnis von Bedeutung überhaupt auch von therapeutischen Konfliktlösungsversuchen im besonderen...« Meltzer stellt in seinem Buch »Traumleben« (1988) eine psychoanalytische Traumtheorie vor, die auf der Strukturtheorie Melanie Kleins und der Metapsychologie Bions basiert. Seiner Auffassung nach ist das Träumen die subjektive Wahrnehmung von Möglichkeiten der Informationsverarbeitung im Schlafbewusstsein, gewissermaßen ein Nachdenken über die Erfahrungen des Lebens. Es gilt seine Vorstellung, dass »Gefühle lediglich symptomatische Gemütszustände sind und nicht der bedeutsame Kern des Erlebens, der eine Verwandlung in symbolische Form erfordert, damit man über ihn nachdenken und ihn anderen mitteilen kann«. Dabei werden beim relativ gesunden, symbolisierungsfähigen Träumer die unverarbeiteten Eindrücke des Tageserlebens – nach Leutzinger-Bohleber (2002) bis zu zehn Tage rückwirkend – mit früheren lebensgeschichtlichen Erfahrungen verknüpft und damit neue Lösungsmöglichkeiten geschaffen. Dies gilt für Menschen, die in der Lage sind, ihre Lebenserfahrungen aus dem Alltag und der persönlichen Biographie sprachlich kodiert im Gedächtnis, dem Symbolgedächtnis, zu speichern. Lösungsträume stellen dann eine progressive Entwicklungstendenz des Träumers dar, die sich aus dem Alltagserleben oder auch im analytischen Behandlungsprozess ergibt (vgl. auch die später geschilderten Fallvignetten). Auch ein so genannter Szenenwechsel im geträumten Traum kann ein Schutz sein und damit auch eine Lösung darstellen, um z. B. von Affekten in einem bestimmten Traumstadium nicht überflutet zu werden. Die neue geträumte Szene kann also eine Entlastung für die vorherige Szene anbieten. Kreative Lösungen im Traum bestehen nach Erman (2000) »in der Neukombination des psychischen Materials. Was neu, erschreckend, nicht angeeignet oder sonstwie fremd ist, bildet im Seelenleben zunächst unintegrierte Komplexe. Die Diskrepanz zwischen alter und neuer Erfahrung, zwischen früheren Bewertungen und noch nicht gekannten Wahrnehmungen schafft das Traumbild als einen neuen Gedanken.« (S. 367)

Die folgenden theoretisch-konzeptionellen Ausführungen verdeutlichen am Beispiel der englischen Objektbeziehungstheoretiker, wie komplex man sich die Entstehung von pathologischen Schwellen- und Prüfungsängsten in den Anfängen des Lebens vorzustellen hat und wie wichtig die allerersten Beziehungserfahrungen im menschlichen Leben für eine geglückte oder gestörte Entwicklung sind. Meltzer (1988) bringt diese Hypothesen in Anlehnung an Bion (1962) mit der Alpha-Funktion im reiferen Denken in Verbindung. Diese wird zunächst von der »haltenden Umwelt« (Winnicott, 1984) für das Kind – wie beispielsweise für Natalie – ausgeübt, um die so genannten Beta-Elemente, die unverarbeiteten Affekte und Erlebnisweisen des Säuglings (die bedrohlichen Fratzen der Monster), stellvertretend in einen verarbeiteten Zustand umzuformen. Bion bringt hierzu die Metapher der »denkenden Brust«. Aber wie entstehen Gedanken? Es vollzieht sich zunächst beim Säugling eine Entwicklung von einer primitiven konkreten Wahrnehmung hin zur Unterscheidung zwischen Phantasie und Realität. In den primitivsten Formen des Fühlens und Denkens (nach Melanie Klein die paranoid-schizoide Position) nimmt das Kind gewissermaßen Zuflucht zu dem Mechanismus der so genannten projektiven Identifizierung, letztlich um die Realität omnipotent manipulativ verändern zu können. Bion postuliert hierzu eine instinktiv mitgegebene »Präkonzeptualisierung«, sprich angelegte Erwartung des Säuglings, die sich mit einer Realisierung im Sinne einer Wunsch erfüllenden Antwort paaren muss, um Befriedigung zu erfahren. Diese so genannte Präkonzeptualisierung »Brust« beim Säugling begegnet der realen Brust, und aus dieser Realisierung bildet sich ein »Konzept« (die Vorstellung einer Wunscherfüllung, Trost, Beruhigung usw.). Gedanken hingegen entstehen aus einer negativen Realisierung, aus der Paarung der Erwartung an die Brust mit einer Abwesenheit der Brust, vorausgesetzt, die Frustration kann toleriert werden (vgl. auch Kohuts

Idee von der »optimalen Frustration«, 1971). Wenn die Frustration zu groß ist (wie bei Natalie), entstehen so genannte »Beta-Elemente« – als eine primitive Form des Gedankens –, die konkretistisch (bedrohliche Fratzen) sind und sich nur dazu eignen, evakuiert, ausgestoßen zu werden. Wie solche belastenden Bilder modifiziert werden können, wie aus Beta-Elementen dann die entwickelte Form des Gedankens, die »Alpha-Elemente« (Trost, Beruhigung), entstehen, die man zum Träumen, Symbolisieren und Denken gebrauchen kann, lässt sich nach Bion in etwa so beschreiben: Die eigentliche Kompetenz des Denkens, die sich entfalten kann, um die einzelnen Gedanken als innere Hilfsmaßnahme verwenden zu können, ergibt sich aus einer Urform von so genannter projektiver Identifikation zwischen Säugling und Mutter. Die gewissermaßen in Rohform befindlichen Gedanken werden vom Baby in die Mutterbrust hineinprojiziert und von der Mutter aufgenommen, umgewandelt und dem Säugling zur Reintrojektion wiedergegeben. Diese umwandelnde Funktion der Mutter nennt Bion Alpha-Funktion. Sie wirkt über die Verbindung der aufgenommenen Bedürfniswelt des Babys mit der eigenen tagträumerischen Tätigkeit der Mutter (nach Bion »Reverie«), welche ihre empathische Beziehung zum Kind in der Phantasie ausgestaltet. Nach dieser Umwandlung kann der Säugling den ursprünglichen Rohentwurf des »Gedankens« wieder in sich aufnehmen, sozusagen nach einer geglückten Interpretation durch die Mutter, um dann allmählich mit ihm umgehen zu können. Im Säugling entstehen also über diesen geschilderten Vorgang der geglückten projektiven Identifizierung allmählich konstruktive innere Antworten auf das Problem der Frustration – Elemente, die sich zum Beispiel für die Verwendung in Träumen eignen. Das Träumen ist für die Nachfolger der Schule Melanie Kleins wie eben Bion und später Meltzer eine unerlässliche Voraussetzung für das Denken, weil es die Symbolisierungsfunktion auf einer archaischen Stufe organisiert. Träumen ist also ein schöpferischer Prozess, in dem das Unbewusste einen sinnlich wahrnehmbaren Ausdruck finden kann. Schöpfung heißt dabei, etwas Ungestaltetem eine Form zu geben, die mit psychischer Bedeutung ausgestattet ist. Dies gilt nicht nur für das Träumen, sondern auch für viele einfache Alltagslösungen wie z. B. die Gestaltung von Arbeit und die Vorbereitung auf Prüfungen. Bei dem »Schrei-Baby« Natalie war dieser Entwicklungsprozess, wie ihn Bion beschreibt, gestört. Das Seelenleben eines sich entwickelnden Kindes wird demnach entscheidend von seiner Fähigkeit geprägt, die Diskrepanz zwischen seinen omnipotenten Phantasien (»Monster«) bzw. Erwartungen (nach sofortiger Befriedigung) und der Wirklichkeit, die es erlebt und tolerieren lernen muss, zu überwinden. Die äußeren Erfahrungen, das heißt die versorgende und haltende Umwelt, müssen einerseits kompetent und erträglich genug sein, und die Fähigkeit des Kindes muss andererseits ausreichen, die ihm begegnenden Frustrationen zu ertragen. Melanie Klein (1935) bezeichnet nun mit der depressiven Position einen inneren Zustand des Kindes, der sich einstellt, wenn es in der Lage ist, eine Beziehung zur Mutter als »ganzem Objekt« zu entwickeln und damit die paranoid-schizoide Position, in der die Objekte in gute und böse Teil-Objekte aufgespalten sind, überwinden kann. Es entwickelt sich eine genauere Wahrnehmung der Mutter als getrennter Person mit der zu ihr gehörenden Kontinuität und ihren als positiv oder negativ erlebten Eigenschaften. Auch die eigenen liebenden und hassenden Affekte der Bezugsperson gegenüber werden klarer wahrgenommen. Mit zunehmender Differenzierung zwischen der eigenen kindlichen Psyche und dem Objekt wird die Wahrnehmung von Schuld und von Verlustangst entfaltet. Die nun als ganzer Mensch wahrgenommene geliebte und benötigte Person wird nach Melanie Klein im kindlichen Hass bei Frustration omnipotent zerstört (die kindlichen »Monstergefühle« den Pflegepersonen gegenüber), und dadurch tauchen neue Impulse auf, nämlich die verlorene Objektbeziehung wiederherzustellen und das Objekt wieder zurückzugewinnen: die Wiedergutmachung. Die primitiven Abwehrmechanismen der Spaltung, der Idealisierung und Projektion werden allmählich durch Verdrängung ersetzt, und dann können verdrängte Impulse und Phantasien auch sublimiert werden. Es entwickelt sich damit die Fähigkeit zur Symbolbildung, wo unbewusste Konflikte, Wünsche und Phantasien im Traum oder im kindlichen Spiel zum Ausdruck kommen können. Angst und Schuld gehören für Melanie Klein zu den Hauptantrieben der

Symbolbildung. Hanna Segal (1966) unterscheidet zwei Arten von Symbolbildung: »Ich möchte an diesem Punkt zusammenfassen, was ich mit den Begriffen ›symbolische Gleichsetzung‹ bzw. ›Symbol‹ meine und unter welchen Bedingungen sie entstehen. Im Fall der symbolischen Gleichsetzung wird der Symbol-Ersatz so erlebt, als sei er das ursprüngliche Objekt. Die dem Ersatz eigenen Eigenschaften werden nicht erkannt bzw. nicht zugegeben. Die symbolische Gleichsetzung wird benutzt, um die Abwesenheit des idealen Objekts zu leugnen oder ein verfolgendes Objekt zu kontrollieren. Sie gehört zu den frühen Stadien der Entwicklung. Das eigentliche Symbol, das sich zur Sublimierung und zur Förderung der Ich-Entwicklung eignet, wird als Repräsentant, als Vertreter des Objekts erlebt; seine eigenen Eigenschaften werden erkannt, respektiert und genutzt. Es entsteht, wenn depressive Gefühle den paranoid-schizoiden gegenüber die Oberhand haben, wenn Trennung von Objekt, Ambivalenz, Schuld und Verlust erlebt und ertragen werden können. Das Symbol wird nicht dazu benutzt, den Verlust zu leugnen, sondern ihn zu überwinden. Wenn der Mechanismus der projektiven Identifizierung als Abwehr gegen depressive Ängste gebraucht wird, können Symbole wirksam werden, die bereits gebildet waren, sich in symbolische Gleichsetzung zurückverwandeln.« (S. 62)

Was aber geschieht, wenn diese geschilderte Alpha-Funktion des mütterlichen Objekts, wie sie Bion in Anlehnung an Melanie Klein beschreibt, versagt und wenn die Gedanken des Säuglings nicht in geschilderter Weise metabolisiert werden können und somit die depressive Position nicht zur Entfaltung kommen kann? Wenn eine besondere Intoleranz für Frustration entweder bei der Mutter oder beim Kind überwiegt, hat das Baby die Entscheidung zwischen Vermeidung und Modifizierung – wie sich dies später in Natalies Alpträumen zeigt – nicht mehr zur Verfügung. Sie muss in späteren Lebens- und Entwicklungsphasen an unüberwindbaren Schwellenängsten leiden. Auch Jessica hatte ja eine panische Angst entwickelt, im bevorstehenden Schwimmkurs »ins Wasser springen zu müssen«. Die nun unverarbeiteten so genannten Beta-Elemente im Sinne Bions können letztlich in der kindlichen Psyche zu »bizarren Objekten« führen (z. B. »Fratzen« statt menschliche Gesichter). Sie sind ein Konglomerat unverarbeiteter Erlebnisweisen, die sich, wenn auch auf verfolgende Weise, eine gewisse Kontinuität im Seelenleben eines Menschen zu erobern versuchen. In der analytischen Psychotherapie des Psychotikers (siehe die späteren Fallvignetten), so meint Bion, gibt es eine Phase, in welcher der Patient die Alpha-Funktion zusammen mit seiner Fähigkeit zu träumen wiedererlangt und trotzdem noch nicht denken kann. Mit Hilfe der projektiven Identifizierung erwirbt der psychotische Patient, der zunächst in Schwellensituationen von Angst überflutet werden kann, einen inneren Behälter (Containment), um letztlich eine Symbolisierungsfähigkeit im Innern zu entwickeln. Über diesen Prozess der Triangulierung ist nun ein intermediärer Raum (Winnicott, 1989) zur Entfaltung gekommen, in dem dann auch Kreativität entstehen kann, ein Kunstwerk oder ein anderes schöpferisches Werk oder eben das Träumen. Ein Lösungstraum repräsentiert demnach im Grunde den primären Bindungszustand zwischen Mutter und Kind, einer unbewussten Identifikation des Träumers mit der Fähigkeit der primären Mutter, nämlich eine transformierende Alpha-Funktion im Kontakt mit dem Kind entwicklungsfördernd übernommen zu haben.

Allgemein lässt sich nun sagen, dass bei psychisch reiferen Menschen Träume Probleme lösen können. In diesem Sinn ist der manifeste Trauminhalt ein wichtiges diagnostisches Instrument, das viel über den psychischen Zustand des Träumers aussagt. Wir sollten uns dessen bedienen, wenn wir etwa die Kohärenz des Selbst abschätzen und die Entwicklung der Selbstschicksale klären wollen. Bei einer ausreichenden Assoziationsfähigkeit eines Patienten mit intakten Ich-Funktionen ist die Aufdeckung des so genannten latenten Traumgedankens und seiner Umgestaltung z. B. in Traumserien im Verlauf seiner analytischen Psychotherapie – oder auch beim Künstler in seinem schöpferischen Prozess – nicht nur eine unverzichtbare, sondern auch eine sehr spannende Aufgabe. Das Träumen an sich ist ein kreatives Geschehen, vor allem wenn das vorgefundene, noch unstrukturierte psychische Geschehen für Lösungsmöglichkeiten bislang wenig oder nicht zur Verarbeitung von Problemen verfügbar gemacht werden kann. Was im Wachzustand dann zum Gestalten von Kunstwerken (Malerei, Dichtung usw.) führt, ist beim Träumen im Schlafzustand das (zunächst manifeste) Traumbild. Morgenthaler stellt in seinem Buch »Der Traum« (1986) sehr lebendig die Anwendung der formalen Interpretationsgesichtspunkte dar. Er betont auch den Vorrang der so genannten Traumdiagnostik des manifesten Traumbildes gegenüber der Traumdeutung des latenten Bildes. Letztlich geht es ihm um die Frage: »Was darf ich als Analytiker dem Patienten über meine eigenen Schlussfolgerungen mitteilen?« und um die Feststellung, dass die Bewegungen des Unbewussten, die im Traum ungerichtet, unbestimmbar ihren Niederschlag finden, nicht durch Deutung allein, sondern durch ein emotionales Verstehen des gesamten Vorgangs (Analysestunde, Traum, Art der Traumerzählung, Gefühlslage des Träumers, Einfälle in der Stunde) gemeinsam mit dem Träumer erschlossen werden. Wenn wir also der Traumdiagnostik gegenüber der Traumdeutung zunächst den Vorrang geben, sind wir nicht so sehr in Gefahr, den Träumer zu überfordern oder gar misszuverstehen oder zur Rationalisierung zu verleiten. Es geht also in der therapeutischen Praxis um emotionales Verstehen, wobei zur freien Assoziation alles gehört, was sich in der Stunde oder deren Umfeld in der Szene ereignet bzw. ereignet hat. Somit lässt sich dann mehr und mehr der latente Traumgedanke erkennen und verstehen und dann erst liegt es in der Entscheidung des Therapeuten, inwieweit er welche Deutung dem Patienten mitteilt. Bei wenig belastbaren Erwachsenen und auch bei Kindern ist dies sicherlich anders als bei relativ ich-starken Träumern. Bei schweren Entwicklungsbeeinträchtigungen können gewisse Traumbilder auch helfen, etwas auszudrücken, was dem Träumer selbst auf Grund seiner Traumatisierung oder seiner Ängstigung bzw. seiner strukturellen Störung noch gar nicht verbalisierbar wäre und erst im Verlauf eines Nachreifungsprozesses in einer Therapie allmählich benennbarer wird. Bei den so genannten traumatischen Träumen (Grunert, 1975) bleibt eine entsprechende Lösungsidee für Probleme und Konflikte im manifesten Traumbild aus. Sehr häufig ist der Affekt dieser Träume entweder total abgespalten, der Träumer berichtet also die schrecklichsten Bilder gleichgültig, gelangweilt oder mit Eiseskälte, oder die Affekte sind so heftig, dass sie überfluten und der

Übergang vom Traum als Ausdruck der inneren bedrohlichen Welt zur äußeren Wirklichkeit verfließt, das träumende Ich in den Wachzustand drängt. Angst, Panik oder Angstäquivalente in Form von psychosomatischen Zustandsbildern herrschen dann vor – bei der überwiegend fehlenden semantischen Fähigkeit, Gefühle in Sprache umzusetzen. Oft sind es »narzisstische Restitutionsversuche« (Grunert, 1977), die darauf abzielen, erlittene narzisstische Kränkungen nachträglich auszugleichen oder abzubilden. Frühe undifferenzierte Erlebniszustände erscheinen dann unverstellt im Traum, weil keine psychische Traumarbeit möglich war. Das Erinnern des Traumes und das Erzählen versetzen den Träumer bereits in eine Situation der Veränderung: Er spürt, dass er unbewusste Themen preisgibt, die durch die Bewusstwerdung eine Wandlung erfahren können. Das Annehmen der Angst auslösenden Trauminhalte durch einen anderen Menschen, den Therapeuten, ein Gruppenmitglied oder eine andere vertraute Person kann bereits eine Beruhigung für den Träumer eines Alptraums bewirken und somit einen weiteren Nachreifungsschritt zur Folge haben. Der Traum dient also nicht nur z. B. der so genannten halluzinatorischen Wunscherfüllung, der Erfüllung von Triebwünschen usw., sondern auch der Erfüllung narzisstischer Bedürfnisse, wobei eine Wiedergutmachung, sprich Lösung archaisch-traumatischer Lebenserfahrungen, die vor dem Erreichen der Objektkonstanz geschehen ist, im Traum nur unvollkommen oder gar nicht möglich zu sein scheint und erst in Langzeitbehandlungen erreicht werden kann. Die Forschungsergebnisse und Hypothesen der Neurowissenschaften scheinen viele psychoanalytische Hypothesen bereits aus Freuds »Traumdeutung« zu bestätigen. Die Informationsverarbeitung im menschlichen Gehirn ist letztendlich ein Integrationsprozess von neuen und alten aus der Biographie stammenden Informationen auf einem höheren psychischen Strukturniveau, also ein kreatives Produkt aus Tagesresten und Erinnerungen im Schlaf, ein Traum. Für das Verständnis unseres Themas ist auch Masud Khans (1962, 1988) Begriff des »Traumraums« erwähnenswert, der in Anlehnung an Winnicotts Begriff vom »Übergangsraum« die Hypothese formuliert, dass der Traumraum als der Bereich zu betrachten sei, in dem neue Erfahrungen eingeleitet werden, die dann »bestätigt oder verworfen werden müssen«. (Khan, S. 68) In diesem Zusammenhang unterscheidet Khan zwischen Traumerleben und den Bedeutungen des erinnerten Traumtextes.

2.2 Prüfungsangstträume

Prüfungsangstträume sind häufig »traumatische Träume« ohne Lösungsmöglichkeit, und oftmals zeigen sie auch einfach Entwicklungsdefizite auf. Es fehlt ein basales Selbstvertrauen, Prüfungen und Schwellensituationen aus eigener innerer Vitalität heraus bewältigen zu können. Nach Freud tritt ein Angsttraum, durch schon bestandene Examina zu fallen, am Tag vor einem schwierigen Unterfangen auf. Er interpretierte dies im Sinne eines Trostes nach dem Motto »Du hast Angst, aber Du bist ja schon Doktor, fürchte Dich nicht vor morgen!« (Freud, 1900, GW II/III, S. 52). Chasseguet-Smirgel (1975) stellt jedoch die sinnige Frage, warum der Träumer diesen Umweg braucht, um Hoffnung zu schöpfen, dass das schwierige Projekt gelingen könne. Sie vertritt die Hypothese, dass Examina, also wichtige Schwellensituationen im Leben eines Menschen, die diversen Etappen unserer Schul- und Universitätslaufbahn bestätigen und somit verschiedenen Phasen unserer Entwicklung und Reifung gleichzusetzen sind.

Auch Freud sieht natürlich nicht nur die Wunscherfüllung in Prüfungsangst-Träumen, sondern auch Vorwürfe und Strafandrohungen aus der Kindheit: »Du machst immer noch so dumme Kindereien, obwohl du schon so alt bist.« Die Reifeprüfung muss also immer wiederholt werden.

Chasseguet-Smirgel meint dazu, meistens werde in Examensangstträumen die in der Realität bereits längst bestandene Prüfung so erlebt, als wäre sie durch Betrug oder durch Zufall oder durch einen Irrtum erschlichen worden. Diese wohl so erworbene symbolische Reife wird demnach als unverdient empfunden. Die inneren Ideal-Selbst- und Ideal-Objektrepräsentanzen konnten auf dem Weg der Ablösung vor allem wohl in der Pubertät nicht ausreichend vorangetrieben werden. Die Verschmelzungssehnsüchte mit idealen elterlichen Objekten auf unterschiedlichen Triebebenen sind nur brüchig gelebt und nur unzureichend als Transformationswege zu einem neuen integrierten und reifen Ich-Ideal erfahren worden. Die erwachsene Psyche ist durch Fehlschläge im Reifungsgeschehen, in der menschlichen Entwicklung und in der Identitätsbildung nicht »echt« erworben. Die Autorin meint, dass besonders sensible Menschen über eine bemerkenswerte Einsicht verfügen, nämlich »eine intuitive Kenntnis dessen, was sie ohne ihre konflikthaften Hemmungen sein könnten«. Bei nicht gelingenden Reifungsschritten in der Identitätsentwicklung sind diese Menschen in ihrem Erleben also nicht wirklich das, z. B. Akademiker, was sie in der Realität sind. Diese Reifungsdefizite des Ich-Ideals erzeugen Forderungen an das Ich, alle Teiletappen der vorausgegangenen Entwicklungsphasen zu integrieren – mit dem häufigen Ergebnis, dass sich diese Defizite in Wiederholungsträumen von nichtbestandenen Prüfungen, von erschwindelten Erfolgen u. a. ausdrücken. Dazu muss ich natürlich erwähnen, dass Chasseguet-Smirgel (1975) das Ich-Ideal als Motor der gesamten psychosexuellen Entwicklung konzipiert. Sie ist der Auffassung, dass die Realität der Getrenntheit vom Urzustand nach der menschlichen Geburt nur notgedrungen akzeptiert werden kann (Realität und Idealität der Wiederverschmelzung im Mutterleib sind unterschieden), auf der anderen Seite wird die lustvolle Sehnsucht nach genitaler Vereinigung als reife Form der Urverschmelzung im Ich-Ideal gebunden. Eine genügend haltende Umwelt hilft dem Kind dabei, »sein Ich-Ideal vor sich hin zu projizieren, indem sie seine antreibende Rolle fördert, d. h. etwas unternimmt, damit dieses seinen Aspekt der Verheißung bewahren kann« (S. 37). Solche Transformationswege zum reifen Narzissmus und zur Genitalität können scheitern, wenn es nicht gelingt, das Realselbst mit den idealen Selbstobjekten in ein kreatives, die Entwicklung förderndes Spannungsfeld zu bringen.

Prüfungsangstträume sind demnach verzweifelte Versuche, bei erlittenen Reifungsirritationen die Selbstwertbalance wiederherzustellen. Nach Chasseguet-Smirgel (1975) hinterlässt die so genannte menschliche Frühgeburt, verbunden mit der primären Ohnmacht und Hilflosigkeit, die Ursehnsucht nach Wiederverschmelzung mit der primären Mutter, eine Sehnsucht »zurück ins Paradies«. So gesehen beginnt die gesamte psychosexuelle Entwicklung des Menschen mit der Aufhebung dieser Urverschmelzung, also der Geburt. Die mit einer Prüfung oder einer als Prüfung assoziierten Schwellensituation verbundene narzisstische Bedrohung liegt demnach nicht im tatsächlichen Versagen, sondern in der Gefahr der Verletzung und Beschämung und der damit verbundenen Angst, die Selbstachtung zu verlieren. Das innere Programm der natürlichen Reifung und Entwicklung, hier speziell der Ich-Ideal- und Über-Ich-Entwicklung, kann durch innere oder äußere Einflüsse so gestört werden, dass eine neurotische Entwicklung einsetzt, die sich z. B. in den erwähnten Träumen abbildet.

Eine Bestätigung dieser These ist im folgenden Fallbeispiel zu sehen. Eine seit Jahren als Wissenschaftlerin erfolgreich im Berufsleben stehende und auch in der Öffentlichkeit bislang ohne Angst agierende 51-jährige Patientin sucht mich auf. Sie hat plötzlich »völlig überraschend wie aus heiterem Himmel heraus« auftretende Arbeitsstörungen, kann keine Vorträge mehr halten (»*Ich sterbe vor Lampenfieber!*«) und leidet fast in jeder Nacht unter »*grauenvollen Alpträumen, ich falle ständig durch meine Abiturprüfungen, das ist vernichtend ... ich habe keine Chance*«. Bereits in den Vorgesprächen und vor allem später in der Analyse stellt sich heraus, dass der um etwa 10 Jahre jüngere Ehemann eine andere Liebesbeziehung eingegangen war. Gleichzeitig ist die 79-jährige Mutter lebensbedrohlich erkrankt. Diese Patientin ist – zudem im Klimakterium stehend – in eine schwere Identitätskrise geraten, die sich unter anderem in diversen Ängsten und den quälenden Prüfungsangstträumen äußert. Hier ist sicherlich auch die Schwellensituation des Klimakteriums eine nicht zu unterschätzende Herausforderung. Der hormonelle Umbruch stellt für das Körperselbst der Frau eine große Identitätsveränderung dar. Hier kommen bei der Patientin auch Assoziationen an die eigene Pubertät in Erinnerung, wo sie sich zum Teil sehr erotisierend dem anderen Geschlecht genähert und sich gleichzeitig mit dem Entwicklungsschub allein gelassen und unbeholfen gefühlt hatte. Als Kind war sie sehr einsam und vaterlos aufgewachsen und bis ins 12. Lebensjahr Bettnässerin gewesen. Vielen traumatischen Erlebnissen war sie sicherlich nicht gewachsen, dennoch konnte sie erstaunliche Energien für ihre weitere Lebensbewältigung mobil machen und dadurch sehr erfolgreich und bislang nahezu symptomfrei ihre Existenz sichern. Die akuten narzisstischen Kränkungen und die Trennungsangst (der drohende Verlust des Ehemannes und der Mutter, die seelische Bewältigung der Wechseljahre und auch die Gewissheit, *als Nächste bin ich mit dem Sterben dran* in der Generationenfolge) haben das Selbstgefühl dieser bisher sehr tüchtigen Frau so überwältigt, dass sie allein keine gesunden Lösungsmöglichkeiten für ihre Probleme mehr sehen kann.

Eine andere Patientin entwickelt starke diffuse Ängste und Gefühle von Lähmung anlässlich der Abiturprüfung ihrer Tochter. Sie hat Alpträume, im eigenen Abitur, das sie längst bestanden hat, zu scheitern. Der zentrale Konflikt erweist sich als Trennungsproblem von der nun eigenständigeren Tochter, mit der sie sehr stark identifiziert geblieben war und von der sie sich nicht lösen kann. Auch zu Trauergefühlen, nun ihre bisherige Identität als Mutter der bislang noch relativ abhängigen Tochter verändern zu müssen, ist sie zunächst nicht fähig. Sie reagiert schließlich mit Neidgefühlen und Wut auf die sehr kreative Abiturfeier des Jahrganges ihrer Tochter und zieht eine fast selbstzerstörerische Bilanz für ihr ganzes Leben: »Ich bin menschlich und beruflich gescheitert. Ich musste mich immer *gegen* die Lehrer und meine Eltern selbst verwirklichen, gegen den Strom schwimmen in der Opposition, in der ich hängen geblieben bin. Ich bin und war immer sehr einsam und ertrage es kaum, dass Susanne so leicht und selbstverständlich ihr Abitur machen konnte und jetzt so herzlos ihren Lebensplan verfolgt.« Diese Patientin hatte sich selbst über die Entwicklung ihres Kindes definiert und war erst nach langen Jahren einer Psychotherapie in der Lage, sich über die Erfolge ihres nun erwachsenen Kindes zu freuen und psychische Trennung und Abstand als »wohltuend« zu erleben.

3. Entwicklungsstufen der Angst

3.1 Normale und gestörte Entwicklung

Rosa war sehr stolz, in die Schule zu kommen. Nur wenige Tage nach ihrer Einschulung jedoch ist in der Dorfgemeinde der Sechsjährigen ein Nachbarbauernhof abgebrannt. Rosa war bereits in der Schule und kam gerade noch am Ende der Löscharbeiten der Feuerwehr zurück und hatte somit »nichts mitbekommen«. Seitdem hat Rosa zunehmend Alpträume, Bauchschmerzen, sie muss sich morgens übergeben und hat während des Unterrichts ständigen Harndrang und rennt aus dem Klassenzimmer. Sie äußert die Angst, dass es auch bei ihnen zu Hause brennen könnte, während sie »weg in der Schule« ist. Erst ein Jahr später nach der immer gravierender werdenden Schulangst und der Weigerung Rosas, zum Unterricht zu gehen, kommen die Eltern, beides Landwirte, mit ihrem Kind in das erste Familiengespräch. Die Eltern wirken selbst unsicher, und vor allem die Mutter scheint das Kind sehr festzuhalten und in ihm autonome Regungen zu unterdrücken. Sie schildern die bisherige Entwicklung ihrer Tochter als »problemlos«. »Rosa war immer lieb«, berichtet die Mutter. Eine Trotzphase habe sie nie gehabt, ihr Kind habe sich sprachlich und motorisch dem Alter entsprechend »vorbildlich« entwickelt. Im Unterschied dazu waren jedoch überwiegend in sozialen Schwellensituationen, die im Gespräch benannt werden, bei Rosa seit langer Zeit bereits starke Trennungsängste und anklammerndes Verhalten zu beobachten. »Doch jetzt wird jeder Gang zur Schule schon an der Haustür zum Alptraum, wir zittern wie vor einer schrecklichen Prüfung, ob wir es schaffen, unser Kind über die Türschwelle zu bringen«, klagen nun beide Eltern. Rosa hängt vor allem sehr an ihrer Mutter und kann ohne sie nicht einschlafen. »Obwohl der Nachbarhof längst wieder steht und kein Mensch zu Schaden gekommen ist, plagt sie uns mit diesen Ängsten«, sagt Rosas Vater. Rosa ist ein zierliches, hübsches Mädchen mit großen, dunklen Augen und bewegt sich wie eine kleine Prinzessin. Hinter ihrer Zurückhaltung ist etwas

Energisches zu spüren, und sie sucht sofort den Kontakt zu mir. Wünsche nach Anerkennung und Spiegelung werden deutlich. Zu Beginn der analytischen Spieltherapie bei einer von mir supervidierten Kollegin möchte sie zunächst nur die ihr bekannten Regelspiele machen. Später greift sie mit zunehmendem Vertrauen häufig zu aggressiveren bis destruktiven Spielmöglichkeiten, zerquetscht z. B. mit Vorliebe selbst gebaute Knetfiguren. »Ich erdrücke die Mama und den Papa und dann sind sie nicht mehr da«, wird sie später sagen, und sie meint damit, dass sie dann nicht mehr eingeengt sein wird in ihrer Entwicklung. Dann nehmen ihre Impulse, die Welt (und damit die Schule) zu erobern, rasch zu, und sie beginnt, mit der Therapeutin als »Schneewittchen« zu rivalisieren. Ihre Bauchschmerzen und der ständige Drang, zur Toilette zu müssen, lassen nach, und sie fühlt sich nicht länger zuständig, immer wieder in der Therapie und in der Familie zu harmonisieren, wenn sie eigentlich ärgerlich ist. Rosa ist sehr bald in der Lage, ihre Ängste und Probleme sowohl verbal als auch auf der Symbolebene kreativ einzubringen. Sie verfügt über Phantasie, Sensibilität und Besonnenheit. Der abgebrannte Bauernhof wird im Spiel Schauplatz heftigster innerer Tragödien, die sie am Ende der 2 Jahre dauernden Therapie »in den Griff« bekommt. Ihre Wünsche nach Nähe, Anerkennung, Zuwendung und Geborgenheit hatte sie wohl lange Zeit auf Grund von Enttäuschungsängsten abgewehrt. In ihrer anfänglichen Symptomatik, der Angst, den elterlichen Bauernhof zu verlassen – es könnte brennen – und in die Schule zu gehen, zeigt sich zunehmend der Konflikt zwischen ihren regressiven Bedürfnissen und ihren Ablösungs- und Autonomiewünschen, die sie gegen die ängstliche, innerlich wenig präsente und doch eng bindende Mutter und den an ihr wenig interessierten Vater recht aggressiv durchsetzen musste. Der »Brand«, den sie anfangs fürchtete, »nie löschen« zu können, hatte verdrängte Ängste aktiviert, die nun – nicht zuletzt auch durch die gute Mitarbeit der vom eigenen Leben selbst sehr enttäuschten und wenig frohen, in der Landwirtschaft hart arbeitenden Eltern – verständlicher und damit weniger bedrohlich werden. Der brennende Bauernhof wird zum kindlichen »gefährlichen Spiel mit dem Feuer« als Ausdruck ihrer Wünsche nach Trennung und Eigenständigkeit, was nun mit den dazugehörigen aggressiven Impulsen immer weniger Verlustängste (Angst, die Liebe der Eltern zu verlieren) auslösen muss. Der zentrale Konflikt war demnach die Angst, die Bindung zum Objekt und insbesondere die Liebe der Mutter zu verlieren, wenn sie sich ihren Trennungs- und Autonomiebestrebungen überlässt.

In dem später geschilderten Fallbeispiel eines jungen Mannes, des Schauspielschülers Herrn H., der an Prüfungsängsten leidet, treten vor allem im Traumerleben während seiner intensiven Analyse massive Ängste auf, »dass es brennt, das Haus brennt ab«, die seine im therapeutischen Prozess aktivierten Ängste vor Selbstverlust widerspiegeln. Dieser Patient verursacht kurz vor Therapiebeginn selbst einen Brand, indem er im Faschingsmonat Februar einen lichterloh brennenden Christbaum aus dem Fenster auf eine sehr belebte Straße wirft. Auch er macht mit dieser Inszenierung sehr heftig auf sich (und seine von der Polizei wenig verstandene Not) aufmerksam, aber anders als Rosa, die stiller agiert und die »Schwelle einfach nicht übertritt«, da sie wohl in ihrem Selbsterleben wesentlich weniger bedroht war. Das soeben erwähnte Fallbeispiel des jungen Mannes soll im zweiten Teil des Buches sehr ausführlich geschildert werden, um aufzuzeigen, wie mit wachsender Symbolisierungsfähigkeit und größerem Selbstvertrauen im therapeutischen Prozess Schwellen- und Prüfungsängste abnehmen und gleichzeitig das Bewältigungspotenzial für Herausforderungen des alltäglichen Lebens wächst. Rosa hat Angst, in die Schule zu gehen aus der Sorge heraus, die Eltern oder zumindest deren Liebe und die Kontrolle über sie zu verlieren. Herr H. leidet unter bedrohlicheren Selbstverlustängsten und hat noch keine – wie später ausgeführt wird – reiferen Möglichkeiten, mit seinen Ängsten besser fertig zu werden.

Angst spielt in unserem Leben eine allgegenwärtige Rolle. Sie begleitet jeden Entwicklungsschritt. Die Angstreaktionen differenzieren sich im Laufe der Entwicklung eines Menschen kontinuierlich in zahlreichen Nuancierungen. Jede Entwicklungsstufe baut selbstverständlich auf der vorangehenden auf, unabhängig davon, ob im bisherigen Lebensprozess normale oder pathologische Entwicklungsrichtungen zu verzeichnen waren. Es stellt sich dabei lebenslang immer wieder die Frage, auf welchem persönlichen Entwicklungsniveau sich eine bestimmte Schwellenangst oder auch die Neugier vor dem nächsten Schritt und der damit verbundene Angstpegel abspielen. Die Heftigkeit der Angstreaktion und die Art des Konfliktes, der den Spannungen zu Grunde liegt, stehen dabei in einem lebendigen Wechselspiel zueinander. Sind es regressive Bedürfnisse, die im Widerspruch stehen zu progressiven Wünschen wie bei Rosa? Oder besteht ein sehr frühes Entwicklungsdefizit mit Vernichtungs- oder Selbstverlustgefahr wie beispielsweise bei Herrn H.? In beiden Fällen »brennt es«, doch ist das Maß der Ich-Stärke, die Fähigkeit zur Kontrolle der Angst, unterschiedlich. Die einzelnen Lebensgeschichten haben in unserem Kulturkreis und unserer Sozialisation zahlreiche Gemeinsamkeiten. Darum gibt es während bestimmter Entwicklungsphasen typische Probleme mit spezifischen (Schwellen-)Ängsten und Störanfälligkeiten, die sich – wie oben bereits geschildert – unter anderem auch in Träumen ausdrücken können.

Angst (althochdeutsch angust) bedeutet Enge. Sie ist ein affektiver Zustand mit dem Gefühl, bedrängt und bedroht zu sein, verbunden mit den bereits beschriebenen körperlichen Begleiterscheinungen. Reale Angst entsteht bei objektivierbarer Gefahr und Bedrohung. Irrationale Angst entsteht auf der Grundlage unbewusster Konflikte oder Traumatisierungen. Mein Anliegen ist es nun, in diesem Kapitel einen komprimierten Überblick über die vielfältigen Sichtweisen aus klinischen Beobachtungen und wissenschaftlichen Forschungsansätzen, die sich zum Teil zur Deckung bringen lassen, zum Teil aber auch widersprechen, zum tieferen Verständnis von Prüfungs- und Schwellenängsten darzustellen.

Nach Freud ist Angst einerseits die Reaktion auf ein Trauma, das er als übergroße Ansammlung von Bedürfnisspannungen definiert, andererseits entsteht sie als Reaktion auf eine äußere Gefahr. Wenn die Psyche durch zu starke Reize aus inneren oder äußeren Quellen überwältigt wird, bildet sich automatisch (reflektorisch) Angst, die nicht beherrscht werden kann.

Signalangst nach Freud (1926) dagegen soll das Aufkommen dieser intensiven Angst vermeiden helfen, indem das Angst auslösende Trauma antizipiert und nur in abgeschwächter Form erlebt wird.

Die Fähigkeit, Signalangst statt *automatische Angst* erleben und sinnvoll damit umgehen zu können, ist entwicklungspsychologisch an wichtige Ich-Funktionen gebunden, die das Erkennen der drohenden Gefahr ermöglichen (Wahrnehmen, Erinnern und Denken zur Bewältigung der Angst erzeugenden Phantasie). Mit Hilfe der Signalangst (Angst vor dem Feuer als weit verbreitetes Beispiel) wird sich eine Person einer potenziellen Gefahr bewusst, und dies stimuliert dann – auch in Prüfungs- und Schwellensituationen – Problemlösungsprozesse. Oder es zeigt sich in schwierigen Schicksalen ein Entwicklungsstillstand.

Waelder (1970) geht davon aus, dass der Angstaffekt in abgeschwächter Form nur als biologisch notwendiges Signal auftritt, wenn ein Individuum aus inneren oder äußeren Gründen gehindert ist, motorisch aktiv die Gefahr auslösende Situation zu bewältigen. Gedo und Goldberg (1973, s. Tab. 1, S. 70) betrachten in ihrem genetischen Stufenmodell die *traumatische Überstimulierung* entwicklungsgeschichtlich als erste typische Gefahr. Mit zunehmender kognitiver Differenzierung zwischen dem Selbstbild des Kindes und seinen Objektrepräsentanzen folgt dann die *Gefahr der Trennung*.

Neurophysiologische Forschungsbefunde legen nahe, dass es vor dem Alter von drei Monaten ein psychisches Erleben von Schmerz, Furcht oder gar Angst nicht gibt. In solchen Situationen konnte beobachtet werden (z. B. von Spitz, 1963), dass es Lust- und Unlust-Erlebnisse geben muss oder auch Anzeichen eines negativen Affekts als Ausdruck physiologischer Spannungszustände mit diffusen körperlichen Abfuhrerscheinungen.

Im dritten Lebensmonat (Beginn der Differenzierungsphase nach Mahler et al., 1975) werden die Unlustäußerungen strukturierter und für den Außenstehenden allmählich verständlich. Es wird ein Stimmungsabfall beobachtet, wenn die mütterliche Hälfte des Selbst vermisst wird. Zwischen dem vierten und sechsten Lebensmonat beschreibt Spitz (1965) die sog. *Furchtreaktion*, die eintritt, wenn ein Sinneseindruck mit einem früheren Unlusterleben in Verbindung gebracht wird (z. B. Impfung). Dies sind Vorläufer psychischer Angst in einer Zeit, wo das Vermissen immer bewusster

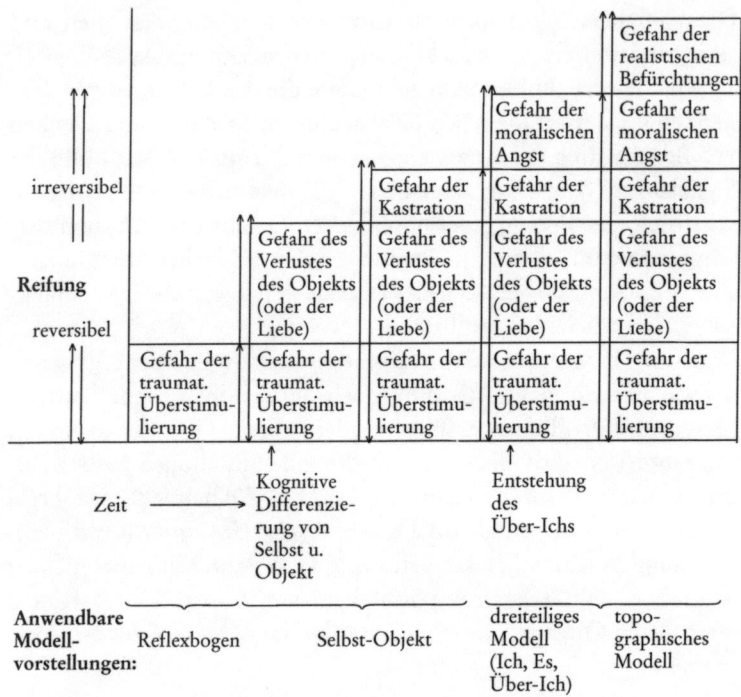

				Gefahr der realistischen Befürchtungen
			Gefahr der moralischen Angst	Gefahr der moralischen Angst
irreversibel		Gefahr der Kastration	Gefahr der Kastration	Gefahr der Kastration
Reifung	Gefahr des Verlustes des Objekts (oder der Liebe)	Gefahr des Verlustes des Objekts (oder der Liebe)	Gefahr des Verlustes des Objekts (oder der Liebe)	Gefahr des Verlustes des Objekts (oder der Liebe)
reversibel				
Gefahr der traumat. Überstimulierung	Gefahr der traumat. Überstimulierung	Gefahr der traumat. Überstimulierung	Gefahr der traumat. Überstimulierung	Gefahr der traumat. Überstimulierung

Zeit ⟶   Kognitive Differenzierung von Selbst u. Objekt   Entstehung des Über-Ichs

Anwendbare Modellvorstellungen: Reflexbogen — Selbst-Objekt — dreiteiliges Modell (Ich, Es, Über-Ich) — topographisches Modell

Tab. 1: Gedo, J. E., Goldberg, A. (1973). Models of the mind: A psychoanalytic theory. Chicago. University of Chicago Press.

wahrgenommen wird. Das Baby differenziert jetzt stark beim Anschauen der Gesichter, es unterscheidet die Stimme seiner Mutter von der anderer Personen, und es weint anders, wenn die Mutter weggeht als bei anderen. Auch die Mutter reagiert auf die physiologischen und sozialen Hinweise ihres Kindes auf ganz besondere Weise, die zum gegenseitigen Feedback-System (Winnicott, 1971) und zum gegenseitigen »Kennen« führt, was wiederum das Kennzeichen für eine sichere Mutter-Kind-Beziehung ist. Mit etwa sieben Monaten zeigt das Kind zum ersten Mal Angst vor Fremden, wenn es in der Gegenwart einer unbekannten Person still und anhänglich wird (Spitz, 1965). Spitz nennt diese ersten Anzeichen von Angst vor anderen Menschen *Fremdenangst*. Mahler et al. (1978) spricht von einem »checking back« im siebten und achten Monat,

d. h. einem Überprüfen und Vergleichen der Mutter mit Fremden. Diese Veränderungen treffen beim Kind mit dem Beginn der Fortbewegung zusammen, was mit sich bringt, dass das Baby ein viel differenzierteres Kommunikationssystem benötigt, wenn es einen sicheren Kontakt zur versorgenden Person halten will. Es muss bei Gefahr seinen Protest und Kummer zeigen können, die Mutter muss diese Signale interpretieren können. Ein gewisser Grad an Ich-Entwicklung ist also Voraussetzung, um von Angst als einem Affekt sprechen zu können (Spitz, 1965; Brenner, 1955). Die Frage stellt sich, ob ein Kind im Alter von acht Monaten bereits eine Objektkonstanz (die Fähigkeit, Ambivalenz ertragen und eine konstante Objektrepräsentanz der Bezugswelt halten zu können) aufgebaut haben kann, wie Spitz dies annahm, wenn es gewissermaßen Erinnerungsspuren von dem mütterlichen Gesicht besitzt und mit Fremdenangst auf ein fremdes Gesicht reagiert. Piaget (1969) hat nachgewiesen, dass ein evokatives Gedächtnis erst im Alter von 18 Monaten entwickelt ist. Ein wiedererinnerndes Gedächtnis benötigt dann nicht mehr den sichtbaren Stimulus, also die reale Anwesenheit des Objekts. Solange die Mutter aus dem Erleben des Kindes verloren zu gehen droht, wenn sie von ihm nicht unmittelbar wahrgenommen werden kann, bedeutet dies, dass die psychische Repräsentanz von ihr, das innere Bild von der Mutter, noch instabil ist, also die Rückversicherung durch visuelle Wahrnehmung von ihr benötigt wird. Das Kind reagiert in dieser Phase mit Fremdenangst. Mahler et al. (1975) fassen die Fremdenangst als Sozialisationsergebnis und nicht als naturgegebenen Reifungspunkt auf. Ein Kind, das Sicherheit und Urvertrauen entwickeln konnte, zeige keine Fremdenangst, sondern eine so genannte »Zollinspektion«, d. h., es erforscht lediglich mit seinen visuellen und taktilen Möglichkeiten den anderen. Mahlers Loslösungs- und Individuationstheorie (Mahler et al., 1975) erweckte reges wissenschaftliches Interesse wegen ihrer systematischen Arbeit im Rahmen der psychoanalytischen Theorie (vgl. Emde, 1988; Lichtenberg, 1983; Spitz, 1965; Stern, 1985), klinisch abgeleitete psychoanalytische Hypothesen der frühen seelischen Entwicklung mit empirischen Erkenntnissen aus der Säuglingsforschung in Zusammenhang zu bringen. Allerdings kam es auch zu heftiger Kritik aus Forschungsrichtungen, die sich mit der normalen Frühentwicklung und auch entwicklungsbedingten Psychopathologien Erwachsener beschäftigen, in erster Linie weil sich Mahlers Thesen nur teilweise mit den Ergebnissen der modernen Säuglingsforschung vereinbaren lassen. Gergely (2002) würdigt Mahlers Theorien, er bezieht aber zu drei zentralen theoretischen Aspekten auf Grund seiner eigenen Beobachtungen aus der kognitiven Entwicklungspsychologie kritisch Stellung: 1. zum normalen Autismus, 2. zur normalen Symbiose und 3. zu ihrer Darstellung der Wiederannäherungsphase. Er widerspricht der Auffassung des normalen Autismus mit der Vorstellung einer angeborenen Reizschranke des Säuglings als Schutz vor Stimulation von außen und geht ganz im Gegenteil davon aus, dass Neugeborene einen so genannten *Kontingenzentdeckungsmechanismus* (Kontingenz im Sinne von »Vorhersagbarkeit«) von Geburt an haben. Er ermöglicht es ihnen, die eigenen motorischen Reaktionen (z. B. mit Strampeln ein Mobile in Bewegung zu bringen) als zum Selbst gehörig von jenen Reizen, die aus der Außenwelt (z. B. das verlässliche Reagieren einer Mutter auf das quengelnde Kind mit gewährender Freundlichkeit oder einem nichtkontingenten Verhalten, wenn abrupt bestrafende Gesten wechseln mit liebenswert freundlichen usw.) kommen, zu unterscheiden (Gergely, 1992). Bereits im Alter von drei Monaten – so zeigten Untersuchungsergebnisse (Watson, 1994) – bevorzugen Säuglinge vermutlich reifebedingt die Reizwahrnehmung aus der Umgebung und zeigen damit ihre Neigung zur Erkundung der sozialen Welt nach der vermuteten Etablierung der primären Repräsentation des Körperschemas. Auch den Mahler'schen Begriff der normalen Symbiose korrigiert Gergely (2002) insofern, als er sich auf die klassische biologische Definition der Symbiose bezieht (Koexistenz zweier Organismen) und den Aspekt der Unfähigkeit zwischen den Körpergrenzen des Selbst und des anderen differenzieren zu können widerlegt. Die mütterliche Funktion der Affektregulierung des Säuglings mit dem Phänomen des Affektspiegelns (vgl. z. B. Bion, 1962; Fonagy u. Target, 1996; Mahler et al., 1975) ist seiner Beobachtung nach die Voraussetzung für die allmähliche Internalisierung dieser Vorgänge als Beitrag zur eigenen wachsenden Emotionsregulierung. Gergely u. Watson (1996) gehen davon aus, dass

Die wichtigsten Entwicklungspositionen

	dominantes Trieberleben	Objekterleben	zentraler Konflikt	Ichleistungen (Neuerwerb)	Entwicklungsstörung
Symbiotisch-sensorische Entwicklung:					
Symbioseerleben im 1. Halbjahr	orales Erleben	Erleben der völligen Verfügbarkeit		Beziehungsregulation bei anwesender Pflegeperson	(Psychose)
Individuationsentwicklung:					
Differenzierung und Wiederannäherung im 2. Jahr	oral-aggressives Erleben	Erleben der Getrenntheit	**Individuationskonflikt** zw. Verlassenheitsangst, Verschmelzungswunsch und Verfolgungsangst	Integration gut – böse, beginnende Obj.-Repräsentanz	Borderline-Störung, schizoide Neurose
Autonomieentwicklung:					
Verselbstständigung, Triangulierung im 3. Jahr	anal-aggressives Erleben	Erleben von aktiver Trennung und Verweigerung	**Autonomiekonflikt** zw. Selbstständigkeit und Objektverlustangst	Trennungstoleranz, Objektkonstanz	narzisstische Störung
	phallisch-narzisstisches Erleben	Erleben alternativer Dyaden	**Triangulierungskonflikt** zw. Liebe und Angst vor Liebesverlust; Loyalitätskonflikt	Leben im Dreieck	präödipale klass. Neurose
Ödipale Entwicklung:					
Ödipuskomplex, Höhepunkt mit 4 Jahren	phallisch-genitales Erleben	Erleben in vernetzten Beziehungen	**Ödipuskonflikt** zw. Liebe und Rivalität, Begehren und Verbot; Gewissenskonflikt	Stabilisierung des Gewissens, der Geschlechtsidentität, Leben in Gruppen	klassische ödipale Neurose

Tab. 2: Ermann, M. (1999): Psychotherapeutische und Psychosomatische Medizin. Kohlhammer.

das Entstehen eines Selbstgefühls kausal mit dem mütterlichen Affektspiegeln (im Sinne eines Biofeedbacktrainings) zusammenhängt. Ich zitiere Gergely (2002): »Zusammengefasst läßt sich sagen, dass nach dem Modell des sozialen Biofeedbacks die instinktive mütterliche Neigung, den affektiven Ausdruck des Säuglings in markierter Form empathisch zurückzuspiegeln, in Verbindung mit den Mechanismen des Säuglings der Kontingenzentdeckung und dem Aufbau sekundärer Repräsentationen zur allmählichen Internalisierung der ursprünglichen symbiotischen gefühlsregulativen Funktion des biosozialen interaktiven Mutter-Kind-Systems führt.« Der Säugling sucht – so gesehen – nach einem intersubjektiven Austausch mit der Welt.

An dieser Stelle möchte ich ein Fallbeispiel von der Mutter eines vier Monate alten Säuglings erwähnen. Diese Frau erlebt bereits in der Schwangerschaft das Mutterwerden als bedrohliche Schwelle bzw. als »fast nicht zu bewältigende Prüfungsaufgabe«. Ihr Kind *»lastet«* in ihr *»wie eine Made im Speck«.* Von dem neugeborenen Mädchen fühlt sie sich – bei ihrem schwachen Selbstwertgefühl – bedroht: *»Mira hat so einen gierigen Blick, sie saugt mich aus, sie will mich auffressen.«* Die Angst der selbst sehr bedürftigen und in ihrer Identität nicht gefestigten Mutter, von ihrem Baby beim Stillen aufgefressen zu werden und dadurch sich selbst verloren zu gehen, führt womöglich zu einem überhöhten illusionären Machterleben im Kind, das mit den eigenen Reaktionen bei der Mutter Angst und Bedrohung bewirken kann. Hier stellt sich die Frage, wie dieses Baby im späteren Leben mit der Realität zurechtkommen wird, wenn es mit diesem Missverständnis aufwächst: Kann dieses Kind in der realen Welt späteren Schwellensituationen und Prüfungen ohne pathologische Bewertungsangst vertrauensvoll entgegensehen, wenn es bereits zu Beginn des Lebens in seiner Umwelt als so übermächtig interpretiert wird und diese Ängste auslöst? Altmeyer (2000) schreibt zur Frage der »intersubjektiven Anerkennung«: »Die Gegenwart des haltenden Objekts ist für das entstehende Selbst so selbstverständlich, dass es ohne sie nicht vorstellbar ist. Der Säugling befindet sich nämlich zunächst in einem Zustand absoluter Abhängigkeit, in dem das Objekt aber der omnipotenten Kontrolle des Subjekts zu unterliegen scheint. Diese –

sagen wir: primärnarzisstische – Illusion weicht erst später der Ahnung einer relativen Abhängigkeit vom Objekt, bevor die Anerkennung von dessen relativer Unabhängigkeit eingeleitet wird ... Erst aus der Erfahrung der Anerkennung durch das primäre Objekt taucht das Selbst als etwas Eigenes auf. Zugleich weicht die Illusion der eigenen Unabhängigkeit der Ahnung der Abhängigkeit von einem Objekt, dessen Unabhängigkeit allmählich anerkannt wird.« In seiner ersten Entwicklungsphase würde der Säugling – so Altmeyer – »ohne Verkennung seiner absoluten Abhängigkeit von Vernichtungsangst überwältigt werden«. Eine Mutter, die in der »Gier« ihres Säuglings (wie bei Mira) selbst Vernichtungsangst erlebt, wird als unabhängiges Objekt jedoch schwer zur Verfügung stehen können. Die späteren Fallbeispiele von Langzeitbehandlungen sollen diese Problematik verdeutlichen.

Reagieren schließlich die Bezugspersonen verlässlich, kommt es nach Mahler et al. (1975) zur Wiederannäherung und ihrem Höhepunkt in der Krise der Wiederannäherung zwischen 18 und 24 Monaten, die dann im dritten Lebensjahr mit der Etablierung der libidinösen Objektkonstanz zur Lösung kommt. Diese als normativ hervorgehobene Phase mit einem typisch ambivalenten Verhalten des Kindes und der Zuspitzung in der Krise (Mahler et al., 1975) kommt nach den Erkenntnissen der neueren Bindungsforschung (Lyons-Ruth, 1991) nur bei unsensiblen und inkonsequenten Betreuungsstilen vor. Mahlers Beobachtung der Bildung einer libidinösen Objektkonstanz im Alter von 18 bis 24 Monaten deckt sich allerdings mit den Ergebnissen der »Theorie des Mentalen«, die als *Kohärenz- oder Konsistenzprinzip* bezeichnet wird (Gergely, 1992). Die Objektrepräsentanzen des Kindes sind integrierter. Dies setzt eine gelungene Entwicklung der Fähigkeit in der kindlichen Psyche voraus, Ambivalenz zu ertragen und die Wünsche und Handlungen der Bindungspersonen auch dann zu verstehen und Schlüsse daraus zu ziehen, wenn diese nicht mit den eigenen (idealen) Wünschen und Vorstellungen vom anderen in Harmonie stehen. Nach einer günstig verlaufenen Entwicklung auf Grund von verlässlichen emotionsregulierenden Interaktionen mit bedeutungsvollen Bindungspersonen kann nun eine konsistente und konstante Repräsentation, d. h. ein mentalistisches Verständnis des anderen, in der kindlichen Psyche bewahrt werden. Die kognitive Entwicklungspsychologie, so möchte ich hier nochmals zusammenfassend wiederholen, konzentriert sich auf die Untersuchung der menschlichen Fähigkeit, eigene mentale Verfassungen in ursächlichen Zusammenhang mit der mentalen Verfassung anderer Personen aus dem Umfeld zu bringen.

Grundsätzlich lässt sich sagen, dass im Zentrum der Beziehungserfahrungen – hier möchte ich auch die Gedankenwelt Bions, wie ich sie im Kapitel über die Traumtheorie ausgeführt habe, erinnern – das Streben nach Sicherheit, Bindung und Autonomie, die Befriedigung von Triebbedürfnissen, das Streben nach Lust und Entspannung sowie die Abwendung von Angst, Überreizung und Frustration steht. Anna Freud (1965) sieht die zeitliche Abfolge in der Angstentwicklung folgendermaßen: Zunächst gibt es die *Angst vor Vernichtung* beim Verlust der mütterlichen Fürsorge. Dazu gehören die *Trennungsangst* und die *Angst vor Objektverlust* in der Zeit der biologischen Einheit zwischen Mutter und Kind. Es folgt die *Angst vor Liebesverlust* nach dem psychischen Erwerb einer konstanten Liebesbeziehung zum Objekt, der Objektkonstanz. *Angst vor Kritik und Strafe* entfaltet sich während der anal-sadistischen Entwicklungsphase, in der das Kind seine aggressiven Affekte auf die Bezugspersonen projiziert, was eine Steigerung der Angst vor ihnen verursacht, auch wenn sie real keine hart strafenden Eltern sind. In der phallisch-ödipalen Phase sieht Anna Freud die Entstehung der *Kastrationsangst*. Eine weitere Art von Konflikt sieht sie in der Verinnerlichung der elterlichen Forderungen und Werte durch die Identifizierung mit den Eltern. Tyson und Tyson (1990) schildern die Themen der ödipalen Entwicklungsphase folgendermaßen: »Ödipale Verstrickung – mit all ihrer Liebe und genitalen Erregung für den einen Elternteil, gepaart mit Hass, Todeswünschen, Vergeltungsängsten und Rivalität, aber auch Liebe und Bewunderung gegenüber dem anderen Elternteil – weist auf das Erreichen eines vollständigen triadischen Objektbeziehungsniveaus hin… Die Triangularität ödipaler Objektbezogenheit und Konflikte fördert die intrapsychische Strukturbildung, erschüttert jedoch auch das narzisstische Gleichgewicht des Kindes.« (S. 118) Die elterliche Autorität, deren Gebote und Verbote, werden in dieser Phase zum Großteil im Ablauf der Strukturbildung in das kindliche Über-Ich integriert. Sie können auf diesem Weg zu seelischen Unstimmigkeiten im Innersten (den psychischen Instanzen) des Kindes zwischen den Polen von Wunscherfüllung (Triebwunsch) oder Versagung (Über-Ich) führen und Schuldgefühle bzw. Angst verursachen *(Über-Ich-Angst)*.

Aus den frühkindlichen zwischenmenschlichen Erfahrungen entstehen demnach im Laufe der Entwicklung komplexe innere Leitbilder, die psychischen Repräsentanzen (Vorstellungen von der eigenen Person, dem Selbst, Vorstellungen von Objekten und von Beziehungen zwischen Selbst und Objekt). Die Inhalte der Erlebnisse, die Konflikte hervorrufen, können sehr unterschiedlich sein. Da gibt es z. B. nicht oder schwer verarbeitbare Gegensätze zwischen einem inneren Bedürfnis nach Geborgenheit und einer von außen erlebten Versagung und Enttäuschung. Es gibt auch miteinander unvereinbare Triebregungen oder Gefühle, wie Hassen und Lieben, Zerstören und Bewahren. Es gibt Konflikte zwischen Impulsen, Werten oder Normen, wie Inzestwunsch oder -verbot, Mordimpuls und Tötungstabu. Es gibt Spannungen zwischen Risikofreude und damit Gefährdung und dann aber auch dem Streben nach persönlicher Sicherheit. Und es gibt Spannungspole zwischen Bindung und Trennung, alle diese Situationen können Quellen der Angst sein.

Die für die Neurosenentstehung bestimmende Angst stammt aus neurotischen Konflikten *(Konfliktangst)*. Konfliktangst ist unbewusst. Typische Entwicklungskonflikte werden mit den typischen Konfliktängsten in Verbindung gebracht. Wenn ein Konflikt weder durch innere noch durch äußere Veränderung (durch autoplastische oder alloplastische Prozesse) gelöst werden kann, entstehen Entwicklungsdefizite und/oder neurotische Konflikte mit den entsprechenden Abwehrmechanismen der neurotischen Persönlichkeit.

Im Folgenden möchte ich einen entwicklungsdynamischen Überblick über pathologische Ängste geben. Sie können unter Umständen, wenn auch in der frühen Entwicklungsgeschichte geprägt, erst in einem späteren Lebensabschnitt sichtbar und damit symptomatisch werden. Wie bereits erwähnt, repräsentieren frühe (unreife)

Ängste eine *Angst vor traumatischer Überstimulierung, Verlassen-heits-, Verschmelzungs-* und *Verfolgungsängsten.* In der mittleren Phase der Kindheitsentwicklung dominiert die *Angst vor Trennun-gen, Objektverlust und Verlust von Bewunderung und Liebe.* Spä-ter folgen die *Strafangst* und die *Gewissensangst.*

Meine Schilderung beginnt mit dem Symbioseerleben im ersten Le-bensjahr (biologische Einheit von Mutter und Kind) und dessen Störungen und der daraus abzuleitenden Angst. Im Vordergrund stehen orale Bedürfnisse (Bedürfnisse nach Sicherheit durch Nähe, Fürsorge und Geborgenheit sowie nach Bindung). Die funktions-bezogenen Arten des Beziehungserlebens (entstanden aus der Ver-arbeitung von optischen, akustischen, Berührungs- und Geruchs-reizen, inneren Spannungszuständen und der Bezugswelt) bilden sich erst allmählich, sodass es für das Kind zunächst vielfältige Teil-objekte gibt, die mit entsprechenden Bedürfnissen und Befrie-digungsfunktionen in Verbindung gebracht werden. Emotionale Mangelerlebnisse (z. B. schwere psychische Erkrankungen der Be-zugspersonen, Verlassenheitserlebnisse usw.) können zu schwer-wiegenden Entwicklungsschäden führen. Es kommt z. B. zur man-gelnden Abgrenzung zwischen Selbst und Objekt, d. h. zur un-genügenden Unterscheidung zwischen innerer und äußerer Welt bzw. erheblichen Unsicherheiten in puncto Zuordnung oder Inter-pretation von Affekten eigener oder fremder Gemütszustände. Bei späteren Belastungssituationen wie Schwellen- und Prüfungserleb-nissen kann der Realitätsbezug verloren gehen und z. B. bei ent-sprechender vorliegender Vulnerabilität eine Psychose entstehen (vgl. das Beispiel des Patienten im Kapitel über psychotische Stö-rungsbilder). Der Prüfer wird in diesem regressiven Zustand zum Verfolger oder er will dem Prüfling den Verstand rauben. Dies er-innert an die Zeit der biologischen Einheit zwischen Mutter und Kind, in der bei Verlust der mütterlichen Fürsorge *Angst vor Ver-nichtung* und damit Identitätsverlust entstehen kann.

Eine weitere Entwicklungsaufgabe ist – wie bereits erwähnt – die *Individuationsentwicklung* ab dem zweiten Lebensjahr (fortschrei-tende Differenzierung zwischen Selbst und Objekt, Integration von »gut« und »böse«). Die kognitiven Fähigkeiten des Kindes rei-fen zwischen sechs und acht Monaten (Differenzierungsphase) so weit heran, dass es sich zunehmend seiner Getrenntheit von der Umgebung gewahr werden kann. Die Pflegepersonen, auf die es sich angewiesen fühlt, sind vom eigenen Selbst getrennte Personen mit eigener Existenz und eigenem Willen. Das Kind erkennt, dass die Bezugswelt nicht uneingeschränkt zur Befriedigung eigener Bedürfnisse verwendet werden kann. Diese Wahrnehmungen verursachen *Verlassenheitsangst*, gefolgt von Wut, oral getönten aggressiven Impulsen, die z. T. auf die Bezugswelt projiziert werden, und dadurch entsteht wiederum *Verfolgungsangst*. Es gibt dann die Polarisierung zwischen dem »guten« Objekt und dem »bösen« Objekt je nach Frustrations- und Unlusterleben bzw. Befriedigungserfahrung mit der jeweiligen Pflegeperson. In den verschiedenen Fallbeispielen dieses Buches lassen sich schließlich auch die sehr unterschiedlich geprägte Art und das jeweilige Ausmaß von Schwellen- und Prüfungsängsten entwicklungspsychologisch bzw. psychodynamisch zuordnen. Eine gute Bemutterung des Kindes beim Erledigen seiner altersspezifischen Entwicklungsaufgaben fördert allmählich die Spannungstoleranz und damit die Fähigkeit zur Anerkennung der Getrenntheit vom Objekt bzw. dessen Eigenständigkeit und hilft dadurch natürlich auch, die einzelnen Anforderungen des Lebens – nicht zuletzt auch Prüfungen – angemessen zu bewältigen. Ab dem 18. Lebensmonat bilden sich dann immer konstanter werdende Vorstellungen von der eigenen Person und von der Bezugswelt, die auch ohne reale Anwesenheit erhalten werden können, so kann die Abwesenheit der Mutter mittels Internalisierung des Mutterbildes ertragen werden. Die Verlassenheitsangst wird dadurch geringer, das Selbstwertgefühl stabilisiert sich, »gut« und »böse« werden integriert in das Gesamterleben, und damit wächst, wie gesagt, die Fähigkeit, Ambivalenz zu ertragen. Durch das wachsende Bewusstsein, eigenes Zentrum des Geschehens und von Verursachung zu sein, wächst auch die *Angst, das Objekt zerstören oder verlieren zu können*. Psychische Verletzungen, schwere Lebensschicksale oder Persönlichkeitsstörungen der Beziehungspersonen können diesen Entwicklungsprozess ebenfalls verzögern oder erheblich stören. In diesem Alter wachsender Aufmerksamkeit *ist* die Umwelt des Kindes *die* Welt. Auch ein plötzlicher Umzug oder ein abrupter Umgebungswechsel wie bei-

spielsweise ein Krankenhausaufenthalt mit völlig fremden Bezugsmenschen kann die kindliche Welt durcheinander bringen. Hier
müssen Eltern ihr Kind ganz besonders intensiv in der Beziehung
halten, nur so ist dann die Welt der Objekte verlässlich und ein
Umgebungswechsel kann verkraftet werden. Wenn nun dieser Entwicklungsschritt der psychischen Trennung nicht gelingt, kann das
Erleben von Objektangewiesenheit an reale Personen und deren
Präsenz fortbestehen, die für das psychische Funktionieren und das
Selbstgefühl zuständig sind. Es gibt dann auch massive Befürchtungen, dass intensive, auf das geliebte Objekt bezogene Gefühle
zu einem symbiotischen Verschmelzungszustand führen könnten
und dann einen verheerenden Identitätsverlust zur Folge hätten. Es
entstehen *Angstzustände vor Anforderungen von anderen Menschen, vor subjektiv erlebter Vereinnahmung und vor Verschlungenwerden* (vgl. die oben geschilderte Fallvignette von Miras Mutter). Das Bedürfnis nach Kontrolle des Objekts, nämlich über
andere verfügen zu können und über Nähe und Distanz zu bestimmen, bleibt bestehen bzw. bricht im späteren Leben als
Störungsbild wieder auf. Denken wir hier zum Beispiel an die
sechsjährige Rosa, die ihre Eltern und den heimischen Bauernhof
»nicht aus den Augen lassen« kann und ihre Objekte – ausgelöst
durch den geschilderten Brand des Bauernhofs in der Nachbarschaft – auf Grund ihrer früheren Entwicklungsstörung unter
Kontrolle halten muss. Sie war »immer lieb«, hatte »keine Trotzphase« und hatte damit keine Möglichkeit, vertraut zu werden mit
dem Ausprobieren ihrer eigenen Trennungsaggression und dem
Einüben ihres Durchsetzungsvermögens. Auch der extreme Gebrauch der so genannten Übergangsobjekte (Gegenstände wie
Schnuller, Bettzipfel, Schmusetuch, Stofftier etc.), die eine Repräsentanz der abwesenden Mutter darstellen, aber noch Teil des Kindes sind, zeigen dem Therapeuten, dass eine Trennungsproblematik
noch vorliegt oder erneut aufgeflammt ist. Auch dies war ein wichtiges Thema in Rosas Entwicklung. Sie konnte vor dem besagten
Brand keinen Ausflug oder dergleichen ohne das ihr vom ersten
Lebensjahr an vertraute Stofftier unternehmen. Winnicott definiert
das Übergangsobjekt beziehungsweise den Übergangsraum als Ga-
ranten für die Entwicklung des Selbst: »In der frühen Kindheit ist

dieser intermediäre Bereich für den Beginn einer Beziehung zwischen Kind und Welt erforderlich; möglich wird er durch eine hinlänglich gute mütterliche Betreuung in der frühen kritischen Phase.« (Winnicott, 1953/1971, S. 24)

Im bindungstheoretischen Sinne kann schließlich ein Trennungserlebnis bei entsprechender frühkindlicher Traumatisierung mit der Zerstörung der Beziehung gleichgesetzt werden. Für Bowlby (1973a) ist die Bindung zwischen Mutter und Kind als eigenständiges psychisches Band anzusehen und nicht als Instinkt, der sich aus der Fütterung (das Bild der »leeren Brust« bei Melanie Klein und das versagende »böse« Objekt, das ängstigt) oder der kindlichen Sexualität (die von Freud formulierte Signalangst bei der Trennungsgefahr vom Bedürfnis befriedigenden Objekt) ableitet. Holmes (2002) zitiert Bowlby: »Der Hunger des kleinen Kindes nach der Liebe und Gegenwart seiner Mutter ist so groß wie der Hunger nach Essen … Die Bindungstheorie gibt uns eine Sprache, in der der Phänomenologie von Bindungserfahrungen eine volle Berechtigung gegeben wird. Bindung ist ein ›primäres Motivationssystem‹ mit eigenen Funktionsmechanismen und einer Schnittstelle zu anderen Motivationssystemen.« (S. 84) Er sieht also die Entwicklung der Bindungsdynamik als eigenständigen Prozess an, der von anderen Dynamiken unabhängig ist, zum Beispiel dem Füttern und der Sexualität. Die sichere Bindung bietet für das Kind einen zunächst äußeren psychischen Schutz, der die kindliche Psyche in einem stabilen Zustand hält ähnlich den physiologischen Mechanismen wie Temperaturregelung, Sättigung usw. Die Bindungstheorie bezieht sich im Grunde auf räumliche Gegebenheiten. Die räumliche Nähe eines geliebten Menschen beruhigt, die Unerreichbarkeit verursacht Angst, Trauer oder Einsamkeit. Bindung wird vermittelt durch Sehen, Hören und Halten. Verstärktes Bindungsverhalten wird durch eine tatsächliche oder drohende Trennung von der Bindungsfigur ausgelöst. Mary Ainsworth (1982) verwendet den Begriff der *sicheren Basis*, um die Atmosphäre zu beschreiben, die von der Bindungsfigur für die gebundene Person geschaffen wird. Diese sichere Basis ist der Ausgangspunkt für Neugierde und Explorationsverhalten. Wenn dem Menschen Gefahr droht, klammert er sich an seine Bindungspersonen.

Dieser Mechanismus ist nicht auf die Kindheit beschränkt, sondern begleitet uns durch das gesamte Erwachsenenleben.

So telefoniert beispielsweise eine junge Studentin während der gesamten Prüfungszeit über ein halbes Jahr hinweg täglich mit ihrer in einer anderen Stadt lebenden Mutter, obwohl ihr spätestens seit der Adoleszenz klar ist, dass sie zu ihrer Mutter ein äußerst kompliziertes und ambivalentes und damit auch wenig hilfreiches Verhältnis hat. Sie »klammert« gewissermaßen nach eigenen selbstkritischen Worten am ambivalent geliebten Objekt, wenn es in Examenszeiten um regressive Ängste von Trennung und Bewertung geht. Sie sucht nach Halt bei der Mutter und auch verstärkt beim Partner, letzteres so sehr, dass dieser sich aus der Beziehung zurückzieht und damit die pathologische Prüfungsangst seiner Freundin durch verstärktes Bindungsverhalten ihm gegenüber nicht mehr kompensierbar ist. Die Studentin gerät psychisch in eine Krise, sie dekompensiert und kann das Examen nicht antreten. Erst nach dem Zustandekommen einer intensiven Paartherapie mit dem Partner ist es ihr möglich, die Ursachen und vor allem auch die Auswirkungen ihrer tiefen Ängste auf ihr gestörtes Prüfungsverhalten und das »Klammern« in Beziehungen zu reflektieren und allmählich ihr problematisches Bindungsverhalten zu ändern. Es gelingt ihr in dem therapeutischen Prozess, ihre psychische Spannkraft zu erhöhen, vor allem auch mit Hilfe ihres Partners, der sich nicht so leicht in der von ihr eingeübten Weise verstricken lässt. Sie schafft in mehreren Anläufen schließlich auch ihre Prüfungen.

Ainsworth entwarf den so genannten Fremde-Situations-Test in den späten 60er Jahren im Rahmen ihrer Untersuchungen der Mutter-Kind-Interaktion im ersten Lebensjahr. Die fremde Situation (Ainsworth et al., 1978) besteht aus einer 20-minütigen Sitzung, in der die Mutter und das einjährige Kind zunächst mit einem Versuchsleiter in ein separates Zimmer geführt werden. Die Mutter verlässt dann das Spielzimmer für drei Minuten, das Kind und der Versuchsleiter bleiben zurück. Nach der Wiedervereinigung von Mutter und Kind gehen der Versuchsleiter und die Mutter für drei Minuten aus dem Zimmer. Der ganze Vorgang einschließlich Wiedervereinigung von Mutter und Kind wird mit einer Video-Kamera aufgezeichnet und bewertet mit dem Ziel, die individuellen Unterschiede in der Bewältigung von Trennungsstress zu verdeutlichen. Es wurden schließlich vier Hauptreaktionsschemata herausgefunden: 1. *Sichere Bindung (»B«);* hier zeigen die Kinder Kummer, wenn sie von der Mutter getrennt werden. Wenn die Mutter wieder kommt, spielen sie beruhigt und vertieft weiter. 2. *Unsicher-vermeidender Bindungstyp (»A«);* hier zeigt das Kind keine oder nur wenige offensichtliche Signale des Kummers und ignoriert die wiederkommende Mutter. Im Stress behalten diese Kinder die Mutter im Auge und zeigen sich im Spiel gehemmt. 3. *Unsicherambivalent (unsicher-widerstehend) geprägter Bindungstyp;* hier ist das Kind im heftig geäußerten Kummer auch nach dem Wiederkommen der Mutter nur noch schwer zu beruhigen. Einerseits suchen diese Kinder Kontakt und gleichzeitig leisten sie Widerstand, indem sie sich abwenden und alle Angebote von Zuwendung zum Teil extrem heftig zurückweisen (Wegschleudern von Spielsachen, Hauen usw.) und die Kontaktaufnahme verweigern. 4. *Unsicherdesorganisierter Bindungstyp (»D«);* diese Kinder zeigen eine große Bandbreite an verwirrtem, im Spiel gestörten Verhalten mit stereotypen Bewegungen vor allem, wenn sie mit der Mutter wieder zusammenkommen. Folgestudien, bei denen Kinder im Alter von einem Jahr eingestuft und dann nochmals in der Vorschulzeit, beim Schuleintritt und mit zehn Jahren getestet werden (Bretherton, 1985), haben gezeigt, dass ängstliche Bindungsschemata einen Kompromiss oder eine Anpassung an eine nicht genug haltende Umwelt bedeuten. Mit zwei Jahren haben ängstlich gebundene Kinder eine geringere Aufmerksamkeitsspanne im Vergleich zu sicher gebundenen, sie zeigen Hemmung im freien Spiel und haben weniger Selbstvertrauen im Umgang mit Werkzeugen und greifen selten auf die Hilfe der Mutter zurück. Im sozialen Kontakt mit Gleichaltrigen verhalten sich vermeidende Kinder feindselig distanziert, während ambivalent gebundene Kinder nur zu einer schwach ausgeprägten, wenig vertrauensvollen Anlehnung an andere Bezugspersonen, Erzieher oder Lehrer in der Lage zu sein scheinen. Grossmanns (1991) bestätigten die Verhaltensmuster in der ›Fremden Situation‹ und zeigten auch, dass Sechsjährige, die mit einem Jahr als unsicher gebunden eingestuft worden waren, im Vergleich zu sicher gebundenen Kindern unkonzentrierter und weniger ausdauernd spielen konnten, wesentlich problematischer in der Konfliktbewältigung waren, in der Schule und in anderen sozialen Kontakten sich weniger neugierig und explorativ verhielten. Das Erwachsenen-Bindungs-Interview AAI (Adult Attachment Interview von Main und Goldwyn, 1985–1996) wurde als Werkzeug zur Einschätzung der inneren Welt der Eltern hinsichtlich der Bindung entworfen und unterscheidet *sicher-autonome* versus *bindungsdistanzierte* und *bindungsverstrickte* Beziehungsqualitäten (vgl. Frau B. zu Beginn meiner Ausführungen, die auf Grund ihrer zu eng verstrickten frühkindlichen Bindung an die primäre Bezugswelt den Abschluss des Examens und damit das Selbstständigwerden im Berufsleben als Schwellensituation nicht bewältigte). Als vierte Kategorie ist die Bindungsqualität nach einem *ungelösten Trauma/unverarbeiteter Trauer* zu nennen, wobei eine differenzielle Zuordnung von unsicherer Bindungstypologie und Psychopathologie bisher noch schwierig ist. Nach Bartholomew und Horowitz (1991) wird ein *sicherer* Bindungsstil von einem *anklammernden, abweisenden und ängstlichen* Bindungsverhalten unterschieden. Zusammenfassend lässt sich also sagen, dass die frühen Bindungserfahrungen und die Art der primären Spiegelungsvorgänge die kindliche Entwicklung von Affektregulierung, den Mentalisierungsprozess, die Differenzierung von Selbst- und Fremdwahrnehmung (das Zuschreiben einer emotionalen Verfassung wie z. B. Wut, Ärger, Angst usw.) und die Folgen für emotionales Handeln (z. B. wütendes Schreien und Stampfen, Liebeswerben etc.) fördern oder auch hemmen können. Liegen pathologische Bindungsmuster vor, kann es dann unter anderem auch zum Problem werden, die Universität als die Alma mater zu verlassen bzw. im (Berufs-)Leben eine unabhängige Position einzunehmen oder andere Schwellensituationen im Leben zu bewältigen.

Aus psychoanalytischer Sicht zeigt der fortschreitende Reifungsprozess in der Angstentwicklung, wie bereits erwähnt, dass das Kind im dritten und vierten Lebensjahr eine *Autonomieentwicklung* durchlebt mit dem Ergebnis der *Objektkonstanz* und *Triangulierung*. Es ist nicht mehr so sehr auf die Möglichkeit der Rückkehr, auf das totale Geborgenheitserleben mit der konkreten Bezugsperson angewiesen. Die Objekt- und Beziehungsrepräsentanzen werden stabiler. Dadurch und mit dem Erwerb der Sprache entsteht mehr äußere Unabhängigkeit (Symbolisierungsfähigkeit). Das Kind beherrscht allmählich die Ausscheidungsfunktionen und kann sich an die verinnerlichten Objekte bereits tröstend erinnern (»Die Mama kommt gleich wieder!«). In diesem Alter entsteht der *Autonomiekonflikt* aus dem Wunsch, sich trotz der noch bestehenden realen Abhängigkeit und der erlebten Bindung mehr und mehr verselbstständigen und damit von der primären Bezugswelt lösen zu wollen (vgl. hier auch das Fallbeispiel des arabischen Studenten mit seiner pathologischen Angst vor Autoritäten und seinem Versagen im Studium nach dem Tod des Vaters; oder auch der Fall Stephanie, die auf Grund ihrer ungelösten Konfliktdynamik quälende Ängste entwickelte). Im Trieberleben stehen aggressive und anale Erlebnisweisen im Vordergrund, im Trotz zeigt sich der Wille zur Abgrenzung, verstärkt durch die wachsenden motorischen Fähigkeiten.

Dem *Trennungswunsch* (Wunsch nach Freiheit) steht nun die *Trennungsangst* entgegen. In der Phantasie des Kindes wird die noch unsichere Autonomie bedroht durch die *Gefahr des Festgehaltenwerdens* oder durch die *Gefahr des Fallengelassenwerdens*. Der vorherrschende Konflikt in diesem Entwicklungsstadium besteht zwischen dem Impuls, sich trennen zu wollen, um die eigene Autonomie zu verteidigen aus einer Angst heraus, von dem »bösen« Objekt, einer zudringlichen oder zu eng bindenden Mutter (vgl. die Problematik von Frau B.) wieder verschlungen zu werden. Auf der anderen Seite besteht die Angst, das Objekt damit endgültig zu verlieren oder vielleicht sogar mit der eigenen überhöht erlebten Aggressivität zu zerstören. Es kommt zur *Verlustangst.*

Die depressive Position nach M. Klein ist mit dem Konflikt verbunden, den frustrierend erlebten Teil des Objektes (»das verfolgende Objekt«) angreifen und zugleich den befriedigenden Teil erhalten und vor dem eigenen Angriff schützen zu wollen. Es besteht die Sorge um die Bezugsperson, was infolgedessen die Integration von »gut« und »böse« fördert.

Eine wesentliche Entwicklungsaufgabe in diesem Lebensalter ist es also, die Trennungsambivalenz zu überwinden und das Selbstgefühl (die wachsende Identität) zu stabilisieren und damit die Fähigkeit zum Alleinsein aufzubauen. Selbst- und Objektrepräsentanzen werden differenziert und stabilisiert.

Kommt es in diesem Lebensabschnitt zu pathologischen Bewältigungsmustern, entwickelt sich unter Umständen eine Neigung zur Regression (zumindest in weiteren Schwellensituationen) und/oder eine Fixierung des Abhängigkeitserlebens. Daraus kann sich eine selbstverleugnende Anpassung an die Bedürfnisse anderer ergeben und eine Stagnation der eigenen Identitätsentwicklung eintreten. Winnicott (1976) macht auf die Gefahr neurotischer Entwicklungen aufmerksam, wenn die primäre Bezugsperson die Gefühle und Gedanken des kleinen Kindes nicht richtig interpretiert und möglicherweise deshalb seine eigenen intentionalen Gemütszustände spiegelt. Das Kind kann dann sehr frühe pathologische Ängste entwickeln, weil es gewisse Auswirkungen seiner Gefühle bei der Pflegeperson bereits vorwegnimmt. Möglicherweise kann sich das Kind selbst nur spüren, wenn es sich oppositionell zu solchen Auswirkungen verhält, was natürlich in der Eltern-Kind-Beziehung zu weiteren, meist unlösbaren Missverständnissen und Verstrickungen (beispielsweise zu chronischen Machtkampfsituationen) und weiteren Entwicklungsbehinderungen (durch die vergeblichen Kämpfe) führen kann. Das Kind fügt sich aber vielleicht und verbirgt sein eigenes Ausdrucksverhalten oder greift es gar an und entwickelt – wie Winnicott dies beschreibt – ein *falsches Selbst*. Die Objektabhängigkeit wird somit nicht gelöst.

Die zehnjährige Sandra zum Beispiel reagiert mit schweren Symptomen vor ihrem Übertritt von der Grundschule ins Gymnasium. Sie verweigert die Nahrungsaufnahme, kann sich schwer konzentrieren und wird vergesslich. Die Lehrerin beschreibt sie als »schwer erreichbar, wie wenn ihr so viel im Kopf herumgeht, dass sie ihre Aufmerksamkeit nicht mehr auf den Unterrichtsstoff richten kann. Sie ist so sonderbar vernünftig und isoliert sich von Gleichaltrigen.« »Macht ihr etwas Angst?«, fragt die Pädagogin. Diese Problematik sei bereits bei der Einschulung beobachtet worden, würde sich jetzt aber gravierend zuspitzen. Aus der Lebensgeschichte Sandras wird bekannt, dass sie von Geburt an durchgehend an schweren Schlafstörungen litt und offenbar die sie versorgenden Erwachsenen als wankelmütig und emotional wenig verfügbar erlebt hat. Im Gespräch verfügt Sandra über einen für ihr Alter ungewöhnlich reichhaltigen Wortschatz und sie wirkt in Verbindung mit ihrem überangepassten Verhalten wie eine kleine Erwachsene. Sie berichtet: »Mein Hauptproblem ist meine Vergesslichkeit, mein Kopf ist genauso verwuselt wie mein Zimmer, und wenn mir etwas nicht gelingt, werde ich unzufrieden und bockig.« Sie spricht ernst, distanziert und vernünftig selbstkritisch. Die Mutter ist – wie ich später erfahren werde – seit Sandras Geburt depressiv und hadert mit ihrem eigenen Leben und scheint die kleine, blasse Tochter während des gesamten Vorgesprächs gar nicht wahrzunehmen. Das (not)reif wirkende Mädchen hat einerseits spürbar Leidensdruck, sie präsentiert sich (mit vorbereitetem Zettel!) aber vorwiegend leistungsbereit, unterwürfig und wirbt geradezu um meine Zuwendung und Aufmerksamkeit, indem sie sagt, was ich (in der Elternübertragung) vermeintlich hören will. Bei dem Thema »Nahrung« – sie ist sehr mager – meint sie, sie wolle zunehmen, »ich stopfe ganz viel in den Mund, aber dann kann ich es nicht schlucken, weil ich schon satt bin«. In der Speisekammer würden ohnehin die Motten an die Nahrung gehen, was sie ekelt, und früher, so assoziiert sie, habe sie »immer ganz schnell die Flasche bekommen, wenn Mama und Papa (Stiefvater) ihre Ruhe haben wollten«. Sie wünscht sich so sehr eine Freundin, kann aber auf niemanden von sich aus zugehen und leidet unter »schrecklichen Ängsten« vor dem anstehenden Übertritt ins Gymnasium, wo sie niemanden kennt und »nicht weiß, wie ich mich verhalten soll«. Die fortwährend bestehenden Schlafstörungen, die Essproblematik, die Schwellenängste (vor allen neuen Situationen und zuletzt vor dem Beginn der Gymnasiumszeit) und alle anderen geschilderten Symptome verweisen auf atmosphärische Spannungen im Beziehungsgeflecht der seit sieben Jahren geschiedenen Eltern, den strengen, wenig lebensbejahenden Großeltern, in deren Wohnung drei Generationen eng zusammenleben. Die Pflegepersonen konnten auf Grund ihrer eigenen Verstrickungen untereinander und ihres jeweils gestörten Gefühlslebens (depressive Mutter, dominante Großmutter, entwerteter Vater, psychisch kranker Großvater) bislang wenig Verständnis für das Kind aufbringen. Sandras seelische Verfassungen wurden viel zu wenig gespiegelt oder falsch interpretiert, und somit war sie in ihrer Selbstentfaltung und Identitätsentwicklung verunsichert und behindert. Vor allem dürfte die Mutter ihre eigenen emotionalen Abwehrreaktionen (»das Leben ist trostlos und ohne Liebe«) auf das Kind projiziert haben und die libidinösen Erregungen ihres Kleinkindes zurückgewiesen, fehlinterpretiert oder gar als aggressiven Gefühlsausdruck verzerrt gespiegelt haben. Das Wesen dieses Kindes wurde nicht gesehen und nicht anerkannt. Winnicott (1960) nimmt an, dass das kindliche Selbst die Welt der Pflegeperson bei diesen Störungsbildern nur noch imitiert und seine eigene kreative Entfaltung resigniert zurückstellt. Sandra ahmt das Ausdrucksverhalten ihrer Pflegepersonen nach und erlebt es selbst, wie wenn es ihr eigenes wäre. Das ›falsche Selbst‹ entsteht in ihrer neurotischen Lösung als Schutz für das ›wahre Selbst‹, was auch immer das im Einzelnen sein mag (z. B. Angst vor Verlust, vor Einsamkeit oder vor Beschämung). Durch die dauerhafte Identifikation mit den frühen Objekten ist sie natürlich in weiteren Entwicklungsschritten blockiert, es kommt in ihrem Leben zu einem Mangel an Spontaneität und Originalität, jeder Schritt in ihrer eigenen Identitätsentwicklung, wenn sie als eigene Person spontan reagieren soll (z. B. in eine neue Klassengemeinschaft integriert werden muss), macht Angst, und sie reagiert defensiv mit den geschilderten Symptomen. Im Falle Sandras ist es möglich, mit Hilfe einer Kindertherapie die Bildung einer allzu großen Starrheit der Abwehrfunktion eines falschen Selbst aufzuhalten.

Anders ergeht es einer 28-jährigen Rechtsreferendarin, die mich nach bestandenem Staatsexamen in einer Krise aufsucht. Sie ist blass, schmal und wirkt in ihrer Gesamterscheinung unauffällig. Trotz »vernichtender Prüfungsängste« hat sie das Examen sehr gut geschafft, »die eigentliche Prüfung« steht ihr jetzt bevor, nämlich die Heirat mit ihrem griechischen Verlobten. »Ich fühle mich leer, ich habe irgendwie nicht existiert, jetzt wird von mir etwas erwartet, was ich nicht bringen kann« (nämlich – so meine ich – ihr ›wahres Selbst‹ als Potenzial für ein kreativeres Leben einzubringen, wenn sie mit ihrem südländischen Mann die lebendige Gestaltung ihrer Hochzeitsfeier vorzubereiten hat). Ich zitiere Winnicott (1974): »Das falsche Selbst stellt sich als real dar, und Beobachter neigen dazu, zu glauben, dies sei die wirkliche Person. In Lebensbeziehungen, Arbeitsbeziehungen und Freundschaften beginnt das falsche Selbst jedoch zu versagen. In Situationen, in denen eine ganze Person erwartet wird, fehlt dem falschen Selbst etwas Wesentliches. An diesem Extrem ist das wahre Selbst verborgen.« (S. 185) Tatsächlich fühlt sich die soeben erwähnte junge Frau nicht in der Lage, als ganze lebendige Person spontan zu reagieren und die »Prüfung« Hochzeit zu diesem Zeitpunkt zu bewältigen. Aus ihrer gesamten Lebensgeschichte brechen alte Ängste auf, sie konnte nie verreisen, fühlte sich seit ihrer Kindheit leer und deprimiert, »klebte« an ihrer ambivalent geliebten Mutter, suchte stets Abhängigkeitsbeziehungen, um die Situation der angepassten Unterwerfung wiederherzustellen, und »funktionierte nur«. Sie beginnt eine lange analytische Psychotherapie, in die ihr anfängliches Erleben »ich habe nur falsch existiert«, also ihre »Nicht-Existenz«, von ihr gesehen und in tieferen Schichten ihrer Persönlichkeit anerkannt wird. Dadurch kann sie sich öffnen und entwickeln, sich und mir ihre Abhängigkeit eingestehen und die Heirat zwei Jahre später – der Partner zeigte viel Geduld und Verständnis – spontaner und mit persönlichen Ideen »bestehen«.

Kann diese geschilderte defensive Funktion eines falschen Selbst im Sinne Winnicotts beispielsweise nicht aufgebaut werden, kann es bei einer starken Labilisierung des Selbstwertgefühls (narzisstische Störung) zur *Fragmentierungsangst* (vgl. auch das »Selbstbildnis« von Manuela, Abb. 13) und der anhaltenden Befürchtung kommen, das Selbstobjekt und seine Bewunderung zu verlieren im Sinne einer *Objektverlustangst* (ein Beispiel hierzu ist Herr S., dessen Krankheitsgeschichte zu Beginn dieses Buches dargestellt wurde). In Prüfungssituationen stehen hier die quälenden Ängste vor Bewertung im Vordergrund.

Die Schwellensituation des *Triangulierungsgeschehens* erfordert ebenfalls im dritten Lebensjahr eine Weiterentwicklung des Autonomiekonfliktes. Es werden jetzt verschiedene alternative Zweierbeziehungen zur gleichen Zeit erlebt. Der Autonomiekonflikt ist im Grunde auch ein Konflikt zwischen Festhalten und Abwenden, inzwischen auf höherem Strukturniveau, verbunden mit der *Angst vor Liebesverlust*. Es entsteht die Neigung, Schuldgefühle zu erleben und in einen *Loyalitätskonflikt* zwischen eigenen Bedürfnissen und den einzelnen Zweierbeziehungen verstrickt zu werden. Gelingt es, das Erleben zu fördern, dass die Beziehung zwischen den einzelnen Bezugspersonen (meist den Eltern) durch die Hinwendung zu einer Person nicht zerstört wird und der »verlassene« Elternteil durch die Liebe der Eltern zueinander geschützt wird, so kann dieser frühe Triangulierungskonflikt als Vorläufer des späteren ödipalen Konfliktes allmählich gelöst werden. Dies führt zur Anerkennung der Beziehung zwischen den Bezugspersonen. Dadurch kann das Kind seine Schuldgefühle verarbeiten und die Fähigkeit aufbauen, mit Alternativen zu leben, d. h. seine Existenz in triangulären Beziehungsformen (Familie, Gruppen usw.) zu sichern als Basis für spätere soziale Beziehungen. In diesem Kindheitsabschnitt werden auch die Geschlechtsunterschiede bewusster wahrgenommen, und das Trieberleben kommt zur Entfaltung mit phallisch-narzisstischen und exhibitionistischen Regungen, die von *Strafangst* und auch Penis- bzw. Gebärneid (Benz, 1984) begleitet werden können. Ich möchte auch hier nochmals auf die später ausführlich herausgearbeitete Fallgeschichte des arabischen Studenten verweisen, dessen unbewusste Konfliktdynamik anlässlich des Todes seines Vaters während der Prüfungsvorbereitungszeit aktualisiert worden war. Durch ein heftiges Anfluten von innerer Aggressivität geriet er in eine Arbeitshemmung und in panische Prüfungsangst. Mit dem Fernbleiben von der Prüfung und seinen anderen unbewussten Fehlleistungen riskierte er ein Nichtbestehen. Er hat sich den Weg aus unbewusster Angst vor Stafe – eine in den Prüfungsvorgang projizierte Gewissensangst – verbarrikadiert, gleichzeitig hatte er »Bestrafung« für sein schlechtes Gewissen und damit eine Spannungslinderung bewirkt. Sein weiteres Schicksal blieb – wie später geschildert – unklar.

Ein Scheitern der ersten Triangulierungsverarbeitung führt u. U. auch zur Fixierung des Loyalitätskonflikts. Es kann zum Hin- und Hergerissensein zwischen den Bezugsmenschen (z. B. sich streitenden Elternteilen) und dadurch zu anklammernden Verhaltensweisen im gesamten späteren Beziehungsleben kommen.

Im Rahmen des fortschreitenden Geschlechtsbewusstseins kann *Kastrationsangst* ausgelöst werden. Sie ist nach Jacobson (1973) im normalen Entwicklungsverlauf von untergeordneter Bedeutung und weist bei heftigem Auftreten auf eine Störung des Körperselbstbildes und damit auf eine frühe Störung (Angst vor bedrohlichen Elternimagines, die als verschlingend und hart kastrierend verinnerlicht wurden) im ersten Lebensjahr hin. Es handelt sich dabei um Phantasien und um die projizierte Wut des Kindes, was zu den katastrophal erlebten Ängsten führt. Ein 27-jähriger Kunststudent geriet beispielsweise in der Vorbereitungsphase auf seinen Akademie-Abschluss in so heftige Spannungszustände, dass er sich wochenlang mit einer Rasierklinge in die Penis-Vorhaut ritzte. Erst wenn es »genug blutete« und die Schmerzen unerträglich heftig geworden waren, konnte er sein selbstschädigendes Handeln unterbrechen. Seine unbewusste Angst vor Kastration als eine Folge katastrophal erlebten infantil-sexuellen Begehrens war aktualisiert worden. Seine Zerstörungsangst, die Ausdruck eines sehr frühen Entwicklungsdefizites war, hatte der Student direkt auf sein männliches Genitale gerichtet. »Was stört, soll weg«, lautete seine ihm bewusste Gedankenwelt. Er konnte seine Abschlussarbeit über geraume Zeit nicht fertig stellen und brach ein Jahr später mit schweren Selbstmordphantasien psychisch so tief ein, dass er vorübergehend stationär behandelt werden musste.

Auch Kohut (1987) stellt fest, dass die Kastrationsangst nicht ein Merkmal der ödipalen Phase eines gesunden Kindes gesunder Eltern sein könne. Er geht vielmehr davon aus, dass das relativ ungestörte Kind freudig in die ödipale Phase eintritt und die wachsenden Fähigkeiten des Kindes in diesem Entwicklungsabschnitt von den Bezugspersonen freudig empathisch begleitet und beantwortet werden. Die primären und heftigen ödipalen Ängste beziehen sich auf einen nicht-empathischen, sexuell verführenden gegengeschlechtlichen Elternteil oder einen konkurrierend-feindseligen gleichgeschlechtlichen Elternteil (vgl. auch die später geschilderte Fallvignette der Jurastudentin). Kohut schreibt hinsichtlich des Scheiterns der ödipalen Entwicklung: »Statt der Weiterentwicklung eines festen, kohärenten Selbst, das fähig ist, gesunde Lust in seinem zärtlichen und phasenangemessenen sexuellen Funktionieren zu empfinden und im Verfolgen von Zielen selbstsichere Selbstbehauptung zu benutzen, finden wir das ganze Leben hindurch eine anhaltende Neigung, die Fragmente der Liebe (sexuelle Phantasien) statt Liebe und die Fragmente der Selbstbehauptung (feindselige Phantasien) statt Selbstbehauptung zu erleben und auf diese Erfahrungen – die immer das Wiederaufleben der ungesunden Selbstobjekt-Erfahrungen der Kindheit enthalten – mit Angst zu reagieren.« (S. 48)

Etwa vom vierten bis zum sechsten Lebensjahr werden die primären Liebesobjekte zunehmend mit kindlich sexuellen Phantasien und Bedürfnissen besetzt. Das Kind erlebt sich gleichzeitig nicht mehr im Mittelpunkt aller Beziehungen und gerät z. T. sehr heftig in Rivalitäten. Es entstehen die oben bereits ausführlich diskutierten Konflikte (Ödipuskomplex) zwischen sexuellem Begehren und Angst vor Strafe, zwischen aggressivem Rivalisieren und sexuell getönter Zärtlichkeit. Die *Angst vor Strafe* wegen »verbotener« Gefühle und Strebungen wird allmählich verinnerlicht und von der Vorstellung konkreter strafender Bezugspersonen im weiteren Entfalten ödipaler Triangularität ödipaler Objektbezogenheit abgelöst. In diesem Kontext entsteht *Gewissensangst*. Dieser Prozess der psychischen Strukturbildung ist allerdings – wie bereits erwähnt – eine große Belastungsprobe für das narzisstische Gleichgewicht des Kindes (vgl. auch die später geschilderten Fallbeispiele). Die Fähigkeit zum Leben in sozialen Gruppen hängt schließlich auch sehr stark von der Festigung der Geschlechtsidentität durch die Lösung der ödipalen Konflikte ab. Bei Entwicklungsstörungen in diesem Lebensabschnitt kann es zu Fixierungen im ödipalen Erleben kommen, die sexuelle Identität kann schuldhaft besetzt werden und/oder es kann in späteren Belastungssituationen (spätere Kindheit, Jugend oder im Erwachsenenalter) zur Regression in die dyadische Beziehungswelt kommen, womit die Triangulierungs- und Autonomieentwicklung gestoppt oder abgewehrt wird (klassische ödipale Neurosen).

Im Alter der so genannten *Latenz* ab etwa dem Beginn des Schulalters (»sexuelle Latenzperiode« nach Freud, 1905) können die ödipal-inzestuösen Wünsche und Strebungen beherrscht und aufgeschoben werden (Sublimierung). Es kommt in der psychischen Entwicklung zur zunehmenden kognitiven Strukturierung, zur höheren Reflexionsmöglichkeit und auch Einfühlungsfähigkeit des

Kindes. Es bereitet sich mit wachsender Lust und Neugier (aber oft gravierenden Ängsten wie bei Sandra und Rosa beschrieben) verstärkt auf die Welt außerhalb der Familie vor. Die weitere Differenzierung des Erlebens von Sinnlichkeit, die Wahl neuer Liebesobjekte und anderer Identifizierungsmöglichkeiten innerhalb der Gruppe von Gleichaltrigen und in der Erwachsenenwelt (zum Beispiel Lehrer usw.) gewinnen zunehmendes Interesse. Gleichgeschlechtliche Peer-Groups unterstützen das Kind in der Latenz zunehmend bei der Konsolidierung seiner Geschlechtsidentität. Vorsichtige Trennungsschritte aus dem Familienverband heraus werden unternommen mit der entsprechenden Beunruhigung in tieferen Schichten des Erlebens und den dazugehörenden Konflikten, die – wie geschildert – auch große pathologische Ängste auslösen können. Zu Beginn der Pubertät gibt es schließlich die elterliche Nestwärme immer weniger, die geregelte Schulzeit bekommt – je nach Ausbildungsrichtung – einen relativ geringer werdenden Raum, und ein geregeltes Berufsleben ist noch nicht etabliert. Die Geschwindigkeit neurobiologischer und psychologischer Veränderungen ist so hoch wie niemals zuvor. Auf den Entwicklungssprung der *Adoleszenz* mit den zu bewältigenden Entwicklungsaufgaben und die Weiterentwicklung in der *Spätadoleszenz* bzw. die jeweilige Störanfälligkeit werde ich im Kapitel III.2 ausführlich eingehen.

Im folgenden Kapitel möchte ich zunächst noch auf *die Angst als Symptom* näher eingehen. Sie muss von der in diesem Kapitel dargestellten Angst aus unbewussten und nichtbewältigten Konflikten unterschieden werden. Angst als Symptom ist in diesem Sinne das Leitsymptom der Angstneurosen und tritt als Panik, als Phobie und als Hypochondrie auf. Bei den Angstneurosen ist die Angst nicht – wie z. B. bei den Phobien – durch eine sekundäre Abwehrmöglichkeit als Ausdruck größerer Ich-Stärke im Symptom (z. B. Angst vor Spinnen usw.) gebunden, sondern sie zeigt sich als diffuse und meist nicht näher zu bezeichnende frei flottierende Angst. Selbst wenn die Basisstörung ähnliche Wurzeln haben mag, ist die strategische Möglichkeit in der Phobie vitaler als die Gefahr einer Dekompensation in der frei flottierenden Angst, was sich auch in Schwellen- und Prüfungssituationen auswirkt.

3.2 Spezielle Krankheitsbilder mit dem Symptom Angst

Im Folgenden möchte ich speziell auf Störungsbilder eingehen, die das Symptom der Angst aufweisen. Eine ausführliche Schilderung dieser Krankheitsbilder, speziell auch der Phobie, ist mir wichtig, um sie im Rahmen der Angstentwicklung als spezielle Erkrankung mit dem Symptom der Angst abzugrenzen von dem Phänomen der pathologischen Prüfungs- und Schwellenängste, die ja meistens die Folge von unbewussten, nichtgelösten Konflikten sind. Zunächst bringe ich zwei Träume einer zu Behandlungsbeginn 30-jährigen Patientin, die unter schweren Panikzuständen im Rahmen einer phobischen Erkrankung leidet. Erster Traum (am Anfang der Behandlung): »*Ich bin in einem Lift gestanden, einem Paternoster. Ich fahre ja nie Lift, da habe ich panische Angst vor dieser Enge. Das Ganze war in einem Industriehaus. Ich stand mutterseelenallein drin. Da reißt eine Frau die Tür auf und schaut so fragend: Kann ich noch aufspringen auf den Paternoster? Sie springt aber zu spät und stürzt in den schwarzen Schacht. Ich stehe unter Schock. Ich schaue hinunter und sehe sie in der Tiefe liegen. Ich bin völlig hilflos.*«

Zweiter Traum (in der Mitte der Behandlung): »*Ich gehe auf einer irrsinnig hohen Brücke. Ich kann kaum runterschauen. Mir wird schwindelig. Da ist kein Geländer. Ich habe furchtbare Angst. Plötzlich komme ich an den Rand und sehe, dass ein morsches Brett wegbricht. Ich bin starr vor Angst und denke, jetzt ist alles aus, jetzt stürzt du ab. Aber irgendwie kam da plötzlich eine Hilfe. Es ging weiter.*«

Der Begriff *Phobie* kommt aus dem Griechischen und bedeutet Angst und Schrecken oder auch Flucht. Als Leitsymptom der Phobie beobachten wir die Angst vor Objekten oder vor bestimmten Situationen oder einer bestimmten Tätigkeit. Dabei gibt es beim Phobiker die Angst vor der Angst, es kommt zum Vermeidungsverhalten, mit dem die Betroffenen den Angst machenden Reizen ausweichen können. Je nach Art dieser Reize werden Situations- bzw. Tätigkeits-Phobien von Objekt-Phobien unterschieden. Besonders häufig sind:

- Die *Agoraphobie (Platzangst)*. Die Ängste entstehen auf Straßen und Plätzen und überhaupt in der Öffentlichkeit, wenn das vertraute Zuhause verlassen wird. Schutz können bestimmte vertraute Personen bieten, aber auch das Fahrrad, ein Kinderwagen, Tabletten und andere als so genannte ›Begleiter‹ besetzte Dinge.

- Die *Akrophobie oder Höhenangst*. Sie tritt in einer als gefährlich erlebten Höhe auf (z. B. in den Bergen, im Hochhaus, auf einem Turm, auf einem Sprungbrett usw.).
- Die *Klaustrophobie*. Die Ängste entstehen in geschlossenen Räumen, Fahrstühlen, in Räumen mit vielen Menschen wie z. B. Kinos, Konzertsälen usw.
- Die *lokomotorische Phobie*. Sie lässt sich kaum von der Klaustrophobie unterscheiden und tritt überwiegend in Flugzeugen, U-Bahn oder bei Autofahrten auf.
- Die *Objektphobien*. Hier entstehen irrationale Ängste vor Spinnen, Schlangen, Nagetieren wie Mäuse und Ratten *(Zoophobien)*, Nadeln und sonstigen spitzen Gegenständen.
- Die *sozialen Phobien*. Im Vordergrund stehen Ängste, von anderen Menschen aufmerksam und kritisch beobachtet zu werden. Selbstzweifel und Selbstablehnung verursachen projektiv die Angst vor Bloßstellung als Kernproblem soziophober Patienten, die häufig schon in der Kindheit und Jugend auffällig werden (Schule, Ausbildung). Hier gibt es die *Erythrophobie* (Angst vor dem Erröten), die Angst, vor anderen zu sprechen oder zu schreiben, oder auch die Angst, mit anderen in der Öffentlichkeit zu essen.

Es stellt sich die Frage, inwieweit die Wahl der Situationen oder der Gegenstände, die phobisch gefürchtet und damit gemieden werden, zufällig oder durch eine spezifische Konfliktkonstellation determiniert ist. Die klinische Erfahrung zeigt, dass bei der Entstehung der Phobie nicht nur Symbolisierungsvorgänge (z. B. die Straßenphobie als Hinweis auf verdrängte exhibitionistische Tendenzen usw.) wirksam sind, sondern auch einfache Konditionierungsvorgänge ursächlich eine Rolle spielen.

Wenn die Vermeidung der Angst auslösenden Situation misslingt, kann es zur Panik mit allen vegetativen Begleiterscheinungen kommen. Vor allem bei narzisstisch gestörten Patienten kann es, um sich vor der Angst zu schützen, zur starken Anklammerung an

Personen kommen, denen eine stützende und steuernde Funktion im Sinne eines Selbstobjekts zugeschrieben wird.

Meine zuletzt geschilderte Patientin, deren Symptomatik nach einer schwer zu verkraftenden Trennung von einem Mann gravierend geworden ist, erlebt im ersten berichteten Traum den Schrecken, wenn sie sich an einen Angst auslösenden Ort begibt. Hier ist es der Paternoster. Sie kommt symbolisch im manifesten Traumbild ihrem Bedürfnis nach, gehalten, aufgehoben, getragen und geliebt zu werden. Die Gefahr, vom Lift-Objekt nicht gehalten zu werden, ist enorm. Eine negative Mutterübertragung kündigt sich an, wenn ihr die als zudringlich erlebte Frau begegnet und sich (auf der Subjektstufe die Patientin) nicht halten kann. Das insuffizient erlebte mütterliche Objekt stürzt selbst ab, die Patientin wird verlassen. Die Mutter litt selbst unter einer Angsterkrankung und verstarb in der frühen Kindheit des Mädchens, und im Traum wirkt sie »kalt und streng«. Die Patientin selbst inszeniert natürlich diesen Absturz als Ausdruck des aggressiv aufgeheizten Trennungswunsches bzw. eigener Feindseligkeit, vielleicht bleibt sie – ödipal gesehen – mit dem Paternoster lieber allein. Oder sie traut sich Rivalität auf Grund eigener Defizite nicht zu. Auf der Subjektstufe gedeutet ist die Patientin bis hin zur Panik mit ihrer eigenen Insuffizienz und Absturzgefahr konfrontiert, ihre eigenen narzisstischen und motorisch expansiven Defizite kommen vernichtend ins Bild. Im 1. Traum zeigt sich der intrapsychische Konflikt darin, dass die Patientin ihren Platz (ihr Selbst) nicht wirklich besetzen kann, deshalb wird ihr »alles zu eng«. Vor allem auf dem Weg zu ihrem Ideal-Ich (aufwärts) wird das Engegefühl (Prüfungsangst) unerträglich, und sie stürzt ab. Durch die Therapie ist der Konflikt – wie dies der 2. Traum ausdrückt – gelockert und nicht mehr im gleichen Ausmaß bedrohlich wie anfangs, aber doch noch nicht gelöst. Ein weiterer Behandlungszeitraum ist noch notwendig.

In der Symptombildung kann die Patientin sich einem bedürfnisbefriedigenden Objekt nicht hingeben, sie muss z. B. in der Realität entsprechende Situationen wie das Liftfahren phobisch vermeiden. Auch längere Einkaufsfahrten mit dem Fahrrad kann sie nur schwer bewältigen, das U-Bahn-Fahren ist ihr gar nicht möglich. Als Kind war ihr die Welt als gefährlicher Ort vor allem durch das ängstliche

Bindungsverhalten der unter einer eigenen Angststörung leidenden Mutter dargestellt worden, weil diese die Autonomieentwicklung ihrer Tochter aus eigener unsicherer Gebundenheit fürchtete. Sie übertrug eigene, unbewältigte Verlassenheitsängste auf ihr Kind, das in ihrer Nähe zu bleiben hatte, um den von ihr so erlebten Todesgefahren in der Welt zu entgehen. Die dadurch entstandene Wut der Patientin über den drohenden Objekt- und Liebesverlust kann diese mit ihren eigenen psychischen Kompetenzen nicht steuern, sie muss schließlich nach einem steuernden Ersatzobjekt in der äußeren Welt (z. B. bei Partnerbeziehungen, später in der Übertragung bei der Therapeutin) suchen. Während der analytischen Psychotherapie findet sie z. B. in Form eines kleinen Lederbeutels, in dem innen meine Telefonnummer zu lesen ist, ein solches steuerndes Objekt. Im gefürchteten Panikanfall könnte sie mich im Prinzip anrufen oder anrufen lassen, eine Vorstellung, die ihr durchgehend hilft, ohne dass sie davon Gebrauch machen muss. In diesem Sinne ist auch ihr zweiter Traum zu verstehen. Die Patientin fühlt sich von ihrer inneren Brücke nicht gehalten, es besteht im Absturz die Gefahr von Objekt- und Liebesverlust. Doch diesmal entdeckt sie noch im Traum eine Halt gebende Innenrepräsentanz, die sie während der Therapie allmählich aufbauen kann.

Übereinstimmend mit mehreren Objektbeziehungstheorien (Bion, 1962; Kohut, 1971, 1977; Mahler et al., 1975; Stern, 1985; Winnicott, 1967), welche die Fähigkeit von Müttern, die Affekte ihres Kleinkindes adäquat identifizieren und ihnen entsprechen zu können, als zentral wichtigen Mechanismus bei der kindlichen Identitätsentwicklung voraussetzen, meint Fonagy (2002) bezüglich der Angstentwicklung: »Wie bei jeder anderen Emotion gilt auch für die Angst, dass sie vom Kind anfangs als irritierende Mischung aus physiologischen Veränderungen, Vorstellungen und Verhalten erlebt wird. Spiegelt die Mutter die Angst des Kindes, dann organisiert dies die Erfahrung des Kindes, und es ›weiß‹ nunmehr, was es fühlt. Die mütterliche Repräsentation des kindlichen Affekts wird internalisiert und damit zur höherrangigen Repräsentation der eigenen Erfahrungen des Kindes. Bildet die Mutter in ihrem eigenen Spiegelungsprozess einfach nur ab, was sie beim Kind sieht, dann verliert dieser Spiegelungsprozess sein symbolisches Potenzial, und die Spiegelung kann selbst zu einer Quelle der Angst werden. Bleibt das Spiegeln aus oder vermischt es sich mit der eigenen Angst der Mutter, dann wird der Prozess der Entwicklung des Selbst tiefgreifend gestört. Anzunehmen ist, dass Menschen, die Angstsymptome unmittelbar mit Katastrophen assoziieren (z. B. einer Herzattacke, Todesdrohung etc.), Metarepräsentationen ihrer primären emotionalen Reaktionen haben, die die Intensität der Angst nicht wirksam über den Weg der Symbolisierung containen. Das ist möglicherweise darauf zurückzuführen, dass das ursprüngliche Spiegeln durch die Bezugsperson zu genau mit den Emotionen des Kindes übereinstimmte.«

Die Angst des Phobikers wird intrapsychisch an Angstauslöser gebunden, man spricht von *gebundener Angst*. Die gefürchtete Situation bzw. das gefürchtete Objekt wird dabei ein Ersatz für eine unbewusst erlebte konflikthafte Beziehung oder Verhaltensweise:

a) für Gewissenskonflikte und Triebabwehrkonflikte (z. B. zwischen Triebbedürfnissen und Verboten oder Idealen bei den so genannten klassischen Neurosen). Mentzos (1984) spricht von einer ›reifen‹ Phobie, die durch eine stabile Ich-Struktur gekennzeichnet ist. Der verbotene sexuelle Wunsch kann Angst vor dem rächenden (gleichgeschlechtlichen) Ersatz-Objekt machen. So kann die Angst z. B. auf eine Spinne oder eine Maus verschoben werden;

b) für narzisstische Konflikte (zwischen Verlust und Anklammerung oder zwischen aggressiven und beschützenden Impulsen); die Ich-Struktur ist relativ stabil, die Angst kreist um den Konflikt des Selbstwertverlusts (durch den Verlust des Selbstobjekts);

c) die Phobie bei Borderline-Zuständen zeichnet sich durch eine uneinheitliche Ich-Struktur und -Kompetenz aus. Die Konfliktdynamik weist auf eine frühe Objektbeziehungsstörung hin. Es treten meistens multiple Phobien auf (bezogen auf äußere Objekte und Situationen und auf den eigenen Körper) mit der Folge einer schwerwiegenden sozialen Beschränkung.

Durch die *Angstbindung* an Situationen oder Objekte, auf die eine Angst verschoben wurde, bleibt der Angstaffekt im Bewusstsein.

Diese *Verschiebung* auf ein an sich neutral erlebtes äußeres Objekt oder eine Situation (z. B. Spinne, Schlange, Maus, Platz, Aufzug usw.) ist also ein wesentliches Kennzeichen der Phobie. Der ursprüngliche Angstinhalt, die verdrängte Vorstellung (die Furcht, einem Bedürfnis nachzugehen oder es überhaupt zu erleben) bleibt dabei unbewusst.

Der Bindungsmodus des Phobikers kreist um das Verfügbarmachen und das Manipulierenkönnen als charakteristisches Merkmal der Beziehungen. Da das innere *steuernde Objekt* (Karl König, 1981) nicht ausreichend entwickelt ist, müssen eigene Impulse gefürchtet werden, da ja mit ihnen nicht realitätsgerecht umgegangen werden kann. Das Manipulieren muss daher die Bindung sicherstellen, wodurch der an einer Phobie Erkrankte durch die Unentbehrlichkeit des anderen (des steuernden Objektes) in eine ihn beschämende Position gerät und von daher seine Beziehungen sicherlich auch eine aggressive Note aufweisen.

Krankheitsbilder mit dem Symptom Angst und die soeben ausführlich geschilderten Phobien müssen also von Störungsbildern mit dem Phänomen der pathologischen Prüfungs- und Schwellenangst unterschieden werden. Bei der Phobie gibt es – wie oben ausgeführt – eine Verschiebung der Angst von einem unbewusst gefährlich erlebten inneren psychodynamischen Vorgang auf ein weniger gefährliches Objekt bzw. eine Situation, auf die zielgerichtet eine Vermeidung des Kontaktes als Schutzmechanismus installiert wurde. Bei der Prüfungs- und Schwellenangst hingegen wird im Allgemeinen die Angst erzeugende Situation nicht in diesem geschilderten Sinne mit dem phobischen Modus vermieden. Am Beispiel Rosas wurde allerdings deutlich, dass es auch bei einem angstneurotischen Modus zu einer so genannten »Pseudoobjektivierung« (Mentzos, 1984) kommen kann. Die verschiedenen, bereits seit Jahren bestehenden, diffusen Ängste (Schlafstörungen, Trennungsängste usw.) als Ausdruck einer beginnenden angstneurotischen Entwicklung wurden anlässlich des Brandes auf eine konkrete Gefahr, nämlich die Schule, verschoben. Wenn Rosa die Schule meidet, kann sie relativ angstfrei sein. Das sehr problematische Beziehungsgeflecht in Rosas Familie hatte also bei dem Mädchen eine große Angstbereitschaft in ihrer Selbstständigkeitsentwicklung nach sich gezogen. Sie musste ja über Jahre die Erfahrung machen, dass Freude über autonome Schritte (hier die Einschulung als wichtiges Beispiel) mit seelischen Schmerzen und mit Liebesentzug bestraft wurden, sodass sie bereits lange vor ihrer Einschulung und dem fatalen Erlebnis mit dem Brand gelernt hatte, bestimmte Verhaltensweisen zu vermeiden (sie war »immer lieb«), und damit ihre Schulphobie bereits vorbereitet war. Diese Möglichkeit zur »Pseudoobjektivierung« zeigt allerdings auch die relative Ich-Stärke des Kindes, da ja die diffusen Ängste auf diese Weise gebunden werden konnten. Ganz anders hatten sich die frühkindlichen Beziehungsstörungen bei Herrn M. auf seine weitere Entwicklung ausgewirkt, wie später in der ausführlich geschilderten Fallgeschichte herausgearbeitet wird.

Sicherlich können auch Prüfungen oder andere Schwellensituationen im Leben »phobisch« gemieden werden, das heißt, dass ursprünglich andere Ängste auf den Schauplatz Prüfung verschoben werden. »Ich mache mir Stress, und meine Verlobte sagt, ich sei hysterisch, wenn ich den Examenstermin vor mir her schiebe, ich wolle mich nur vor der Verantwortung drücken, mit ihr eine Familie zu gründen«, sagt zum Beispiel ein Student, dessen Partnerin »Druck macht«, nach bestandenem Examen schnellstmöglich zu heiraten. Hinter seiner phobisch anmutenden Prüfungsangst verbirgt sich die Angst vor einer »endgültigen« Bindung, »die Falle schnappt dann zu«. Diese Verschiebung seiner Ängste auf die Prüfung wird dem Studenten bereits im ersten Gespräch deutlich, und er kann mit wenigen Sitzungen die Prüfung antreten und anschließend seine Bindungsängste bearbeiten. Der phobisch gemiedene Ort – die Schule oder die Prüfung – ist somit Schauplatz oder Projektionsfeld für die Grundproblematik, nicht aber die Ursache.

Im Zusammenhang mit Prüfungs- und Schwellenängsten war es mir im vorangehenden Abschnitt ein Anliegen, Störungsbilder mit dem Symptom Angst und die Phobie abzugrenzen von Erscheinungsformen der Konfliktangst. Im Falle der Konfliktangst wird die Prüfung unbewusst als zu ernste Gefahr eingeschätzt, und eventuell kann eine so genannte Ich-Regression, d. h. eine Regression der Ich-Fähigkeit auf frühere Entwicklungsstufen, folgen. Voraussetzung eines solchen Rückfalls ist eine traumatische kindliche Ent-

wicklung, in der bestimmte Situationen extrem ängstigend waren. Spätere Gefahren werden also nach dem alten traumatischen Muster erlebt, ein Vorgang, der überwiegend unbewusst abläuft. Aus der Reaktion einer übergroßen Schwellen- oder Prüfungsangst und ihren Begleiterscheinungen kann man auf die Vorstellung höchster Gefahr schließen. Die menschlichen Fähigkeiten, psychoanalytisch gesprochen die Ich-Funktionen, sind bis zu einem gewissen Grad autonom angelegt. Sie sind aber in der frühkindlichen Entwicklung gesteuert von den Bedürfnissen und Trieben des Kindes, wie eben der Libido und der Aggression und unabhängig von der Art und Weise der Bindung des Kindes an die frühe Bezugsperson und dadurch, z. B. bei unsicher gebundenen Kindern, sehr irritierbar. Die neuere Säuglingsforschung hat gezeigt, dass das Neugeborene in einer viel umfassenderen Weise, als man bisher angenommen hatte, für den Dialog mit der Mutter ausgestattet ist. Durch Spiegelungsprozesse der Mutter, konkret indem sie die Affekte des Säuglings auf ihrem Gesicht wiedergibt (Krause, 1983), lernt er sukzessive seine Affekte als die eigenen erkennen, das Selbst entwickelt sich durch die Spiegelung im Objekt. Das Selbst kann sich also nie unvermittelt erfahren, nach Winnicott bedarf es eines ›bedeutungsvollen Anderen‹. So gesehen ist die Entwicklung der Identität von Geburt an verbunden mit der Spiegelung des eigenen Selbst im Objekt, verbunden mit der Wahrnehmung und Anerkennung durch das Objekt. Die Begründung der Identitätsentwicklung ist also ein zunächst intersubjektiver Vorgang, der erst allmählich bis hin zur Symbolisierungsfähigkeit verinnerlicht wird. Bei der Entwicklung des Selbst bzw. der Identität und den damit einhergehend entfalteten Ich-Funktionen macht sich also das Kind von Geburt an die Erfahrungen mit der Bezugswelt zu eigen, und dies erlaubt ihm, sich allmählich selbst zu erleben, sein Selbstgefühl aufzubauen, die vorhandenen Ich-Funktionen zu stärken und/oder neue zu entwickeln. Für alle diese Prozesse braucht also das Kind eine haltende Umwelt und den »bedeutsamen Anderen« (Winnicott, 1974).
Bezüglich der Angstentwicklung werden nun mit zunehmender kindlicher Reife die Ich-Funktionen immer weniger bedürfnis- und triebgesteuert. Das Ich wird fähig, die Triebenergien zu neutralisieren, das Abhängigkeitserleben von der versorgenden Be-

zugswelt vermindert sich, der Spannungsbogen, die Geduld als Ausdruck einer erlebten Beziehung, werden größer, die äußere Realität wird differenzierter eingeschätzt.

In Krisen- und Konfliktzeiten, die stark von Bedürfnissen, Anerkennungswünschen und Affekten (Liebe, Hass, Wut) bestimmt sind, können auch die erworbenen und entwickelten Ich-Funktionen wieder zurückfallen in die frühkindliche Legierung mit den besagten Triebenergien oder in die intersubjektiv erlebte Objektbeziehungswelt. Intellektuelle Vorgänge werden z. B. wieder libidinisiert oder auch aggressiviert. Man ist »mit der Wissenschaft verheiratet« oder wird »von der Arbeit aufgefressen« oder hat »Lernwut« usw. Es gibt auch den »verschlingenden Blick« aus der oralen Phase, wenn es um die Erfahrung der optischen Wahrneh-

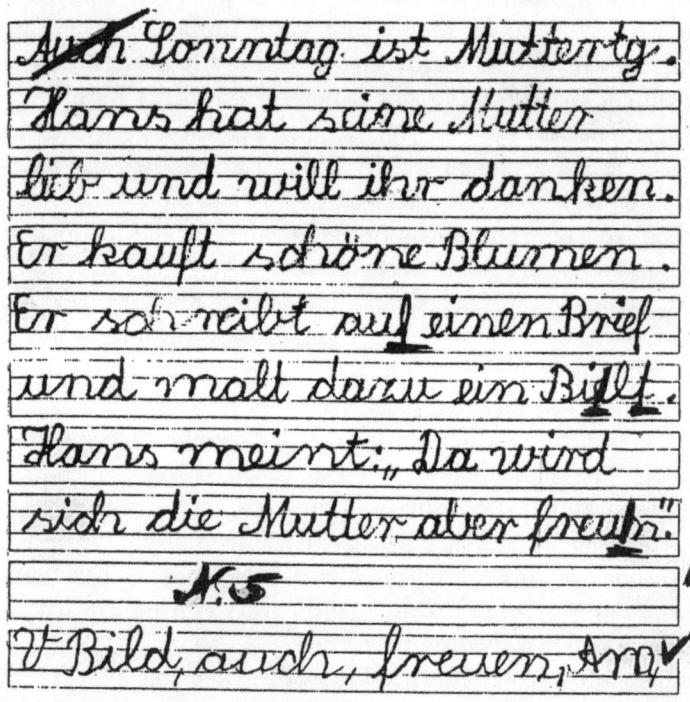

Abb. 12: »Ich habe Angst vor dem Muttertag. Dass ich da Fehler mache.« (Jonas, 6 Jahre)

mung geht. Diese Phänomene der Regression der Ich-Funktionen – hier noch im Sprachgebrauch symbolisiert – sind für pathologische Schwellen- und Prüfungsängste von großer Bedeutung. Wird doch die intellektuelle Leistung heftig in die ursprüngliche kindliche Konfliktwelt wieder hineingezogen in die Legierung von Liebes- bzw. Aggressionsbestrebungen mit dem Denken, Lernen, Behalten und damit die realitätsgerechte Einschätzung der augenblicklichen Situation verzerrt.

Außerdem können die Erwartungen der äußeren Bezugswelt eines »Prüflings« in Schwellen- und Prüfungssituationen einen hohen affektiven Wert bezüglich der intellektuellen, künstlerischen, handwerklichen oder sportlichen Kompetenzen in der Schwellensituation wie in einer (subjektiv erlebten oder realen) Prüfung erhalten. Sie geraten in das Geflecht der Gefühlsbeziehungen zu Eltern, Geschwistern, Partnern, Lehrern usw. Wie oft haben z. B. Kinder ihre Gedichte vergessen, die sie auf Wunsch der Eltern in der Schule, am Muttertag oder zu besonderer Gelegenheit aufsagen sollten! Der psychodynamische Hintergrund war wohl: Das Auswendiglernen erhielt durch den drängenden Wunsch der Bezugswelt eine überstarke affektive Bedeutung. So kann das Kind eine tabuierte Wut auf die Eltern loswerden, indem es sie mit Hilfe dieser Gedankenblockade enttäuscht. Es bleibt mitten im Satz stecken, der Text ist weg! Auch die Schulsituation kann das Ihrige dazu beitragen (vgl. Abb. 12 vom Muttertagsdiktat).

Ein anderes Beispiel: Ein junger Mann, Teilnehmer einer meiner psychotherapeutischen Gruppen, war bis zu seinem 11. Lebensjahr ein begeisterter Skifahrer. Als sein ehrgeiziger Vater diese Begabung als besonders hervorragend entdeckte (er dachte an Olympiavorbereitung!), konnte sich dieser Patient schlagartig auf Skiern nicht mehr bewegen. Dies verdeutlicht einen unbewussten Protest gegen den Vater.

3.3 Arbeitsstörungen

3.3.1 Das Phänomen

Wie quälend sich die Lähmung von Vitalität und Schaffenskraft auswirken kann, habe ich am Anfang dieses Buches am Beispiel des Studenten Herrn S. zu schildern versucht. Seine Prüfungsängste sind bereits im Vorfeld der Examina in Form von gravierenden Leistungs- und Arbeitsstörungen zu beobachten. Bereits die Zielsetzung oder die Phantasie eines Leistungserfolgs lassen ihn abgleiten in endlose Vermeidungsstrategien, tägliche Ordnungsleidenschaft, Tagträumereien oder sonstige Ablenkungs- und Zerstreuungsversuche. In der eigentlichen Prüfungszeit spitzen sich seine Ängste und Störungssymptome krisenhaft zu. Wir wissen, dass Arbeiten ein hohes Maß an Stabilität und Selbstdisziplin erfordert, bei vielen Menschen – nicht nur bei Studierenden wie bei Herrn S. – kommt es z. B. trotz zwanghaft gründlicher Arbeitsweise zu keinem ursprünglich angestrebten Ergebnis, Akten und Bücher stapeln sich, der Erfolg bleibt aus. Es kommt zu psychosomatischen Symptomen, zu Konzentrationsstörungen, intellektuellen Unsicherheiten, Unlustgefühlen, innerer Anspannung, Unruhe, Nervosität und spitzt sich bei ihm in der Prüfungsangst zu. So gesehen sind Arbeitsstörungen bereits Vorläufer der Prüfungsangst. Vor allem das freie Arbeiten erfordert eine große Kompetenz an Innensteuerung und Selbstorganisation. Die Arbeitsfähigkeit ist aus der Sicht der Psychoanalyse eine komplexe Ich-Funktion, deren Störungsfreiheit Freud (1926) neben einer frei von Ängsten gelebten Sexualität als Hauptkriterium für seelische Gesundheit ansah. Sozialpsychologisch betrachtet ist die Art der Arbeit von Bedeutung, inwieweit sie entweder ein gutes Funktionieren in einem Beruf oder einer entsprechenden wichtigen Rolle (Mutterschaft, Hausfrau) gewährleistet oder ob die Arbeitsfähigkeit Voraussetzung für die Realisierung einer Ausbildung (Lehre, Schule, Studium) darstellt und somit zur Selbstverwirklichung in einem zukünftigen Beruf beiträgt. Vor dem Hintergrund der schwierigen Arbeitsmarktlage erhöht sich zusätzlich der psychosoziale Stress, Leistungsdruck und Wettbewerbsängste machen sich häufig in Form gestörten Arbeitsverhaltens bemerkbar. Arbeit dient also auch der

Identitätsbildung und nicht nur dem Funktionieren in einer eingenommenen sozialen Rolle. Ein Studium ist aus diesem Grund Entwicklungskonflikten in besonderem Maße ausgesetzt. Im Falle einer Arbeitsstörung bei Schülern und Studierenden ist zudem nicht nur der aktuell gegebene Arbeitsbereich betroffen, der mit diesem Ausbildungsabschnitt zusammenhängt, sondern der zukünftige Ausbildungsweg und die berufliche und persönliche Identitätsbildung sind erheblich beeinträchtigt.

3.3.2 Die Psychodynamik

Ein gestörtes Verhältnis zur Arbeit ist ursprünglich wohl meist – wie oben bereits geschildert – auf schwere Schwellen- und Prüfungsängste und die damit verbundene, als bedrohlich erlebte Identitätsveränderung zurückzuführen. Arbeitsstörungen als Symptom kommen bei allen möglichen psychischen Störungsbildern vor. Es geht auch hier – wie bei den Prüfungsängsten – darum, die Grundkonflikte bzw. die spezifischen neurotischen Konflikte oder Defizite zu ergründen, um sie dann gezielt behandeln zu können. Sehr schweren, bereits chronifizierten Problemen bei der Studier- und Arbeitsfähigkeit liegen in der Regel auch schwere basale Konflikte zu Grunde. So kommt z. B. ein sympathischer, in Jeans leger gekleideter junger Mann zur psychotherapeutischen Beratungsstelle. Er erscheint mit dicker Aktentasche und mit mehreren Ausgaben eines internationalen Universitätsmagazins und erweckt den Anschein eines seriösen, ehrgeizigen Studierenden. Seine Bitte um Hilfe fällt ihm nicht leicht, er wirkt sehr sensibel, irritierbar und ängstlich. Bis vor kurzem hat er einem Freund bei dessen Magisterarbeit durchaus kreativ geholfen. Dieser hat nun abgeschlossen und promoviert erfolgreich mit Hilfe eines Stipendiums in Amerika. Er will mir im Gespräch damit zum Ausdruck bringen, dass er sich in seinem sonstigen Leben recht selbstständig fühlt. *»Ich sehe wohl noch nicht so aus, psychotherapeutische Behandlung zu benötigen, aber es geht um mich. Ich habe Schwierigkeiten, meine Magisterarbeit abzuschließen, leide unter Konzentrationsstörungen und Schreibhemmung seit etwa zweieinhalb Jahren, eine Arbeit, die in einem dreiviertel Jahr abgeschlossen sein müsste. Meine Gedanken kreisen ausschließlich um dieses Thema,* *dabei komme ich aber keinen Schritt weiter, ich stecke fest, kann mich aber auch keiner anderen Sache zuwenden, selbst wenn diese meiner Erholung und Entspannung dienen könnte.*« Das Thema seiner Magisterarbeit beschäftigt sich mit Kurt Tucholsky und dessen Ansichten zum Krieg: »Jeder Soldat ist ein Mörder«! Der Student weist darauf hin, dass seine quälende Symptomatik in dem Moment begonnen hat, als er diesen Satz hätte niederschreiben wollen. Sein Vater war Soldat, er befürchtet, dass er ihn damit provozieren könnte, seine Eltern sind »extrem interessiert« an seiner Arbeit. In den Gesprächen wird deutlich, dass seine Beschwerden mit seiner Vaterproblematik im Zusammenhang stehen könnten, außerdem ist er der Erste in seiner Familie seit Generationen, der studiert. Er ist wohl der Stolz der Familie und fühlt sich dennoch stets unverstanden. Er leidet unter der Unvereinbarkeit seines perfektionistischen Weltbildes und seiner »Illusion«, eigentlich schon viel weiter, schon promoviert und vielleicht sogar berühmt zu sein, einerseits und dem vernichtenden Gefühl, ein »lächerlicher Student, der seine Magisterarbeit nicht schafft«, andererseits zu sein. Er erzählt spontan von seinen »vernichtenden Kindheitserfahrungen«, wenn ihm sein Vater bei jedem erdenklichen Anlass sagte: »Du Trottel, du bist ein Nichts!« Eine tiefenpsychologisch fundierte Kurzzeitpsychotherapie öffnet ihm die Augen für die doppelten Botschaften seines Elternhauses, speziell des sehr selbstunsicheren Vaters, den der Patient ständig narzisstisch aufwerten sollte bei gleichzeitiger chronischer Abwertung und Demütigung durch ihn. Das schreckliche innere Bild, vom Vater psychisch »ermordet« worden zu sein, macht ihm seine Neigung, »abzuheben in eine Illusion«, verstehbar. Seine ihm verfügbare Arbeitsmotivation verlagerte er auf die Magisterarbeit seines Freundes. Der unlösbaren Botschaft seines Vaters konnte er nie entsprechen: *»Er war wirklich ein Mördersoldat, ein Seelenmörder, auch wenn es grauenhaft klingt, ich musste es einfach einmal aussprechen dürfen!«* Dieser Student kann nach seiner tiefenpsychologisch fundierten Psychotherapie seine Arbeitskraft wiedererlangen und die Magisterarbeit kreativ zu Ende bringen. Die psychische Loslösung und Trennung vom Elternhaus ist auf Grund seiner relativ kräftigen narzisstischen Grundverfassung geglückt, die unbewussten Hass-

und Wutgefühle auf den Vater und die Arbeitsfähigkeit können aus der unglückseligen Legierung der primären Objektbeziehung gelöst werden.

Ein anderer Student sucht die psychotherapeutische Beratungsstelle wegen schwerer chronischer Lernhemmungen auf. Er ist unlängst im ersten juristischen Staatsexamen durchgefallen und hat das »*vage Gefühl, ich müsste etwas im Leben ändern*«. Er hat keine regelrechte Prüfungsangst im herkömmlichen Sinne, wie er sagt, sondern das Gefühl von lähmender Müdigkeit: »*Immer wenn ich mich intensiv oder freudig an die Arbeit machen will, fühle ich mich so erschöpft, dass ich über dem Buch einschlafe ... ich bin dann so bedrückt oder aggressiv gegen mich selber, dass ich manchmal mit dem Kopf gegen die Wand schlage.*« Der Student erschrickt über sein selbstdestruktives Verhalten und sucht Zusammenhänge mit seiner biographischen Entwicklung. Er hat eine »Übermutter«, die sich auch heute noch stets um ihn sorgt, ihn wohl auch »unmündiger« sieht als er ist. Im Gegensatz dazu hat er einen Vater, der ihn schon in frühester Kindheit im Erleben des Patienten »rigide aus dem Nest werfen wollte«. Er stand wohl in dem Dauerkonflikt zwischen dem regressiven Sog seiner verwöhnenden Mutter und dem Ausgestoßenwerden durch den Vater. Diesen Konflikt dürfte er wohl zum Teil mit extremer Müdigkeit als Äquivalent für Hilflosigkeit und Ohnmacht symptomatisch beantwortet haben, die ihn jetzt sehr behindert, wenn es um die berufliche Weiterentwicklung geht. Auch im privaten Bereich fühlt sich der 30-jährige Mann unter Druck, weil seine Freundin vehement auf Erfüllung ihres Kinderwunsches drängt und er sich immer noch mit seinen Examensproblemen beschäftigen muss. Er kommt in diesem Zusammenhang auf eine seiner frühesten Kindheitserinnerungen aus der Kindergartenzeit zu sprechen, wo er aus »unerklärlichen Gründen« immer weggelaufen sei. Er sei dann zu einem Zirkus gelaufen und mittags pünktlich nach Hause gekommen. An Strafmaßnahmen kann er sich nicht erinnern, wohl aber an das bedrückende Gefühl, immer wieder zu den Klosterschwestern im Kindergarten zu müssen, wo es »*nur muffig roch, es war so ein unangenehmer Mief, so ein Sog, die Welt war draußen im Zirkus*«. Allerdings war die freie und lebendige Welt für ihn verboten, was ihm erst in der

Therapie bewusst wird. Psychodynamisch betrachtet darf er die depressive Mutter nicht verlassen, und der wohl polarisierend verschärft auf das enge Bindungsverhalten der Mutter reagierende Vater will ihn »hart machen« und unterbindet damit den Spielraum der Kinderwelt, der sich unter anderem in der Faszination des Zirkus als Zufluchtsort für das Kind ausgedrückt hat. Der Student beginnt nach der Erstkontaktphase eine intensive Langzeittherapie. Er kann sich erst nach einigen Jahren aus seiner depressiven Neurose heraus weiterentwickeln.

Auszubildende und Studierende kommen sehr häufig mit Arbeitsschwierigkeiten zur psychosozialen Beratung. Sie sind lustlos, leicht ermüdbar und weichen den zu erledigenden Aufgaben aus. Die meisten Arbeitsgestörten fühlen sich als Person, besonders aber in ihrer Arbeitsleistung, auf Grund ihrer Selbstwertstörung minderwertig. Entsprechend minderwertig erleben viele von ihnen ihre Vorgesetzten, ihre Arbeitspartner, Ausbilder bzw. Dozenten und Professoren. Die eigene Unzulänglichkeit wird demnach oftmals auf ihre mitmenschlichen Kommunikationspartner projiziert. Die Entwertung der Mitmenschen trägt auch im subjektiven Erleben zur Stabilisierung der eigenen Person bei. Das Motto ist dann: »Ich gehöre zu den Guten, wenn ich mich von den Schlechten unterscheide.«

Wie man aus psychoanalytischer Erfahrung weiß, drücken viele Menschen mit ihrer Arbeitsstörung eine kommunikative Schwäche oder Kontaktangst aus, was letztlich zu einem Teufelskreis wird. Wie bereits in dem Kapitel über die Angstentwicklung herausgearbeitet, erinnere ich in diesem Zusammenhang nochmals an die existenziell wichtige Bedeutung der angemessenen Spiegelung und Interpretation von Affekten für die Entwicklung eines Menschen und die Entfaltung seiner kreativen Möglichkeiten in der primären Objektbeziehungswelt. Es fehlt den in der frühen Kindheit Irritierten in ihrer psychischen Entwicklung an Anerkennung. Diese zu erlangen ist aber nicht sehr aussichtsreich, da selbstunsichere Menschen in ihrer Konflikthaftigkeit den Kontakt häufig meiden, sich auch wenig exponieren oder aber ihr Gegenüber abwerten und kritisieren und sich nicht einfühlen können. Die Angst vor der erwarteten Kritik und vor Misserfolg bewirken einen vermeidenden

Rückzug auf Kosten einer notwendigen Motivation und Arbeits-
autonomie. Die dennoch oft vorhandene Anstrengung ist dann
kein gesunder Ehrgeiz mit der primären Quelle von Schaffenskraft
und kreativer Arbeitslust, sondern ein kompensatorischer An-
erkennungswunsch. An dieser Stelle möchte ich noch einmal an das
Schulkind Sandra erinnern, das durch erhöhte Leistungsanforderungen durch die sie stets bevormundende und korrigierende Mutter, die alle Begabungen und die Kreativität ihres Kindes auf Grund
ihrer eigenen neurotischen Problematik funktionalisieren musste,
in eine sich immer weiter zuspitzende Krise mit heftigen Angst-
symptomen geraten war. Die Lern- und Arbeitsstörung war also
ein unbewusster Protest gegen die streng fordernde Mutter. Auch
der erwähnte Skifahrer, der von einem Tag auf den anderen seine
schöpferische sportliche Begeisterung abblocken musste, als ihn
sein Vater »entdeckte« und zum Olympiasportler trainieren wollte, ist ein eindrucksvolles Beispiel für die Folgen einer Ausbeutung
kindlicher Begabungen durch im Selbstwert gestörte, überaus eh-
geizige Erwachsene.
Die Angst vor Verachtung durch Kritiker und vor Versagen in der
Arbeit mit der Folge einer Arbeitsstörung kann sich oft kombiniert
mit Angst vor Schwellensituationen und Prüfungen darstellen. Ein
29-jähriger Student kommt zunächst sehr heiter und gelöst zum
ersten Vorgespräch. Er fühlt sich im Leben »sehr motiviert« und
hat bislang immer wieder Erfolge gehabt. Nur in letzter Zeit ist
seine Angst vor den Abschlussprüfungen des Studiums gravierend
geworden, vor allem weil er seine Prüfungsvorbereitungen »nicht
mehr in den Griff bekommt«. Er schildert seine Hauptkonflikte
folgendermaßen: »*Ich habe etwas vor, lernen, eine Arbeit oder
etwas anderes Wichtiges. Dann kommt richtig ein inneres Fallbeil
herunter, und ich fühle mich wie abgeschnitten, körperlich und von
der Welt, und kann nichts mehr tun.*« Im Gespräch lässt sich
schließlich ein Zusammenhang verstehen zwischen der Willkür seiner Mutter in der Kindheit und dem »Fallbeil«, wenn er sich seinen
kreativen Intentionen überließ. Seine Mutter griff immer wieder
impulsiv in sein Spiel ein und unterbrach ihn jäh. Schließlich berichtet er zwei aktuelle Träume: »*Ich möchte lustvoll in ein Gewässer springen, im letzten Augenblick habe ich aber Angst vor dem*

Sprung, ich halte meine Bewegung jäh an und bleibe wie ange-wurzelt stehen. In einem anderen Traum schwimme ich in einem ruhigen Meer neben friedlichen Blauwalen. Ich will dann am Meeresstrand wandern, aber ein brutaler Matrose hält mich plötz-lich auf und hindert mich daran. Dann blicke ich wieder ins Meer und sehe einen Drachen, vor dem ich erschrecke. Ich versuche noch, dem Drachen ins Auge zu sehen, in dem Moment kommt ein Mü-ckenschwarm und verklebt mir die Augen und das ganze Gesicht. In diesem ausgelieferten und behinderten Gefühl wache ich voller Angst auf.« Er erkennt in seiner frühen Beziehungsstörung zu der einsamen, partnerlosen Mutter, die stets in sein Spiel eingegriffen hatte, einen Zusammenhang zu seinen Entwicklungsblockaden auf dem »Wanderweg durchs Leben«, die in wichtigen Schwellensitua-tionen virulent werden. Die Legierung von Arbeitsmotivation und den frühkindlichen Affekten gegenüber der Bezugswelt verursacht einen unerträglichen Leidensdruck mit der heftigen Symptombil-dung von Prüfungsangst und Arbeitsstörung. Es war ihm nicht geglückt, die Meilensteine seiner Ausbildungsphasen aus eigenem Interesse und aus eigener Neugier auf das »Unbekannte« nach einer Schwellensituation zu begehen, sondern er versuchte, über-wiegend irgendwelchen – von ihm so erlebten – Außennormen zu entsprechen. Gehorsamsleistungen waren höherwertig gestellt als das eigene Interesse. Auch dieser Mann braucht eine geraume Zeit Selbsterfahrung, um seine Kreativität frei zur Entfaltung bringen zu können.

Arbeit und ihr Ergebnis können wie jeder Schritt über eine Schwelle kreativ sein und ein gewisses Maß an innerer Freiheit er-möglichen. Arbeiten verhilft über Selbstverwirklichung zu einer stärkeren Identität, zu einem Fortschritt von einem Identitätssta-dium in ein neues. Gleichzeitig sind eine gewisse Selbststabilität und eine gefestigte Identitätsentwicklung Voraussetzung für eine gesunde Schaffenskraft, v. a. wenn es um eigenständiges Arbeiten geht. Arbeit kann also auch für einen Menschen Zwang und Ein-engung repräsentieren. Dahinter kann durchaus eine Hemmung, erfolgreich und lebenstüchtig zu sein, stehen. Dann ist es wohl er-träglicher, *für* jemanden zu arbeiten, als selbstständig für den *eige-nen* Erfolg geradezustehen. Als zentrales Konfliktthema spielen hier oftmals auch unbewusste Rivalitätsprobleme oder Neidgefühle gegenüber den primären Bezugspersonen, zum Beispiel den Eltern oder auch Geschwistern, eine Rolle. Mehr Autonomie und mehr Selbstständigkeit können dann Schuldgefühle (besser zu sein, jemandem dabei durch Überlegenheit zu schaden, ödipaler Sieger zu sein usw., wie dies aus mehreren Beispielen dieses Buches hervorgeht) oder Loyalitätskonflikte (das Verlassen des Nestes und damit eine gewisse Trennungsschuld zu tragen) auslösen und die Arbeitsfreude blockieren. Hier ist vielleicht ein Hauptaugenmerk auf das Ergebnis der Arbeit, nämlich die vollbrachte Leistung, zu lenken und weniger auf die Arbeitsmotivation an sich. Hirsch (2000) spricht im Zusammenhang mit expansiven Kräften von einer »Arbeitsstörung aus Vitalitätsschuldgefühlen« heraus: »Einflüsse des rivalisierenden Objekts wie Gekränktsein, Liebesentzug, Androhung von Sanktionen, dann der irrationale Glaube, der eigene Erfolg gehe mit der Schädigung des anderen einher, als ob nur eine bestimmte Menge an Erfolg zur Verfügung stehe und der eigene Erfolg den des anderen schmälere. Das Irrationale leitet sich her aus der Verknüpfung der Bedeutung des Erfolgs mit anderen – verbotenen – Bereichen, wie oraler Gier, Aggression oder sexuellen Bedürfnissen.« (S. 78) Wie bereits im Einführungskapitel erwähnt, macht Möller (1969a) auf die »Trennungsschuld« im Zusammenhang mit Prüfungsängsten und Arbeitsstörungen aufmerksam. Die soziale Anerkennung in vielen Kulturen hängt ja an der Leistung, also dem Arbeitsergebnis, das der Einzelne vorweist, und das bedeutet im Grunde eine Trennung vom bisherigen Status. Oft bleibt dann der Betreffende in einem Ambivalenzkonflikt zwischen Autonomiebestreben einerseits und einem Abhängigkeitsbedürfnis andererseits stecken, wie dies ja ausführlich bei dem Thema der Angstentwicklung, speziell der pathologischen Prüfungsangst, herausgearbeitet wurde. Der Arbeitsgestörte kreist dann manchmal sogar jahrelang um sich selbst, er grübelt, hat Selbstzweifel und lenkt sich mit Ausweichhandlungen (z. B. Computerspielen, Scheinaktivitäten, Suchtmitteln usw.) von seiner derzeit wesentlichen Aufgabe ab. Er ist auf Grund einer gestörten Realitätsbewältigung nicht in der Lage, sein Selbstgefühl in den Dienst einer Aufgabe zu stellen. Hohage (1993, 2000) unterscheidet dabei

111

zwischen »Störungen der Funktionsfähigkeit« bei der Arbeit und den »Leistungsstörungen« im engeren Sinne, nämlich dem Erfolg und der Effektivität der Arbeit. Das Ergebnis der Arbeit ist seiner Beobachtung nach abhängig von der Funktionsfähigkeit, d. h. der Fähigkeit, auf äußere Anforderungen angemessen reagieren zu können, und nicht zuletzt von der Motivation zur Arbeit. Hohage (2000) schreibt: »Neurotische Arbeitsstörungen lassen sich nur verstehen, wenn man die verschiedenen Elemente, die Arbeit ausmachen, kennt und die konflikthaften Spannungen dabei berücksichtigt.« (S. 102) Der so genannte intermediäre Raum im Sinne Winnicotts (1971), der im kreativen Spiel – dem spielerischen Entdecken der Welt – zwischen dem Kleinkind und der Mutter seine Entfaltung gefunden hat, bleibt auch im späteren Leben mit zunehmender Autonomie ein wesentlicher Bestandteil der Arbeitsfähigkeit. Gleichzeitig verschafft diese ein Gefühl von Befriedigung während der Aktivität und nach vollbrachter Leistung. Ist nun ein Mensch auf Grund eines geschwächten Selbstgefühls wegen einer ungesicherten frühen Mutter-Kind-Beziehung nicht in der Lage, kreativ zu spielen oder im späteren Leben zu arbeiten, kommt es zu dem daraus resultierenden, bereits geschilderten Vermeidungsverhalten (das Erledigen von Arbeit wird auf die lange Bank geschoben usw.). Dies zieht wiederum Misserfolgserfahrungen und die damit verbundenen narzisstischen Kränkungen nach sich. Beides trifft dann natürlich auf ein ohnehin schon labiles Selbst- und Identitätsgefühl, und der Circulus vitiosus der gefürchteten Destabilisierung setzt sich auf tragische Weise fort. Auch der moralische Druck einer Arbeitsverpflichtung wächst an und verstärkt wiederum das Ausweichverhalten, was dann ebenfalls zu einem »Teufelskreis« führt, der schwer zu unterbrechen ist. Kindliches Spiel und eine gesunde Arbeitsfähigkeit im Erwachsenenalter gehören strukturell zusammen. Ist doch im Ursprung das Spiel eines gesunden Kindes, das selbstvergessen seine Legotürme baut oder Sandburgen kreiert, nichts anderes als unsere spätere Lebendigkeit, unser Selbst im Erwachsenenleben in den Dienst einer Aufgabe, der Arbeit, zu stellen mit der dazugehörigen Freude am Leistungserfolg oder der Fähigkeit, Spannungen zu ertragen, Misserfolge auszuhalten oder zu relativieren bzw. zu korrigieren.

4. Identität und Selbst

4.1 Einführung

Dieses Kapitel möchte ich gerne mit einem Gedicht von Goethe beginnen:

> Gern wär ich Überlieferung los
> Und ganz original,
> Doch ist das Unternehmen groß
> Und führt in manche Qual.
> Als Autochthone rechnet ich
> Es mir zur höchsten Ehre,
> Wenn ich nicht gar zu wunderlich
> Selbst Überlieferung wäre.
>
> Vom Vater hab ich die Statur,
> Des Lebens ernstes Führen,
> Von Mütterchen die Frohnatur
> Und Lust zu fabulieren.
> Urahnherr war der Schönsten hold,
> Das spukt so hin und wieder;
> Urahnfrau liebte Schmuck und Gold,
> Das zuckt wohl durch die Glieder.
> Sind nun die Elemente nicht
> Aus dem Komplex zu trennen,
> Was ist denn an dem ganzen Wicht
> Original zu nennen ?
>
> (GOETHE, ZAHME XENIEN III, 1796)

Die Frage nach der Identität, wie sie Goethe hier meisterhaft aufwirft, die Frage »wer bin ich?«, »was macht meine Einzigartigkeit aus?«, ist ein zentrales menschliches Thema, unabhängig von Herkunft, Nationalität, Glauben oder Geschlecht. Sie bringt uns in das Grenzgebiet psychologischer und soziologischer Betrachtungsweisen. Das psychische Selbstbild und der biologische Zustand des

113

Menschen sind dabei nicht statisch, sondern unterliegen kontinuierlich den Einflüssen der Entwicklung. Dieser Entwicklungsprozess ist jedoch kein gleichbleibendes Dahingleiten. Wie bereits im
Zusammenhang mit der Angstentwicklung geschildert, ist er vielmehr von differenzierten Schwellensituationen und Lebensphasen
mit unterschiedlichen, ganz spezifischen Merkmalen geprägt, und
jede neue Lebensphase eines Individuums unterscheidet sich von
jener, die ihr vorausgeht, und jener, die ihr folgt. Je nach Schwellensituation und dem erreichten Entwicklungsalter eines Menschen
gestalten sich seine Möglichkeiten der Lebensbewältigung, den dazugehörigen Ängsten und nicht zuletzt auch seine Psychopathologie bei entsprechenden Entwicklungsstörungen sehr unterschiedlich. Jede Phase in der Identitätsentwicklung hat ihre besondere
Thematik, ihre charakteristische Vulnerabilität und ihre entwicklungsspezifischen Störungen.

4.2 Soziokulturelle und psychoanalytische Konzepte

Der von Erikson (1946) geprägte Begriff der Identität stellt eine
wichtige Berührungsstelle zwischen gesellschaftlichen Erwartungen an den Einzelnen und dessen psychischer Einzigartigkeit dar.
Er betont die Einbindung des Menschen in seine jeweilige kulturelle Umwelt. Identität verknüpft für ihn innere persönliche und
soziale Entwicklung. Aus psychoanalytischer Sicht sind es natürlich nicht in erster Linie die gesellschaftlichen Erwartungen, welche
die Identitätsbildung prägen, sondern die ganz individuelle Erfahrung mit der primären Bezugswelt. Vor allem die Säuglings- und
Kleinkindforschung beschäftigt sich mit dem Verständnis der seelischen Entwicklung der Identität und des Selbst als Ergebnis von
reziproken Austauschprozessen zwischen dem Säugling bzw. dem
Kleinkind und seiner Bezugswelt. Individualität kann sich demnach nur durch wechselseitige Anpassung zwischen der Bezugsperson und dem Kind entwickeln. Die Identitätsbildung wird
durch seelische Integrationsschritte im Spannungsfeld der Übernahme sozialer Rollen und individueller Besonderheit in sich und
im unmittelbaren Umfeld vorangetrieben.

Um beide Gesichtspunkte näher zu erläutern, schildere ich zunächst eine Fallvignette von einem 26-jährigen, sehr gut deutsch sprechenden chinesischen Studenten, der mich mit der Fragestellung aufsucht: *»Ich weiß nicht, wie und wer ich bin, ob ich liebenswert bin oder ein Monster.«* Er hat Angst, Kontakt zu anderen Menschen aufzunehmen, vor allem zu Frauen, *»diese Schwelle habe ich noch nie überschritten!«* In seiner Phantasie, sich einer Frau sexuell hinzugeben, bekommt er *»panische Angst, wie wenn dies die schlimmste Prüfung meines Lebens sein könnte!«* Sein Gesichtsausdruck ist sympathisch und lebendig, in seinem linken Bein hat er eine Spastik, die ihn beim Erstinterview zunächst sehr behindert erscheinen lässt. Wegen verschiedener »psychosomatischer Probleme« (Magengeschwür, chronische Kopfschmerzen) hatte er in Deutschland eine Gesprächspsychotherapie gemacht. Seine Ängste und die Kontaktstörung erlebt er jedoch unverändert als »unlösbares Riesenproblem«. Auch die Vorstellung eines Kusses *»zieht mir den Boden unter den Füßen weg. Ich fühle mich abstoßend und ekelig.«* Er erinnert dabei, dass ihn seine Eltern in der frühen Kindheit stets eingeimpft hätten, ein hässliches Gesicht zu haben, über seine durch einen Geburtsschaden verursachte Körperbehinderung wurde allerdings nie gesprochen, »sie war tabu«. Der nichtbehinderte ältere Bruder wurde im Erleben des Patienten stets bevorzugt. Wenn er als Kind beim Laufenlernen gestürzt sei, habe ihn die Mutter heftig geschimpft, obwohl das häufige Hinfallen mit seiner Spastik zusammenhing. Er erinnert sehr viele demütigende Szenen in seiner Kindheit und Jugend. In einer späteren Sitzung vertraut er mir noch ein weiteres Symptom an, nämlich den Hang zu Ladendiebstählen und dass er unlängst erwischt und bestraft worden sei. In dieser Stunde erzählt er einen Traum: *»Ich höre meinen Vater sagen, meine Mutter ist nicht meine Mutter. Die wahre Mutter ist tot. Das Gesicht der Mutter, das ich im Traum sehe, ist nur das meiner Stiefmutter. Da war ich plötzlich erleichtert. Das Gefühl, die Welt passt nicht zu mir oder ich passe nicht in die Welt«*, kommt als tiefe Verletzung seiner Spiegelungsbedürfnisse und seiner frühkindlich bedingten Fehlinterpretation zum Ausdruck. Er fühlt sich in Gefahr, sein Gesicht zu verlieren. Seine Mutter, sehr leistungsorientiert, war gekränkt, kein »vollkommenes«

Kind geboren zu haben, somit hat sie selbst in der Öffentlichkeit
»ihr Gesicht verloren«. Unbewusst ließ sie ihr behindertes Kind
fallen und schimpfte es bei jedem Sturz, den es wegen seiner Behinderung erlitt. Ihre öffentliche Identität ist beschädigt, was sie in
ihrer eigenen Störung dem Patienten verübelt. Nun entwickelte er
die Identität des Beschädigten und Gedemütigten. Gleichzeitig ist
er als Migrant in einer sehr belasteten Situation. Er lebt in einer
fremden Kultur mit für ihn fremden Ritualen und fühlt sich entwurzelt. Es bleibt verschleiert, inwieweit seine Familie in der vor-
herigen Generation auch Traumatisierungen während des Mao-
Regimes erlitten hat und wie sich diese möglicherweise auf seine
Eltern und auch auf ihn in seiner frühen Kindheit ausgewirkt haben
könnten. Er erwähnt nur beiläufig und auch verharmlosend, dass er
sich aus seiner Vorschulzeit an »heftige Diskussionen« seiner Eltern an jenem 22. Mai 1989 erinnern könne, wo in Peking ein Ulti-
matum zu Ende ging, nach dessen Ablauf die Studenten auf dem
»Platz des himmlischen Friedens« von der Polizei und den Streit-
kräften bedroht waren. Zu diesem Thema und der Einstellung
seiner Eltern und deren möglicher Todesängste oder auch Schuld-
erleben bleibt er *stumm, das ist in unserer Familie tabu.* Zumindest
kann ihn seine frühe Mutter in seiner Art der Lebendigkeit und
Behinderung nicht annehmen, und mit seiner Migration verliert er
die mütterliche Anbindung – so pathologisch sie auch immer war –
und dekompensiert bzw. bildet schwere Krankheitssymptome. Das
Stehlen beinhaltet auch sein unbewusstes Strafbedürfnis: Was hat er
doch durch seine Behinderung in seiner psychischen Ungetrennt-
heit, seinem symbiotischen Erleben, seiner Mutter angetan! Er hat
ihr gegenüber unbewusste Schuldgefühle, die er teilweise durch
seine überdurchschnittliche Tüchtigkeit und Leistungsbereitschaft
im Sinne einer »Wiedergutmachung« abzutragen versucht. Seine
körperlichen Symptome *(ich habe einen Stress-Magen)* und seine
ständigen Ängste, *dass ich nicht genüge und im Studium, ja im
ganzen Leben, ein Versager bin,* drücken seine innere Not und
Bedrängnis aus. Eine Strafe und die Demütigung, beim Stehlen
sinnloser Gegenstände erwischt zu werden, könnten ihn paradoxerweise dann entlasten. In einer analytischen Gruppenpsychotherapie (slow-open-Group) ist er schließlich in der Lage, seinen

Lebensthemen auf den Grund zu gehen, eingebettet in eine hilfreiche, multikulturelle Gruppengemeinschaft. Er kann in der Gruppenanalyse regelrecht auftauen und lebendig werden, wenn er im Kontakt mit den anderen Gruppenmitgliedern erfährt, dass sie, die er z. T. bisher als feindselig erlebte, ähnliche Schwierigkeiten haben wie er. Er kann bei anderen Teilnehmern die bei sich unterdrückten oder abgespaltenen Selbstanteile wiedererkennen und in seinem eigenen Gesamterleben mit Hilfe der Spiegelreaktion in der Gruppe (Foulkes, 1974) integrieren. Die Gruppenkohäsion mit den anderen kann intensiv über die Phantasie der Ähnlichkeit der Probleme der einzelnen Teilnehmer zur Entfaltung kommen. Dennoch ist jeder einzelne Nachreifungsschritt in und mit der Gruppe für ihn mit großen Ängsten besetzt. Über lange Phasen hat er, wenn er zur Gruppensitzung kommt, immer wieder das subjektive Erleben, er muss »eine Prüfung bestehen« und hat Angst vor »vernichtender Beschämung« und vor Veränderung. Nach zwei Jahren Therapie lernt er eine junge asiatische Frau kennen. Das gemeinsame Thema der Migration und seine in der Gruppentherapie gewachsene Authentizität geben ihm die Kraft, die Schwelle der Verliebtheit zu überschreiten und mit ihr seine erste intime Beziehung zu erleben. An diesem Beispiel zeigt sich auch, wie die Schwellensituation der ersten sexuellen Erfahrung von vielen Menschen als unüberwindbare »Prüfung« erlebt wird und wie wichtig eine gefestigte Identität ist, um dieser psychischen Herausforderung gewachsen zu sein.

Im Zusammenhang mit dieser geschilderten Fallvignette aus einer Gruppenpsychotherapie möchte ich einen Satz von S. H. Foulkes (1965) zitieren: »Die Psychoanalyse hat gezeigt, daß Neurosen auf einem Konflikt beruhen, der früh im Leben aus der Beziehung zu den Eltern oder entsprechenden Personen entstanden ist. Im Grunde handelt es sich bei diesem Konflikt um den Widerstreit zwischen instinktiven Impulsen des Individuums und kulturellen Tabus seiner Gruppe.« (S. 127) Die Ideenwelt von Foulkes, dem Begründer der Gruppenanalyse, und seinem sozialwissenschaftlichen Mentor Norbert Elias (1987) bemüht sich um die Integration der Spaltung zwischen Individuum und Gesellschaft, Einzelbewusstsein und Gruppenbewusstsein. Foulkes und Elias setzen beide die Identität des Einzelnen und die der Gruppe als unzertrennliche Gestalt voraus. Foulkes hat die Begriffe *Matrix* und *Grundmatrix* geprägt. Mit Matrix meint er das »transpersonale Netzwerk« der Primärfamilie und der therapeutischen Gruppe, mit Grundmatrix beschreibt er den kulturellen und historischen Kontext, der die Sozialisierung des Individuums, der Familie und der therapeutischen Gruppe in der jeweiligen Zeitgeschichte wesentlich prägt. In seinem gruppenanalytischen Konzept betrachtet Foulkes die neurotische Symptombildung als Ausdruck eines zentralen Konflikts des Einzelnen mit dem ihn umgebenden sozialen Netzwerk menschlicher Beziehungen, in das er eingebettet ist. Die Entwicklung der Identität ist also nicht als Abgrenzung des Individuums gegen eine Gruppe zu verstehen, sondern im Gegenteil als interdependentes Phänomen. Er sieht den Menschen als individuelle Einheit, lebensunfähig ohne seine sozialen Beziehungen und immer im Austausch mit ihnen. Das Gefühl des chinesischen Studenten, »ausgestoßen aus der Welt und der Gemeinschaft« zu sein, lässt sich schließlich auch als Ausdruck seiner aggressiven und destruktiven Kräfte, mit denen er nicht mehr fertig wird, verstehen. Er hat sich von der »Welt« abgewandt und verarbeitet seine Einsamkeit projektiv als »Aussätziger«. Vorübergehend wird er von den übrigen Teilnehmern der therapeutischen Gruppe isoliert und als feindselig und gefährlich für die Gruppenharmonie erlebt. Dann ist es die Aufgabe der Gruppenleitung, mit Hilfe von Deutungen und Spiegelung das ausgestoßene Gruppenmitglied wieder in die Gemeinschaft integrieren zu helfen. Nach Foulkes findet in der therapeutischen Gruppe eine Art Resozialisation statt, ein Wiedererkennen des wahren, sozialen und historisch geformten Selbst im Hier-und-Jetzt der Therapie. Foulkes (1975) sieht für das Verständnis von Gruppenprozessen mehrere Ebenen, die in einer Gruppenarbeit berücksichtigt werden müssen: die aktuelle Ebene (Gesellschaft, öffentliche Meinung usw.), die Übertragungsebene (Familie wie Eltern und Geschwister), die projektive Ebene (andere Gruppenmitglieder personifizieren abgespaltene Selbstanteile und innere Objektrepräsentanzen) und die kollektive soziokulturelle Ebene. Der neurotische Mensch kann in der Gruppe, mit der Gruppe und durch die Gruppe gewissermaßen mit Hilfe multipler Spiegelungen und Übertragungen seine Identität stärken. Der Einzelne entwickelt oder stärkt seine Identität als Einzelner, wird aber bei jedem sozialen Kontakt, in jeder Therapiesitzung in einen Gruppenprozess einbezogen, in dem die Bedeutung der individuellen Identität im Zusammensein und im Austausch mit den anderen Gruppenteilnehmern psychologisch neu definiert wird. Die Vorstellungen einer Matrix schließt auch die Annahme ein, dass sich die menschliche Psyche und deren Identitätserleben aus individuellen und gruppenspezifischen Idealvorstellungen entwickelt (Ich- und Wir-Idealen). In der geschilderten Gruppenvignette entwickelt sich z. B. unter anderem die Idealvorstellung von Toleranz gegenüber dem »Fremden«, sei das die Hautfarbe, eine seelische oder körperliche Behinderung, eine andere Religion oder Weltanschauung. Es zeigt sich hier besonders eindrucksvoll, dass es ein abgekapseltes Individuum mit einer völlig autonomen Identität nicht geben kann, dass alle Teilnehmer miteinander vernetzt sind in ihren mentalen Strukturen und jeder Einzelne aus einer kollektiven kulturellen Vernetzung kommt und dieses Identitätsgefüge in sich mitbringt und trägt und damit in die therapeutische Gruppe auch einbringt. Bei dem besonders erwähnten Gruppenteilnehmer, dem chinesischen Studenten, kann es in mühevollen Einzelschritten glücken, sein gehasstes und verachtetes Selbstbild mit Hilfe der Gruppenerfahrung zu korrigieren und zu integrieren.

Selbstverständlich zeigt sich in der Gruppe auch sein »unberührbares Selbst« (Winnicott, 1971) aus seiner frühen Mutter-Kind-Beziehung, das trotz vieler früher Verletzungen als Basis für die Bearbeitung seines »falschen Selbst« (Winnicott, 1971) immer wieder zur Verfügung stand. So ist seine subjektiv und auch von der Gruppe empfundene »Verlogenheit« in Form von übersteigerter Freundlichkeit und Unterwürfigkeit – die sicher auch Ausdruck einer kollektiven östlichen Verhaltensnorm sein kann – zunächst unter heftigen Schamgefühlen wahrzunehmen. In seiner zunehmend zur Entfaltung kommenden Selbstreflexion kann dieser Mann allmählich ein echtes Identitätsgefühl entwickeln. Die therapeutische Gruppe lehnt im Gegensatz zu seiner Mutter den Kern seines Eigenlebens nicht ab und nimmt auch seine Behinderung als Bestandteil seiner wahren Identität an. Diese Grundhaltung seitens der Gruppe befreit ihn von seiner Angst vor der Gruppe als Übergangsraum zu seinem wahren Selbsterleben und den destruktiven inneren Objektrepräsentanzen und damit auch von seinem subjektiven Erleben, Außenseiter zu sein und »nicht in die Welt zu passen«. Darin zeigt sich, dass die Identität eines einzelnen Menschen nicht einfach die Kopie einer Gesellschaftsstruktur bzw. einer Kulturgemeinschaft oder einer Kleingruppe sein kann, sondern auf individueller Veranlagung fußt und eine ganz eigene Beziehungserfahrung mit der primären Bezugswelt im Netzwerk der Gesamtkultur im Laufe eines Lebens zur Entfaltung kommt. Im Werk Freuds ist seine Befürchtung immer wieder zu spüren, dass das Individuum im Kollektiv verloren gehen könnte. Dennoch hat er in seinen Arbeiten immer wieder einen positiven Entwurf des Menschen als Gemeinschaftswesen gestaltet, dessen psychische Störungen im Wesentlichen eine Abkehr von den eigentlichen sozialen Bestimmungen und somit eine Ausgrenzung des Einzelnen aus seinen mitmenschlichen Bezügen darstellen. In *Totem und Tabu* (Freud, 1912/13) ist der Begriff des *Tabu* im Grunde eine Beschreibung des formalen und beobachtbaren Verhaltens in Gruppen und er begreift ihn gleichzeitig inhaltlich sowohl als Schutzfunktion der Einschränkung (z. B. Inzesttabu) als aber auch als Entwicklungsmöglichkeit, indem der Einzelne durch die Einschränkung bislang brachliegende psychische Potenziale zur lebendigen Entfaltung bringen kann (Exogamiegebot als Entwicklungsanstoß). Freud bezieht sich dabei allerdings nicht auf heutige Gruppen und den Menschen als gesellschaftliches Wesen, sondern im historischen Kontext auf primitive Volksstämme und deren Rituale.

Vor allem die schwer zu bewältigenden Entwicklungsaufgaben der Identitätsbildung in der Adoleszenz und bei jungen Erwachsenen sind in der Fachliteratur oft beschrieben worden (Blos, 1973; Laufer, 1980; Bohleber, 1996; Erikson, 1965). Wir haben tiefere Einblicke gewonnen in jene spezifischen psychopathologischen Störungen, die hauptsächlich dann eintreten, wenn der Einzelne an der seelischen Integrationsleistung in diesem Alter bezüglich seiner Identitätsbildung scheitert. Auch die neuere Säuglings- und Kleinkindforschung beschäftigt sich mit dem Verständnis der seelischen Entwicklung der Identität und des Selbst als Ergebnis von reziproken

Austauschprozessen zwischen dem Säugling und seiner Bezugsperson bzw. seiner Umgebung. Individualität und die Fähigkeit, sich selbst zu entdecken, können sich demnach nur durch wechselseitige Anpassung zwischen Bezugsperson und Kind entwickeln. Wie bereits erwähnt, behauptet Winnicott (1967), dass das kleine Kind sich selbst im Gesicht der Mutter entdeckt, wenn es die Mutter ansieht, die es wiederum ansieht. Der Gesichtsausdruck der Mutter beim Anblick ihres Kindes als mimischer Ausdruck ihres Erlebens (als »Sprache«) hat einen unmittelbaren Zusammenhang mit dem, was sie – von ihrer Innenbefindlichkeit und ihrer Einfühlungsgabe her in dem Kind – sieht. Die Festigung eines Identitätsgefühls wird demnach von Geburt an durch die ganzen Entwicklungsjahre hindurch ein Leben lang durch seelische Integrationsprozesse ermöglicht und vorangetrieben. Identität birgt stets die Spannung zwischen der Übernahme sozialer Rollen und individueller Besonderheit in sich.

Nach Meinung Eriksons ist Identität ein Grenzbegriff, der sowohl psychosoziale Sichtweisen als auch psychoanalytische, aus der Ich-Theorie (heute Selbst-Psychologie) stammende Aspekte in sich birgt. Er entwickelt sein Konzept der Identitätsbildung hauptsächlich in Hinblick auf die Sozialisation des Jugendlichen in die gesellschaftlichen Strukturen: »Der junge Mensch muß lernen, dort am meisten er selbst zu sein, wo er auch in den Augen der anderen am meisten bedeutet – jener anderen natürlich, die wieder für ihn die höchste Bedeutung erlangt haben. Der Begriff Identität drückt also insofern eine wechselseitige Beziehung aus, als er sowohl ein dauerndes inneres sich selbst gleich sein wie ein dauerndes Teilhaben an bestimmten gruppenspezifischen Charakterzügen umfaßt.« (1959, S. 124) Obwohl die Entwicklungsschwerpunkte der Identität in der Adoleszenz zu suchen sind, sieht Erikson die einzelnen Schritte ihrer Entfaltung und Veränderung als einen lebenslangen Prozess an: »Die ganze Kindheit hindurch werden Kristallisationen erprobt, welche das Kind fühlen und glauben lassen ... daß es annähernd weiß, wer es ist – um jedoch bald zu finden, daß diese Selbstgewißheit immer wieder den Brüchen in der psychosozialen Entwicklung ... zum Opfer fällt.« (S. 141) Identität ist also das sich immer wieder neu gestaltende Ergebnis früherer Identifizierungen

I Säuglingsalter	*Ur-vertrauen gg. Misstrauen*				Unipolarität gg. vorzeitige Selbstdifferenzierung			
II Klein-Kindalter		*Autonomie gg. Scham und Zweifel*			Bipolarität gg. Autismus			
III Spielkinder			*Initiative gg. Schuldgefühl*		Spiel-Identifikation gg. (ödipale) Phantasie-Identitäten			
IV Schulalter				*Werksinn gg. Minderwertigkeitsgefühl*	Arbeitsidentifikation gg. Identitätssperre			
V Adoleszenz	Zeitperspektiven gg. Zeitdiffusion	Selbstgewissheit gg. peinliche Identitätsbewusstheit	Experimentieren mit Rollen gg. negative Identitätswahl	Zutrauen zur eigenen Leistung gg. Arbeitslähmung	*Identität gg. Identitätsdiffusion*	Sexuelle Identität gg. bisexuelle Diffusion	Führungspolarisierung gg. Autoritätsdiffusion	Ideologische Polarisierung gg. Diffusion der Ideale
VI Frühes Erwachsenenalter					Solidarität gg. soziale Isolierung	*Intimität gg. Isolierung*		
VII Erwachsenenalter							*Generativität gg. Selbstabsorption*	
VIII Reifes Erwachsenenalter								*Integrität gg. Lebensekel*

Tab. 3: Entwicklungsmodell der Identität nach Erikson (1956, S. 150 f.)

und Integrationsvorgänge in der menschlichen Reifung. Eine persönliche Identität haben bedeutet, mit sich identisch zu sein beziehungsweise sich identisch zu fühlen, d. h., die eigene Gleichheit und Kontinuität zu erleben und gleichzeitig auch in Bezug auf die anderen Menschen dieses Identitätserleben rückbestätigt zu bekommen. Der Einzelne muss für seine Identitätsreifung immer wieder Erfahrungen in den verschiedensten Rollen des Lebens machen und aus den jeweils passenden erbgenetischen, psychologischen und sozialen Bedingungen eine Synthese bilden. Auf der Suche nach der eigenen Identität muss ein Individuum auch entdecken, woran es glaubt und was seine Ideale sind, um sich dann den von ihm erwarteten und von ihm erwünschten bzw. benötigten Rollenbezügen verbunden fühlen zu können.

Edith Jakobson (1964) behält die Sichtweise Eriksons der gesellschaftlichen Einpassung und damit die Bedeutung der Adoleszenz-Entwicklung für die Bildung der Identität bei: »Insofern das Konzept der Identitäts-Bildung den Akzent auf die Selbstrealisierung des Individuums legt, auf die Wahrnehmung seiner Möglichkeiten und seiner Rolle in der Gesellschaft, lenkt es unsere Aufmerksamkeit auf die Beziehungen zwischen Identität einerseits und Ich- und Überich-Identifizierungen und ihrem endgültigen Schicksal während und nach der Adoleszenz andererseits.« (S. 38) Allerdings betont sie den Schwerpunkt der adoleszenten Identitätsentwicklung weniger und geht davon aus, dass alle Entwicklungsstufen einen wesentlichen Beitrag zur Konsolidierung des Identitätsgefühles zu leisten haben.

Nach Modell (1968, 1975) sind früheste Formen des Identitätsgefühls omnipotente Phantasien, die eine Trennung von Selbst und Objekt ausschließen und zusammenfallen mit frühen Körperbildern. Das Zentrum des frühesten guten Identitätsgefühls bildet einen Teil des Selbst, in den das liebende Primärobjekt internalisiert wird. Die gute frühe Bemutterung, d. h. die geglückte Anpassung der Umgebung an die Bedürfnisse des Kindes (womit nicht Verwöhnung gemeint sein kann), ist nach Modell die Voraussetzung für die Entwicklung des Gefühls von Einzigartigkeit. Das Kind kann dann durch das sich vertiefende Identitätsgefühl mit zunehmender Reifung die Getrenntheit von anderen Personen und deren Grenzen ertragen. Die moderne Säuglings- und Kleinkindforschung hat ein neues Entwicklungsparadigma aufgestellt: Ihre Ergebnisse (Stern, 1985; Sander, 1989; Dornes, 1993) zeigen uns, dass die Selbst-Entwicklung einer ständigen Veränderung im Wechselspiel zwischen dem Empfinden von sich selbst und der Bezogenheit auf andere unterworfen ist und dass sich die Selbst-Struktur in diesem Sinne immer wieder neu organisieren muss. Der Säugling und die Pflegeperson bilden ein sich entwickelndes interaktionelles System. Der Säugling verfügt über angeborene Muster sozialer Reaktionsbereitschaft, wodurch Mutter und Kind von Anfang an auf soziale Interaktionen vorbereitet sind. Sowohl die frühe Bezugsperson als auch das Kind haben eine eigene Kompetenz, das Verhalten des anderen zu beeinflussen und aufrechtzuerhalten. Die sich insgesamt daraus entwickelnde Individualität des Kindes ist das Ergebnis des Zueinanderpassens von Säugling und Umwelt. Das Erleben von Autonomie entwickelt sich stets in Verbindung mit einem zunehmenden Gefühl von sozialer Verbundenheit. Der affektive Austausch mit der Bezugsperson findet zunächst auf vorsprachlicher Ebene statt. Die Befunde der Entwicklungsforschung legen nun nahe, dass das interaktive Modell der Entwicklung das ganze Leben hindurch wirksam bleibt. Emde (1988) definiert das Selbst in Anlehnung an Erikson als Prozess und unterscheidet dabei insgesamt drei dynamische Komponenten des Selbstgefühls: 1. die Erfahrung des Selbst, 2. die Erfahrung des anderen und 3. die Erfahrung des Selbst mit dem anderen, das »we« oder »we go«. Er sieht in den Befunden der Säuglingsforschung über die Entwicklung des Selbst bzw. des Selbstgefühls das Identitätskonzept von Erikson bestätigt. Identität verstand Erikson als eine Folge von Regulationen zwischen dem Einzelnen und einer wechselnden psychosozialen Umwelt.

Mahler, Pine und Bergmann (1975) verwenden den Terminus Identität, um die früheste Wahrnehmung des Daseinsgefühls zu beschreiben: »Es ist nicht ein Gefühl, wer ich bin, sondern daß ich bin – als solches ist es der erste Schritt auf dem Weg zur Entfaltung der Individualität.« Zu Beginn der zweiten Hälfte des zweiten Lebensjahres bildet sich das Bewusstsein des Kindes heraus, ein getrenntes Selbst zu sein. Vor allem die experimentelle Exposition

eines Kindes vor einem Spiegel hat die Entwicklung der Selbst-
erkenntnis beim Kleinkind geklärt. Mit 18 bis 20 Monaten erkennt
das Kind sein eigenes Spiegelbild. Zwischen 6 und 12 Monaten reagieren Kinder noch mit Lachen auf das Spiegelbild und halten es
für einen Spielkameraden.
Ich erwähne nochmals Winnicott (1967), der das Gesicht der Mutter für den Vorläufer des Spiegels hält. Er beschreibt die Funktion
der Spiegelung so, dass es dem Kind oder auch dem Mitglied einer
therapeutischen Gruppe ermöglicht wird, sein wahres Gesicht,
seine Gefühle für sein Selbst im Gesicht der Mutter oder der anderen Gruppenteilnehmer wiederzufinden. Doch was erblickt das
Kind, das der Mutter ins Gesicht schaut?»Die Mutter schaut das
Kind an, und wie sie schaut, hängt davon ab, was sie selbst erblickt.«
(S. 129) Das Kind kann demnach sein Selbst nur wahrnehmen,
wenn dieses durch die Mutter (Gruppe) zurückgespiegelt wird,
und zwar so, wie die Mutter das Kind sieht. Das Kind sucht also im
anderen sich selbst (reziprokes Spiegeln). Für ihn entwickelt das
Kind mit der Aneignung der Sprache allmählich die Fähigkeit zur
Trennung, zur verbindlichen Abgrenzung und zur selbstständigen
Kommunikation (Winnicott, 1994). Identität ist somit ein Produkt
des Trennungsprozesses und der Art, in der dieser erlebt und verinnerlicht wurde. Die Konturen der Identität des Individuums und
der Bezugsgruppe klären sich also in Beziehungen und im Trauer-
prozess der psychischen Trennungsschritte. Lichtenstein (1977)
sagt:»Das Kind ist das Organ, das Instrument für die Erfüllung der
unbewußten Bedürfnisse der Mutter. Aus der unendlichen Vielfalt
von Möglichkeiten, die im menschlichen Kind schlummern, wird
durch die spezifische Stimulus-Kombination, die von der individuellen Mutter ausgeht, ein Weg, und nur einer, dieses Organ oder
Instrument zu sein, ausgelöst.« (S.78) Diese dem Kind von der
Mutter eingeprägte Identität ist beispielsweise an Hand der oben
geschilderten Fallvignette des chinesischen Gruppenteilnehmers
deutlich nachzuvollziehen.
Schließlich heißt es ganz allgemein, dass es zur Stiftung einer Identität nicht nur des (bedeutsamen) Anderen bedarf, sondern auch,
damit dieser Gestalt gewinnen kann, der symbolischen Interak-
tionsstrukturen und Sinnkategorien einer Gesellschaft. Möller

spricht in Anlehnung an Foulkes von einer Matrix, der unbewussten Verbindung von Gruppen, Paaren, Familien und sozialen Strukturen, einem so genannten »Wir-Ich«, mit dem der Einzelne an seine soziale und kulturelle Umwelt unbewusst gebunden ist. Auch er macht die Beobachtung vor allem in Paartherapien, dass sich die Grundstruktur der Identität immer nur im reziproken Austausch mit dem bedeutungsvollen Anderen bilden kann. Kohut (1971) vertritt sogar die Ansicht, dass wir zeitlebens so genannte Selbstobjekte benötigen, die eine narzisstische Spiegelungsfunktion übernehmen. Die reifere Form der Spiegelerfahrung setzt seiner Auffassung nach allerdings eine psychische Trennungserfahrung vom Objekt (getrennte Selbst- und Objektrepräsentanzen) voraus, um sich im Spiegel des Anderen selbst (symbolisch und real, s. o.) entdecken zu können.

Paul Parin (1976, 1978) hat mit dem von ihm formulierten Begriff des Gruppen-Ich auf die Bedeutung der Identifizierungen mit gleichaltrigen, horizontalen Gruppen, bei denen geschwisterliche Gefühle vertieft werden, hingewiesen. Gleichzeitig ist die Introjektion der elterlichen, vertikalen Objekte für die Integration und Identität des Ichs unerlässlich. Der Ethno-Psychoanalytiker Parin betont also die Wechselwirkung zwischen den individuellen Identifizierungsprozessen und der kollektiven, besonders nationalen Identitätsbildung. Die Volkszugehörigkeit ist ein wichtiger Bezugspunkt der Ich-Identität. Eine Einwanderungsgesellschaft hat die oftmals schwierige Aufgabe, die Grenzziehung der eigenen Identitätsschwelle nach außen zu erhalten und gleichzeitig die Integration fremder Lebensarten und Weltanschauungen zu bewältigen. Die liberalere Einstellung unserer westlichen Gesellschaft ist dann wiederum für Migranten eine große Herausforderung und birgt manche Gefahr. So sucht mich zum Beispiel eine 17-jährige türkische Schülerin in einer akut suizidalen Krise auf. Sie leidet seit Jahren unter Schlafstörungen, Kopfschmerzen und Alpträumen, *jetzt weiß ich im Leben nicht mehr weiter, die einzige Erlösung ist der Tod.* Sie lebt in der dritten Generation einer Einwanderungsfamilie in Deutschland. Ihre relativ liberale Entwicklung in der Kindheit wird seit Beginn der Pubertät plötzlich seitens der Eltern »patriarchalisch« abgeblockt. Sie ist verliebt in einen Mitschüler deutscher Herkunft und befindet sich in einem unerträglichen Loyalitätskonflikt mit ihrer Ursprungsfamilie, in der es in der unmittelbaren Geschichte noch »Zwangsverheiratungen« gab, an die sich die Mädchen, auch ihre Mutter, zu halten hatten. Die Liberalisierungsschwelle, sich von der kulturellen und religiösen Identität ihrer Familie zu lösen, um ihren individuellen Neigungen nachzugeben, kann dieses Mädchen – wie viele andere junge Menschen aus einem fremden Kulturkreis – nicht überwinden. In der Krisenintervention zeigt sich, dass die frühe Mutter-Tochter-Bindung, die hier eng verstrickt und gleichzeitig auf Grund der eigenen Ängste und Selbstwertprobleme der Mutter nicht Halt gebend war, den Liberalisierungsprozess nicht wirklich stützen konnte. Die Mutter hatte sich selbst eher imitatorisch den westeuropäischen, liberalen Rollen angepasst und konnte eine echte Integration in ihrem eigenen Leben psychisch nicht leisten. Die kollektive und die persönliche Identitätsentwicklung ist für die Jugendliche in der Heftigkeit der Pubertätsproblematik zunächst zum Stillstand gekommen. In der therapeutischen Situation ist es von besonders großer Bedeutung, dass die soziale Realität, die Matrix der Familienstruktur und die Tradition in der Genese von psychischen Konflikten und Konfliktlösungen angemessen berücksichtigt wird. Ein besonderer Aspekt in dieser Fallvignette ist das Verständnis für die kulturspezifische Ausformung der erlaubten Triebbefriedigung und Phantasien. Das soziale Über-Ich, das sich neben dem archaischen und dem ödipalen Über-Ich bildet, sichert entsprechend den Regeln der sozialen Gruppe die kulturelle Identität ab und verhindert beim Einzelnen übermäßige Trennungsangst beziehungsweise Angst vor Verurteilung, Strafe und Ausstoßung aus den vertrauten Bindungen. Jeder Wechsel des sozialen Ortes und kulturellen Raumes muss notwendigerweise Folgen für das Identitätserleben und die steuernden Funktionen des menschlichen Selbst haben. Es kann zu so großen Erschütterungen kommen, dass das eigene Erleben in einem fremden Staat in der Notwendigkeit der inneren Umstrukturierung als ein Gefühl des sozialen Sterbens verarbeitet wird. Mögliche Schutzmechanismen gegen diese Erschütterungen sind Anpassungsleistungen des Ichs, wie sie Parin (1978) analog zu neurotischen Abwehrmechanismen beschreibt. Der Einzelne ist geprägt je nach seiner Herkunft von verschiedenen Über-Ich-Strukturen. Der Prozess der Migration, der Wechsel des individuellen kulturellen Lebensraumes, bringt das Individuum in einen Zustand der Desorganisation. Der Wegfall der anderen Vertrauten, wie zum Beispiel bei dem chinesischen Studenten und der türkischen Schülerin, die eine psychosoziale Identität bestätigend und teilhabend absichern, muss das narzisstische Gleichgewicht des betreffenden Menschen erschüttern. Im therapeutischen Dialog besteht nun die Möglichkeit, dem Migranten einen Raum anzubieten und mit ihm gemeinsam zu entwickeln, in dem dieser die Realität der eigenen Subjektivität und Lebensgeschichte möglichst umfassend wieder erleben kann. In diesem Raum besteht die Chance, den psychischen Schmerz der eigenen Zerrissenheit zu erfahren und zu ertragen. Die Fragmente der Lebensgeschichte, ihr Sinn, ihre Störungsanteile und deren Zuordnung können dann besser verstanden und verarbeitet werden. Das therapeutische Setting (in der therapeutischen Gruppe oder in der Einzelsituation) wird zum Container (Bion, 1990), in dem die Transformation von Wissen so stattfinden kann, dass der Patient seine eigene Wahrheit erfährt. Es kommt also auf die Wiederherstellung eines Gefühles des Sich-Selbst-Gewiss-Seins an. In diesem Prozess kann dem Ich verloren gegangenes Wissen aus der eigenen Geschichte, das einen Teil des Erlebens der Ich-Identität ausmacht, wieder zugänglich und verfügbar werden. Die Entstehung der Identität ist ein äußerst umfassender, im Grunde nie endender und immer in Bewegung befindlicher Prozess. Nur wenige innere Fragen finden eine bewusste Antwort auf das »Wer bin ich?« oder »Wer bist du?« im Austausch mit sich und den anderen, was wir stets brauchen, um in unseren verschiedenen Rollen die täglichen Herausforderungen des Lebens zu bewältigen. Im ganzen Leben wird unsere Identität immer wieder in Frage gestellt und verändert. Es kommt dann sehr darauf an, wie das persönliche Identitätserleben zustande gekommen ist, wie stabil die Basiserfahrungen der frühen Lebensgeschichte sind, wo Einbrüche, Risse, unüberwindbare Schwellensituationen erfahren werden mussten und Schwachpunkte, Störungen und tiefe Defizite in unserem Persönlichkeitsaufbau entstanden sind. In der gesunden Reifung der Persönlichkeit kommt es dabei sehr stark auf geglückte frühe Bindungserfahrungen an und auf die Veranlagung und Kompetenz des Individuums, das vorhandene Gute auch gut zu nutzen, was uns nicht zuletzt die Säuglingsforschung lehrt. Je nach Qualität der inneren Objekte und der angebotenen Objektbeziehungen, die der Einzelne dann auch in der Lage ist in sich aufzubauen und zu festigen, wird es eine lebendige, gleichzeitig stabile und auch flexible Identitätsentwicklung geben oder eben eine durch Identitätskrisen gequälte Lebensgeschichte. Deneke (1989) hat sich mit dem Identitätserleben eingehend befasst. Anknüpfend an das, was Federn (1956) Ich-Gefühl nennt, spricht er von einem in der Regel unreflektierten, unmittelbar gegebenen Existenzgefühl: *Ich bin ich; ich bin als Person derselbe, der ich früher war und in Zukunft sein werde.* Es geht dabei um die Kontinuität als Person in zeitlicher, räumlicher und kausaler Hinsicht und um die Frage: »Wer bin ich? Welche Eigenschaften machen mich zu dieser spezifischen, einmaligen und unverwechselbaren Person, als die ich mich erlebe? Die Gesamtheit aller Phantasien, Gedanken, Gefühlserfahrungen, Erinnerungen etc., die als unverzichtbare Elemente unsere persönliche Eigenart ausmachen, nenne ich das *Identitätsselbst*.« Deneke misst den verschiedenen Selbstrepräsentanzen eine subjektiv unterschiedliche Bedeutung zu, d. h., diejenigen Selbstrepräsentanzen, die das Identitätsselbst bilden, sind am bedeutsamsten. »Werden die positiven Aspekte des Identitätsselbst belebt, fühlt sich das Selbst besonders verletzbar und damit gefährdet, weil es diese Selbstanteile unbedingt erhalten muß. Werden sie entwertet, als falsch entlarvt oder zerstört, ist mit dem Identitätsselbst die ganze persönliche Existenz bedroht.« Es kann bei narzisstisch sehr gestörten Menschen zu Fragmentierungsängsten kommen, wie dies von Kohut beschrieben wurde. Bei Menschen mit einem extrem negativen Selbstbild dürfte in diesem Sinne eine besondere Verletzlichkeit vorliegen, sodass es unter Umständen zur schweren Fragmentierung im Sinne einer psychotischen Dekompensation kommen kann.

III. Differenzierung von normalen und pathologischen Prüfungs- und Schwellenängsten in Bezug auf phasenspezifische Konflikte und Defizite

1. Allgemeine Überlegungen

Die psychische und psychosoziale Entwicklung geht selbstverständlich nach dem Abschluss des ersten Zyklus der Kindheitsentwicklung und der Adoleszenz weiter. Aus jeder neuen Entwicklungsstufe werden die frühen Konfliktlösungen angesichts neuer Entwicklungs- und Bewältigungsaufgaben ständig einer Revision unterzogen und lebenslang umgestaltet. Die Persönlichkeit eines psychisch gesunden (beweglichen!) Menschen befindet sich in einem ständigen Entwicklungsprozess im Zuge des Ausgleichs zwischen äußeren Anforderungen und innerem unentwegt neu zu regulierenden Gleichgewicht. Die ersten Konfliktlösungen bilden allerdings die Basis, auf die im späteren Leben immer wieder zurückgegriffen wird und die im bewussten Verhalten und vor allem im unbewussten Erleben immer wieder in Erscheinung treten.

Im Falle von pathologischen Schwellen- und Prüfungsängsten stellt sich grundsätzlich die Frage, auf welche Ebene der Gefahreneinschätzung der Geängstigte jeweils regrediert ist. Fühlt er sich bedroht durch eigene unkontrollierbare Energien, Impulse und Triebe, die so genannte Triebangst? Geht es um die Bedrohung durch die Bestrafung dieser Triebwünsche, also um Gewissensangst, oder um einen drohenden Verlust, Trennung und Verlassenheit? Ist eine narzisstische Kränkung zu befürchten? Oder die Wiederkehr eines Traumas? Oder ist eine Problematik der Adoleszenz bzw. Spätadoleszenz angesagt? Oder geht es ums Älterwerden? In der psychoanalytischen Entwicklungspsychologie des Menschen werden charakteristische Konflikte und die spezifischen dazugehörigen Ängste beschrieben: 1. Die psychotische Angst, d. h. Angst vor Vernichtung durch Fragmentierung oder Verschmelzung, es kommt zum Integrations- und Identitätsverlust. 2. Die Angst vor Selbstverlust, d. h. das eigene Selbstgefühl zu verlieren. 3. Die Angst vor Objektverlust (man spricht vom so genannten mittleren Strukturniveau, in dem bereits eine Objektkonstanz im Sinne einer Integration von Gut und Böse erreicht, aber noch durch Belastungssituationen sehr labil ist). Das ist die Angst, den ›bedeutsamen Anderen‹ zu verlieren. 4. Die Angst vor Triebüberflutung, was sich später z. B. in einer Zwangsneurose abbilden kann. 5. Die Angst vor dem Verlust der Liebe des Objekts, was z. B. in einer neurotischen Depression das zentrale Konflikterleben darstellt. 6. Die Angst vor Autonomieverlust, sich also unterwerfen zu müssen. 7. Straf-Über-Ich-Angst als Ergebnis z. B. feindseliger Impulse gegen die Bezugspersonen, die zur Angst vor Bestrafung führen kann. Die Unterschiede in der allgemeinen Angsttoleranz sind je nach Strukturniveau erheblich. Oft fehlt die Fähigkeit zur Differenzierung der Angst, und dann kommt es zur Angstüberflutung.

Der ICD-10-Diagnosenthesaurus (2000) teilt die Krankheiten mit vorherrschender Angst nach Symptomatik und Verlauf ein: 1. Phobien (Agoraphobie, soziale Phobien, Tierphobien, Klaustrophobie), 2. Panikstörung (Panikattacken, Hyperventilationsanfall, meist in Verbindung mit Phobie, Angstneurose oder Depression), 3. Angstneurose (generalisierte Angststörung mit Befürchtungen, motorischer Spannung, vegetativer Übererregbarkeit), 4. Herzangstneurose, Psychovegetatives Syndrom (undifferenzierte Somatisierungsstörung), Hypochondrie. Der Arbeitskreis OPD (1996) verwendet die Einteilung von der Persönlichkeitsstruktur auf drei Niveaus, nach deren Kriterien sich Persönlichkeiten und deren manifeste Neurose voneinander unterscheiden. Die Ebenen lauten: gut integriert, mäßig integriert, gering integriert. Entsprechend dieser Ebenen unterscheiden sich auch die Kriterien und Qualitäten der Angst. Bei der gut integrierten Persönlichkeitsstruktur (ödipalneurotisches Niveau) überwiegen Überich-Angst (Angst, Anforderungen nicht zu genügen, Gebote zu verletzen, zu versagen oder bestraft zu werden), die Angst vor Verlust der Liebe des Objekts (Liebesentzug) und die Kastrationsangst (Angst vor körperlich-seelischer Verletzung, vor Beschämung oder Einschränkung der motorischen und sexuellen Expansion). Die Angst wird dabei nicht als überwältigend erlebt, sondern ist in Symptomen oder Charakterphänomenen gebunden, wie zum Beispiel in der hysterischen Neurose, einer reiferen Ausformung der Phobie, der Zwangsneurose oder einem depressiven Charakter. In Beziehungen, der Arbeit und der Freizeitgestaltung gibt es durchaus konfliktarme und kreative Lebensmöglichkeiten, es bestehen Objektkonstanz und triadische Beziehungen, allerdings mit der Schwierigkeit, Bindungen zu verschiedenen Personen zu integrieren. Trennungen sind im Erleben verarbeitbar, die Fähigkeit zur Einfühlung in andere ist ebenso wie die Fähigkeit zu vertrauen entwickelt. Bei einer mäßig integrierten Persönlichkeitsstruktur (mittleres Strukturniveau) steht die Angst vor dem Verlust des Objekts im Vordergrund. Es kommt oft zu anklammerndem Verhalten an das Objekt, die Patienten fühlen sich in ihrer zumeist generalisierten Angst hilflos und neigen zur Somatisierung. In diesem mittleren Strukturniveau findet man viele narzisstisch gestörte und psychosomatisch erkrankte Menschen oder Personen mit einer Angstneurose, wie sie oben im Beispiel meiner 30-jährigen Patientin geschildert wurde. Die Objektkonstanz ist zwar entwickelt, aber sehr störbar. Dennoch bleibt der innere Dialog mit dem Objekt trotz mannigfacher Konfliktsituationen erhalten, und die Objektabhängigkeit ist stark ausgeprägt. Trennungen werden vor allem bei den Angstneurosen als sehr bedrohlich erlebt, und stützende Objekte sind oft austauschbar und müssen real präsent sein. In der Kategorie der »gering integrierten« Persönlichkeitsstruktur (Borderline-Persönlichkeitsorganisation) finden sich schwere narzisstische und schizoide Persönlichkeitsstörungen, Menschen mit einem Borderline-Syndrom, mit masochistischen Depressionen oder Suchterkrankungen. Hier dominiert die Angst vor Vernichtung und Desintegration (Selbstverlustangst), und sie wird als diffus und überflutend erlebt. Objektkonstanz ist nicht gegeben, die Objekte werden funktionalisiert zur Selbstwertregulation und zur Bedürfnisbefriedigung. Nähewunsch und

Näheangst sorgen fast zeitgleich für unerträgliche innere und nach außen in die Beziehungswelt verlagerte Spannungen, sodass es häufig zu Beziehungsabbrüchen und Kränkungsaggressionen kommt. Bei einer vierten Gruppierung, der desintegrierten Persönlichkeit, kommt es zur psychotischen Konfusion von Selbst- und Objektbildern und der Angst vor vollständiger Vernichtung des Selbst. Ich möchte nun die verschiedenen Entwicklungsphasen, in denen Störungen hauptsächlich entstehen können, mit den jeweils spezifischen Konflikten näher betrachten.

2. Adoleszenz und Spätadoleszenz

Wegen des immens großen Entwicklungssprungs, der sich nach der Latenzphase ereignet (Fuchs, 2000), beginne ich zunächst mit der **Adoleszenz.** In diesem Alter zeigt sich eine der wohl heftigsten Schwellensituationen in Form eines Reifungsschubs, der in der menschlichen Identitätsbildung geleistet werden muss. Der Begriff Pubertät kennzeichnet den Übergang vom Kind zum Erwachsenen mit all seinen Wandlungsschritten des Menschen als Subjekt und als Mitglied der Gesellschaft. Hormone bewirken heftige körperliche Veränderungen. »Die Pubertät wird durch eine Aktivierung des gonadotropen Systems eingeleitet und gesteuert. Dieses umfasst das zentrale Nervensystem, den Hypothalamus, die Hypophyse sowie die Gonaden (Hoden bzw. Ovarien) ... Durch die Pubertät werden nicht nur sekundäre Geschlechtsmerkmale und Wachstumsschub beeinflusst, es finden auch Veränderungen der Hirnreifung und Spezifikationen der neuronalen Netzwerke statt.« (Resch, 2002, S. 56–57) Veränderungen kognitiver und affektiver Prozesse sind die Folge, »das konkret anschauliche Denken wird durch das Denken in formalen Operationen abgelöst. Dadurch erhält der Jugendliche die Fähigkeit, Hypothesen zu bilden, zu falsifizieren und zu verifizieren, Lösungsprobleme in Einzelschritten zu entwickeln und logische Schlüsse zu ziehen. Das soziale Wissen wird erweitert, für das soziale Echo und die öffentliche Anerkennung besteht ein besonderes Interesse.« (Resch, 2002, S. 57). Die Einfühlungsfähigkeit in andere Menschen und das Zeitempfinden zeigen gravierende Fortschritte. Die Pubertät stellt somit eine Entwicklungsphase mit vielen Risiken und Chancen im Selbstfindungsprozess dar. Durch die hormonelle Veränderung kann es zur erhöhten Erregbarkeit und zu Problemen bei der Affektsteuerung kommen, der neu erworbene innere Erfahrungsspielraum kann unter Umständen eine Überforderung für die von außen erwarteten Anpassungsleistungen darstellen. Die adoleszente Psyche hat demnach wesentliche Entwicklungsaufgaben zu bewältigen. Erikson (1959, 1968) sieht die zentrale psychologische Thematik der Jugend in der Bildung der Ich-Identität. In der Jugend hat das Individuum die Möglichkeit, durch freies Experimentieren mit verschiedenen Rollen einen authentischen Platz in der Gesellschaft zu suchen und letztlich zu finden. Erst dann kommt es im jungen Erwachsenenalter zum sicheren Gefühl innerer und sozialer Kontinuität und damit Identität. Blos (1973, 1990) hat aus seinem reichhaltigen Erfahrungsschatz in psychoanalytischen Behandlungen von Jugendlichen seine wichtigen Erkenntnisse über die Adoleszenzentwicklung gewonnen. Er betont die fortschreitende Anpassungsleistung an die neu gewonnenen inneren und äußeren Zustände der Pubertät nach der psychosexuellen Kindheitsentwicklung. Durch die Wiederbelebung regressiver infantiler Beziehungsformen und Bedürfnisse eröffnet sich für den Jugendlichen die Chance, neue kreative Lösungen alter infantiler Konflikte auszuprobieren. Laufer (1980) hebt die Bedeutung der Auseinandersetzung mit dem sexuell reiferen Körper hervor. In der Masturbation und den Onaniephantasien sieht er das jugendliche Probehandeln als eine aktive Prüfung, welche sexuellen Vorstellungen, Emotionen oder Befriedigungsmöglichkeiten für das Über-Ich akzeptabel sind und welche verworfen werden müssen. Laufer unterscheidet dabei strikt die normale Adoleszenz von einer pathologischen Entwicklung, bei der es zu einem völligen Zusammenbruch nach der körperlichen Reifung kommen kann. Werden die prägenitalen Bedürfnisse zu heftig, kann der junge Mensch die Masturbation und deren begleitende Phantasien nicht mehr zum Probehandeln nutzen, sondern – im Gegenteil – der sexuelle Drang wird zum überwältigenden Feind, der das seelische Gleichgewicht zu zerstören droht. Die Ablehnung des sexuellen Körpers kann zum Bruch mit der Realität und damit zu psychotischen oder perversen Entwicklungen führen. Sowohl Laufer als auch Blos betonen die Wichtigkeit der Bewältigung frühkindlicher Konflikte für den Ausgang des Pubertätsprozesses. Je eindeutiger die (ggf. neurotischen) Abwehrmechanismen das seelische Gleichgewicht aufrechterhalten können, desto weniger gravierend wird eine weitere pathologische Entwicklung einsetzen, bzw. je früher der Zusammenbruch in der Pubertät geschieht, desto gestörter wird die weitere Adoleszenzentwicklung verlaufen. Bohleber (1996) bemerkt zu Laufers Folgerungen allerdings kritisch: »... geraten aufgrund der theoretischen Folgerungen und Ableitungen, die Laufer und Laufer für den allgemeinen Adoleszenzprozeß vornehmen, die Entwicklungschancen, Ressourcen und kreativen Lösungsmöglichkeiten, die auch der psychopathologisch vorbelastete Adoleszente haben kann, meiner Ansicht nach doch etwas aus dem Blickfeld« (S. 20).

Die Herausforderung der Adoleszenz wird also sehr oft als schwer zu bestehendes Prüfungsgeschehen bzw. als riesige Schwelle erlebt und stellt damit auch eine Verschärfung für die natürliche Reifungskrise dar, an der ein junger Mensch scheitern oder sich auch entwickeln kann. Das physiologische Wachstum und der damit verbundene Triebschub in der Adoleszenz, die Reifung der Sexualorgane und die wachsende Muskelkraft, mit der auch körperliche Gewalt ausgeübt werden kann, sind mit einem noch infantilen Ich konfrontiert. Es kommt zur Umstrukturierung des Körperschemas, d. h., die körperlichen Veränderungen müssen in das bisherige Körperbild, in die Selbstrepräsentanzen und in die künftigen Objektbeziehungen integriert werden. Der Kontakt zu den Bezugspersonen der Kindheit (Eltern, Pflegepersonen) wird drastisch verändert, sowohl ödipal-libidinöse als auch aggressive Strebungen machen eine Reorganisation von Über-Ich und Ich-Ideal im Rahmen des Ablösungsprozesses von den primären Liebesobjekten unerlässlich. Omnipotenzphantasien in Form von Tagträumereien spielen im Entwicklungsprozess der Adoleszenz eine große Rolle. Der junge Mensch muss mit schweren Insuffizienzgefühlen fertig werden, die im Zusammenhang stehen mit der adoleszenten Ich-Schwäche. Diese kommt dadurch zustande, dass die kindliche Orientierung an elterlichen Maßstäben und Verhaltensregeln allmählich in den Hintergrund tritt, d. h., das reale oder durch internalisierte Eltern erteilte Lob steht nicht mehr in dem Ausmaß wie bisher zur Verfügung. Der Jugendliche ringt um eine eigene, persönliche Interpretation der Welt und erlebt sich in dieser Phase labil, geschwächt und unsicher. Der innerseelische narzisstische Notstand muss also durch Größenphantasien und Illusionen vorübergehend kompensiert werden. Der adoleszente Entwicklungsprozess ist vielen Gefahren ausgesetzt, und es ist manchmal nicht einfach zu entscheiden, inwieweit er in sich selbst einer ursächlichen Störung unterliegt oder ob es sich überwiegend um pathogene Vorläufer aus der bisherigen Lebensgeschichte handelt, in deren Folge auch die Pubertätsphase nicht gelingen kann. Hierzu ein Beispiel: Ein Jugendlicher beschäftigt sich, bestärkt durch seine Peer-group, so exzessiv mit der Weltgeschichte, dass er in allen anderen Schulfächern versagt. Es gibt für ihn nur noch diese eine Welt. Er ist der »große Historiker«, und er verliert sich dadurch in seinen Größenphantasien und Tagträumereien. Die verloren gegangene elterliche Stütze wird durch den Rückhalt in seiner Gruppe von Gleichaltrigen ersetzt, deren Ideal es ist, sich gegen die Weltanschauung der »Alten« zur Wehr zu setzen. Weltgeschichte wird zur »Waffe« gegen die Engstirnigkeit und den Dogmatismus des extrem strengen und leistungfordernden Vaters. Dieser fordert v. a. jetzt in der einsetzenden »gefährlichen« Pubertät eine »straffe und ehrgeizige« Schullaufbahn seines Sohnes, die der Jugendliche verweigert. In der Gruppe fühlt er sich gestärkt und »steht drüber«, doch bleiben die narzisstischen Gratifikationen im Alltag durch äußere Leistungserfahrungen und Erfolge aus, er gerät wegen der schlechten Zensuren in heftige Schulangst, seine trotzige Verweigerungshaltung als Schutzmechanismus bricht in sich zusammen. In dieser narzisstischen Krise und seinem verunsicherten Identitätserleben gerät er in einen unerträglichen Leidensdruck und kommt schließlich sehr motiviert zur Therapie. Die kompensatorische Fixierung auf seine Tagträume und Größenphantasien können nun in einer tiefenpsychologisch fundierten Langzeitbehandlung aufgefangen, verstanden und verarbeitet werden. Während der Therapie hat dieser Jugendliche zur Verwunderung anderer Kontaktpersonen häufig sehr spannungsgeladene Prüfungsangstträume *nach* geglückten Schulaufgaben. Abwechselnd mit diesen Träumen will er in anderen manifesten Traumbildern *fliegen, immer höher und höher, aber ich schaff das nicht, eine bestimmte Höhe zu erzielen.* Allmählich verliert seine Gruppe von Gleichaltrigen die übermäßige Macht über ihn, und er baut sich ein eigenes individuelleres Weltbild auf und erweitert seinen inneren Spannungsraum.

In diesem geschilderten Fallbeispiel war meines Erachtens der adoleszente Entwicklungsprozess vorwiegend in sich pathogen und stand auf einer relativ gesicherten früheren Entwicklungsbasis. Haas (2000) setzt etwas holzschnittartig folgenden Akzent, wenn er meint: »Jugendlichen, die nicht erwachsen werden wollen oder können, mangelt es womöglich weniger an basaler Ausstattung als vielmehr an jenem, was frühere Generationen befähigte oder verlockte, wie ihre Eltern werden zu wollen. Es gab die geheiligte Tradition, das Leben nach Art der Väter und den Wunsch, mit Hilfe der Riten in diese Welt hineinzuwachsen.« Seiner Auffassung nach setzen Rituale sowohl individuell (Ich-Ideal, Überich) als auch kollektiv einen Markierungspunkt in der menschlichen Entwicklung, an dem es keine »Umkehr« in eine symbiotische frühkindliche Welt mehr geben kann oder soll. Identitätsstiftende Rituale im Sinne einer Kultursicherung treten heute in unserer sich rasch verändernden Welt durch Liberalisierungsvorgänge, durch Pluralisierung, Globalisierung und Medialisierung als grundsätzlicher Halt für eine kulturelle kollektive Identität mehr und mehr in den Hintergrund. Das Bild der Identitätsdiffusion, das früher psychopathologisch als Krankheitsbild aufgefasst wurde, zeigt sich heute nach Haas in der Adoleszenzentwicklung eher als ein vertrautes, soziokulturell bedingtes Phänomen unserer Zeit. Erdheim (1992) fasst einige seiner Überlegungen bezüglich der Gefahren einer erschwerten Identitätsfindung in der Adoleszenz thesenartig folgendermaßen zusammen: »1. Die durch den beschleunigten Kulturwandel zerstörten Identitätsformen setzen Angst frei: Orientierungslosigkeit, Sinnverlust, Verunsicherung, Ohnmacht breiten sich aus. 2. Diese Angst infantilisiert die Individuen, es erfolgt ein Rückgriff auf die bewährte psychohygienische Methode. Durch Spaltungsmechanismen werden die negativen eigenen Anteile auf das Fremde projiziert. Die Fremdenfeindlichkeit nimmt zu: Die

Fremden sind an allem Unglück schuld. 3. Diese Fremdenfeindlichkeit treibt die Individuen in erstarrte Identitätsformen zurück
(Rechtsradikalismus).« (S. 739)

Allerdings möchte ich einen kurzen Ausblick in neue Möglichkeiten einer sicheren Identitätsfindung in der Adoleszenz geben. Ist es
nicht sehr hilfreich und für die Entwicklung konstruktiv, die
Wandlungsfähigkeit und das multikulturelle Vernetzungserleben
von Eltern als Vorbilder für die Identifikation und damit die Schaf-
fung eines sinnvollen Weltbildes zu erleben? Hier ist die Elternge-
neration nicht statisch an Traditionen gebunden, sondern sie dient
durch ihre Lebendigkeit und Bewegung in der Geschwindigkeit
des Welterlebens als Vorbild. Hierin kann eine Halt gebende Umwelt wirksam sein und somit eine gesunde und positive Entwicklung angestoßen werden.

Erfolgt in der Jugend eine zu rigide Desillusionierung oder gibt es
zu wenig Entwicklungsraum, z. B. durch Arbeits- und/oder Per-
spektivelosigkeit vieler heutiger Jugendlicher, so entsteht massive
Angst – auf deren Psychodynamik werde ich auch später nochmals
zurückkommen – mit entsprechenden möglichen Auswirkungen
wie z. B. Gewalt, Jugendkriminalität, Suchterkrankungen und anderer Symptombildung in Form von Lernstörungen bis zum Schul-
versagen.

Für die 16-jährige Manuela stellen zum Beispiel die adoleszenten
Entwicklungsaufgaben eine zu hohe Schwelle dar, die sie in erster
Linie auf Grund ihrer früh gestörten Reifungsschritte nicht meistern kann. Ihre Mutter ist Alkoholikerin, der zur Gewalt neigende
Vater hat keine Arbeit, beide Eltern leiden unter einem sehr fragi-
len Selbst und wechselten seit Manuelas Geburt in ihrem Erzie-
hungsstil hin und her zwischen extremer Rigidität einerseits und
inkonsequenter Großzügigkeit andererseits, sodass keine Halt gebende Umwelt für das Kind und jetzt die Jugendliche zur Verfügung stand. Sie kommt zur Therapie, weil sie unerträgliche Angst
bis hin zu »Panikattacken« verspürt im Hinblick auf den anstehenden Schulabschluss. Sie leidet unter schweren Schlafstörungen,
Schwindelgefühlen, Schweißausbrüchen, Herzrasen, Übelkeit und
Angst vor Prüfungen (Testaten usw.) und *dass ich eine Versagerin
bin, das kenne ich schon immer.* Wegen ihrer Ängste vor Schulab-

schlussprüfungen und ihren Überlegungen, zur Prüfung nicht zu erscheinen, wird sie vermehrt von Vater und Mutter verbal und sogar körperlich misshandelt. Sie hat spontan das Bedürfnis, ihren mit Worten nicht zu beschreibenden Selbstzustand im Vorgespräch zu zeichnen (s. Abb. 13): Der weiblich wirkende, mit einem starren Lächeln versehene Kopf ist weit abgetrennt vom übrigen Körper, der *in der Luft hängt, ich war immer schon ein fünftes Rad am Wagen in der Familie.* Hände und Füße fehlen, es mangelt an Autonomie und an Bodenhaftung, die bislang pseudoprogressive Lebensbewältigung mit der starken Rollenumkehr in der Eltern-Kind-Beziehung als stilles, »pflegeleichtes« Einzelkind greift nicht mehr. Ihre eher schizoid anmutende Rückzugsneigung von Gleichaltrigen gibt ihr jetzt in der Pubertät auch keinerlei Halt durch eine Gruppe oder Clique, Manuela ist vollkommen allein. Starke Minderwertigkeitsgefühle, die Frage »Wer bin ich?« als Ausdruck einer verheerend verunsicherten Identität und bedrohlich erlebter Fragmentierungsangst, wie dies in dem gezeichneten Selbstbild zum Ausdruck kommt, quälen sie. Die Aufnahme einer analytischen

Abb. 13: »Selbstbildnis« (Manuela, 16 Jahre)

Jugendlichenpsychotherapie bringt eine erste Entlastung und gibt ihr Halt und mehr Geborgenheitsgefühl, fast gleichzeitig gelingt die Aufnahme in eine betreute Jugend-Wohngemeinschaft, die sie aus der »Sündenbockrolle« im Elternhaus erlöst. Die Container-Funktion der Therapie und der Wohngemeinschaft kann diesem Mädchen eine Brücke bauen, um ihren jugendlichen Narzissmus und die frühkindlichen Verletzungen in ihr nun wachsendes Selbst- und Identitätsgefühl allmählich zu integrieren. Der intelligenten Jugendlichen kommen auch der adoleszente Erwerb des abstrakten Denkens und ihre wachsende Reflexionsfähigkeit in der natürlichen mentalen Reifung zu Hilfe, sie erwirbt sich zunehmend narzisstische Bestätigung durch eigene Leistungen, wenn sie z. B. den Schulabschluss ein Jahr nach Therapiebeginn doch schafft und aufgrund eigener Leistung und Motivation eine Lehrstelle findet. Auf dem Boden der inzwischen tragfähigen therapeutischen Beziehung gewinnt sie allmählich so viel Sicherheit, dass sie ihre Autonomieschritte angstfreier und ohne Arbeitsblockaden riskiert und eine bessere Integration ihres Körper-Selbst in ihr Gesamterleben ausbilden kann. Ohne therapeutische Langzeithilfe hätte das Schicksal von Manuela unter Umständen tragische Ausmaße annehmen können.

Wie geschildert, setzt in der Adoleszenz nicht nur ein rasanter körperlicher Entwicklungsschub ein, sondern es nimmt auch die Fähigkeit zu, geistig zu reflektieren und abstrakt zu denken. Damit wächst auch die Kompetenz zur Bildung eigener Weltanschauungen und Ideologien, die wiederum den Loslösungsprozess aus der Primärfamilie fördern. Die verinnerlichte Objektbeziehungswelt wird mehr und mehr in ihrer Bedeutung auf das soziale Umfeld verlagert. Bei einer ungünstig verlaufenden Adoleszenzentwicklung besteht dann allerdings auch die Gefahr, dass die Jugendlichen den schmerzlichen Individuationsprozess nicht im Sinne einer Weiterentwicklung bewältigen und dann in ihren Ideologien als Ausdruck eines externalisierten Über-Ichs fixiert sind. Bereits für die frühkindliche Entwicklung gilt ja für die Wichtigkeit des Zueinanderpassens von Baby und Pflegeperson das reziproke Zusammenspiel von beiden. An die Stelle von Beziehungserfahrung in der Adoleszenz treten dann auch allzu oft die medialen Kommunikationsformen wie Computer, Internet, Fernsehen usw. Der so genannte »bedeutsame Andere« im Sinne Winnicotts antwortet nicht auf die sozialen Bedürfnisse des jungen Menschen nach Kontakt, und die Gefahr eines emotionalen Rückzugs in die Welt innerer Größenphantasien oder in eine mediale Sucht (unentwegtes Surfen im Internet, das Zappen beim Fernsehen usw.) erhöht sich vor allem dann, wenn ein frühes Unverstandensein durch neue, rasche Lebensformen reaktualisiert wird. Die primären Liebesobjekte bleiben dann unter Umständen *ideal*, während sich in der Außenwelt projektiv Hassobjekte finden lassen, die verfolgt und zerstört werden können. Wenn dann Gruppennormen mit gewalttätigen Ideologien oder auch idealisiertem Drogenkonsum usw. und die Spaltung von gut und böse aufrechterhalten bleiben, besteht die Gefahr einer Stagnation in der weiteren Entwicklung mit den unterschiedlichsten Ausformungen (z. B. Rechtsradikalismus, dissoziale Jugendgangs usw.), und die Bedrohung durch Kriminalität liegt auf der Hand. Diese Jugendlichen mit den bereits sich verhärtenden Charakterstrukturen kommen dann nur äußerst selten zur Psychotherapie, weil sie sich in ihrem Erleben von Nichtbeantwortung und Missinterpretation bestätigt sehen und die weggenommene »Freiheit« (Manuela) in der scheinbaren Grenzenlosigkeit agieren und nicht mehr in Frage stellen wollen. Entsprechend radikal und einengend sind dann freilich die Begrenzungsmaßnahmen von außen, wenn Jugendliche wegen krimineller Handlungen oder Suchtgefährdung in geschlossenen Einrichtungen (Gefängnis, Therapieauflagen usw.) gegen ihren Willen untergebracht werden müssen.

In der **Spätadoleszenz** hat sich vieles beruhigt und stabilisiert. Schulische Erfolge und zunehmende Sicherheit in neuen Objektbeziehungen unterstützen die Selbstwertregulation. Diese zunehmende psychische Reife ist die Voraussetzung, die entwicklungsspezifischen Aufgaben der Spätadoleszenz (ab etwa dem 20. Lebensjahr) in Angriff nehmen zu können. Es stehen unabdingbare Entscheidungen und Festlegungen an, nachdem das Stadium des Experimentierens mit verschiedenen Selbstentwürfen, Rollen und Verhaltensmustern vorübergegangen ist. Der Spätadoleszente verliert freilich an äußerer Stabilität (Eltern, Schule, Berufsausbildung usw.), wie er an innerer Flexibilität im Rahmen seiner Reifung gewinnt. Die Überprüfung von Wertvorstellungen und Inhalten des familiären und auch des kollektiven Lebens sowie auch die Art des Miteinanderumgehens und des Zusammenlebens sind neue Zielvorstellungen, die – wenn es gut geht – in eine neue Lebensform münden kann. Das Verwerfen vorgefundener Lebensformen durch z. B. die familiäre Tradition wird zu Gunsten eigener, kreativer Lösungen entfaltet. Statt Stagnation ist Entwicklung angesagt. Der junge Erwachsene ist spätestens jetzt damit konfrontiert, sich für einen Beruf zu entscheiden, sich vertiefend in eine Liebesbeziehung einzulassen und auch im Bereich des persönlichen Wertesystems eine Reihe von Festlegungen zu treffen: Politisch, ideologisch, religiös usw. Es wird eine unverwechselbare Charakterstruktur erkennbar. Aus der Frage *Was bin ich?* entsteht ein vertieftes Gefühl der eigenen, eindeutigen Identität mit der immer klarer werdenden Antwort: *Das bin ich!* Diese meist folgenschweren Entscheidungsprozesse sind schmerzlich und machen Angst. Vergangenheit, Gegenwart und Zukunft werden reale Größen, Endlichkeit und Sterblichkeit werden bewusster. Die damit verbundene Trauerarbeit ist das eine. Die narzisstische Bestätigung durch die erlangte psychische Kompetenz, mehr Verantwortung übernehmen zu können, ist das andere.

Dieser spätadoleszente Prozess der Identitätsfindung kann sehr erschwert sein durch innerseelische und äußere psychosoziale Bedingungen wie z. B. eingeengte Entfaltungsmöglichkeiten am Arbeitsplatz oder das Unpersönliche und die Anonymität einer Massenuniversität, die Anlass geben mögen zu chronischen Gefühlen von Ohnmacht und Bedeutungslosigkeit. So stellt z. B. die durchschnittliche Studienzeit zwischen dem 20. und dem 27. Lebensjahr ohnehin durch den Aufschub sozialer und gesellschaftlicher Verpflichtungen (für den eigenen finanziellen Unterhalt sorgen, Familiengründung usw.) eine partielle Entwicklungsverzögerung zugunsten einer besonderen Förderung vor allem des intellektuellen Bereichs der Persönlichkeit dar. Moeller (1969b) spricht hier von einer *Sozialadoleszenz.* »Den zum Typ erhobenen ewigen Studenten. Seine Problematik, nämlich endgültig die verschobenen sozialen Aufgaben und die damit verbundenen Konflikte eines jungen Erwachsenen zu übernehmen, steht im Zentrum der Therapie dieser Studenten. Er scheint nicht die Kindheit oder die Adoleszenz perpetuieren zu wollen, obwohl auch das der Fall sein kann. Er scheint vor allem an die junge Erwachsenenphase ohne soziale Verpflichtungen und ohne Verantwortung für andere fixiert zu sein. Vor den Belastungen und Ängsten durch soziale Aufgaben muß er sich zurückziehen. Mit den Worten eines Studenten: Er möchte sich weitere entscheidungsfreie Zeit sichern.« (S. 739)

3. Protrahierte Adoleszenz

Der größeren Möglichkeit zum Ausprobieren verschiedener Lebensformen einerseits steht eine Unsicherheit in der Identitätsfindung und Zukunftsplanung andererseits gegenüber. Hierdurch kann ein regressiver Prozess begünstigt werden, in dem die Lösung altersspezifischer Konflikte erschwert ist (und auch die erhöhte Suizidalität bei Studierenden im Gegensatz zu vergleichbaren Altersgruppen erklären hilft). An dieser Stelle möchte ich nochmals auf das Bild des »ewigen Studenten« zurückkommen. Hinter diesem Bewältigungsversuch kann sich so manch ein tief liegender unbewusster Konflikt verbergen, wie dies in dem Kapitel über die Arbeitsstörung bereits erwähnt wurde. Ist die sehr komplexe Arbeitsfunktion an sich schadhaft, so liegt eine tiefe Störung der Ich-Funktionen vor. Ist die Arbeitsfunktion an sich in Ordnung, so liegen bei einer manifesten Arbeitsstörung im Allgemeinen andere, unter Umständen auch aktuelle soziale bzw. durch eine aktuelle soziale Situation ausgelöste mehr oder weniger tiefgreifende Konflikte vor. So können z. B. in der modernen, einem raschen Wandel unterliegenden Wettbewerbsgesellschaft frühere (kindliche) Rivalitätsprobleme aktualisiert werden und ein gestörtes Verhältnis zur Arbeit hervorrufen. Bei einer relativ intakten Psyche sind diese Symptome leichter zu bewältigen als die oben erwähnten schweren Defizite bei einer schweren psychischen Entwicklungsstörung. Eine so genannte *protrahierte Adoleszenzentwicklung* kann in jedem Fall einsetzen. Blos (1954) beschreibt einen Typus von pathologisch protrahierter Adoleszenz als Krankheitsbild, das er bei College-Studenten aus der amerikanischen Mittelklasse fand. Bei diesen Menschen sind die Adoleszenz bzw. Spätadoleszenz nicht vorübergehender Natur, sondern ein festgefahrener Zustand. Der Spätadoleszente hat daraus einen »Way of Life« hergestellt, den er nicht mehr aus eigener Kraft verlassen kann. Diese Lebensform stellt einen Schutz dar vor zwei fatalen Alternativen: Regression oder Bruch mit der Realität als gewissermaßen psychotische Lösung oder Verdrängung und Symptombildung als neurotische Lösung. Vor diesem inneren Dilemma stehend wählt dieser protrahiert Adoleszente nach Blos das Offenhalten der adoleszenten Reifungskrise als unüberwindbare Schwelle und damit auch als Dauerzustand. So führt z. B. bei einer zu Behandlungsbeginn 49-jährigen Patientin die Suche nach mehr Gestaltungsraum im Rahmen ihres Studiums zu einem nicht enden wollenden Suchen nach einer »besseren Welt«, die sie natürlich nicht finden kann. Nach einem erfolgreich abgeschlossenen Soziologiestudium hatte sie die Universität nicht verlassen, sondern zwei weitere Studiengänge absolviert. Nicht eine Arbeitsstörung war also ihr Grundproblem, sondern ihre Angst vor einer verbindlichen Berufsverantwortung und einer festen Partnerbeziehung. Sie selbst nennt dies »panische Fluchtversuche«, wenn sie von ihren »spontanen Reisen und unendlich vielen Praktikas und Jobs« oder ihrer Unentschiedenheit auch in sonstigen Lebensbereichen berichtet. »Ich komme nicht zur Ruhe, obwohl ich andererseits bei meinen Leistungsnachweisen immer so erfolgreich bin!« Auch heute noch experimentiert sie mit diversen beruflichen Möglichkeiten, wie sie dies aus ihrer Studentenzeit kennt. Sie denkt im 50. Lebensjahr nach erfolgreich abgelegter Promotion an eine Habilitation und eine völlig neue berufliche Karriere. Sie besucht weiterhin Fortbildungsveranstaltungen und Seminare »weit unter Niveau« und verdient sich ihren spärlichen Lebensunterhalt mit Gelegenheitsarbeiten »wie beim Studentenschnelldienst«. Allerdings wächst nun hauptsächlich auf Grund ihrer ungeborgenen sozialen Situation und der brachliegenden beruflichen Zukunftsperspektive mehr und mehr ihr Leidensdruck, und sie begibt sich in eine analytische Psychotherapie. Ein Anlass, die therapeutische Sprechstunde aufzusuchen, waren *»grausame Prüfungsangstträume, wo ich im-*

mer durch ein Examen falle«. Sie leidet unter der ungeborgenen Situation und gleichzeitig unter ihrer quälenden Angst vor weiteren Schwellensituationen und »Lebensprüfungen«. Ihre immer noch spätadoleszente Lebensgestaltung hat sicherlich auch tiefere Wurzeln in der Kindheit, denn sie hatte ständig zu wenig Raum für sich. Ihre Eltern »wussten« schon bei ihrer Einschulung, dass sie Volksschullehrerin und damit Beamtin zu werden hätte, um »gesichert« im Leben zu stehen. Eine eigene Identitätsfindung war dadurch erheblich erschwert, sodass sie sich auch heute noch die Frage »wer bin ich und wo will ich hin« stellen muss. Das Treffen von Lebensentscheidungen erlebt diese Frau als »schwere Prüfung«, der sie sich »noch nicht« gewachsen fühlt.

Schließlich besteht in der Spätadoleszenz auch die Gefahr einer verkürzten Identitätsbildung bzw. der Ausbildung einer Pseudoidentität, wenn wiederum durch zu straffe, einengende Bedingungen in Lehre, Studium und Beruf (harte Wettbewerbssituationen, desolate berufliche Aussichten, strenge Semesterregelungen etc.) der äußerst störanfällige spätadoleszente Selbstfindungsprozess zu wenig Raum für das phasenspezifisch notwendige Experimentieren erhält. »Menschen mit einer Pseudoidentität sind in rigider Weise an das Ausfüllen eines ganz bestimmten Rollensets in der Realität gebunden.« (Leuzinger-Bohleber, Mahler, 1993, S. 34). Der wichtige kreative Entfaltungsvorgang auf Grund des großen Orientierungsdranges in diesem Alter kann dadurch abgeblockt werden.

Ein 22-jähriger Bankangestellter hatte die Kraft, sich mehr Spielraum für Experimente zu geben, indem er sich z. B. in anderen Berufen wie Discjockey, Reiseleiter oder Barkeeper versuchte. Dieser Schritt war freilich von seinem sozialen Umfeld sehr erschwert worden, hatten doch beide Elternteile mit heftigen Ängsten, Warnungen und Vorwürfen darauf reagiert. Die Eltern hatten beide äußerst rigide und triebfeindliche Ordensgemeinschaften verlassen, denen sie lange Jahre angehörten. Ihre mit dem Austritt verbundenen Schuldgefühle (weil sie »das Gelübde gebrochen« hätten) waren sehr heftig. Die Mutter suchte mich schon während der Schulzeit ihrer beiden pubertierenden Kinder wegen einer schweren psychosomatischen Erkrankung und unerträglich gewordenen

Schuldgefühlen auf. In ihrer darauf folgenden Analyse konnte sie vieles aus ihrem bisherigen Leben verstehen und aufarbeiten. Einige Jahre nach Abschluss der Analyse kam sie erneut zu mir. Ihre beiden inzwischen spätadoleszenten »Kinder« machten ihr große Sorgen. Der bereits oben erwähnte Sohn schlug seine Aufstiegschancen in der Bank »in den Wind«, jetzt sei er gerade dabei, mit einem »eigenartigen Menschen« ein thailändisches Restaurant zu eröffnen, nachdem er eine »viel zu lange Auszeit« in Thailand genommen hatte. Die 24-jährige Tochter sei in ihrem Pädagogikstudium gescheitert und wolle nun eine Weltreise beginnen, um fremdländische Tänze zu erlernen. Schließlich kam sie aus Ghana mit einem berufslosen Afrikaner zurück, den sie heiraten will. In einigen Krisengesprächen konnte die Patientin, also die Mutter der beiden Spätadoleszenten, selbst erkennen, wie rigide sie in ihrer gesamten Erziehung vorgegangen war, unterstützt durch ihren noch strengeren Ehemann. Dadurch wurde verständlich, dass die beiden Kinder auf dem Hintergrund der starren Erziehung, die sie erfahren hatten, ihre Ausbildung als sehr einengend erlebten (sowohl in der Übertragung als auch real wegen des noch aktuellen Einflusses der Eltern) und ihre Bedürfnisse nach Experimentieren und Umorientierung in der Spätadoleszenz dann umso »exzessiver nachholten«.

Die in unserer Zeit häufige Forderung nach überschneller Berufs- und Karriere-Orientierung in diesem Alter lässt viele Menschen scheitern. Jetzt kommt es, wie in der Adoleszenz, noch einmal erheblich darauf an, sich von den internalisierten Eltern, deren Werten und Vorstellungen im Ich-Ideal und Über-Ich zu lösen und vertieft zu einer eigenen Identität mit eigenen Werten zu finden. In einem kreativen Prozess wird vor dem inneren Auge, also in der Phantasie, noch einmal die Berufs- oder Geschlechtsrolle real überprüft, ob sie noch authentisch ist und »passt«.

Findet ein junger Erwachsener um sich herum wenig Halt bei gleichzeitiger karrierebezogener Leistungsforderung (z. B. in bestimmten Studiengängen oder im Beruf), so gibt es Stress durch den Mangel an Freiraum. Dieser Mensch ist dann in einer sehr rigiden Weise an das Ausführen eines bestimmten Rollenverhaltens in der Realität gebunden (z. B. Einbindung in eine straffe Firmenhierarchie oder einen rigiden Studiengang). Mead (1971) spricht im Zusammenhang mit dem beschleunigten Wandel im heutigen soziokulturellen Umfeld von der »Erhitzung der Gesellschaft«, in der es schwierig geworden ist, das Lebensmodell der Eltern oder der Großeltern für den eigenen Identitätsbildungsprozess in der Jugend zu überprüfen und daran letztlich auch in Ruhe reifen zu können. Erfüllt nun ein Mensch eine vorgegebene Rolle in seinem Leben, kann er sich stabil und in Ordnung fühlen. Treten aber – eventuell erst viele Jahre später – Veränderungen ein, die eine Anpassung an neue Lebenssituationen verlangen, können diese nun als unüberwindbare Prüfung erlebt werden. Eine berufliche Umstellung z. B., eine Scheidung oder – noch später – der Wegzug der Kinder können zu einer schweren psychischen Krise führen, die durch eine tiefe Verunsicherung gekennzeichnet ist bis zum Verlust des eigenen Identitätsgefühls. Hierzu ein Beispiel.

Ein 52-jähriger Patient, ein äußerst erfolgreicher Manager, musste unerwartet den wirtschaftlichen »Untergang« seines Unternehmens erleben. Seit seinem Abitur im 20. Lebensjahr hatte er »alles links und rechts stehen gelassen«, um sein Studium und seine Karriere »straight durchfechten« zu können. In Kindheit und Jugend sei alles »in Ordnung« gewesen. Hat er sein früheres Leben aus Schutzgründen idealisiert? Oder hat er die Übergänge in seinen Entwicklungsstufen nie als problematische Schwellensituationen erlebt oder verarbeitet? Er gab sich jedenfalls in seiner Spätadoleszenz keinerlei Spielraum für das Ausprobieren von alternativen Lebensmöglichkeiten oder für das (innere) Ausprobieren unterschiedlichster Weltanschauungen etc. Bereits seine Abiturnoten mussten auf seine überdurchschnittliche Laufbahn »zugeschnitten« werden. War dies bereits auf Grund einer früheren Entwicklungsstörung ein krankhafter Ehrgeiz? Oder *musste* er wählen nach dem Motto *Entweder-oder* und konnte er in seiner Berufswahl nicht nach einer freieren Entscheidungsmöglichkeit suchen mit einem spätadoleszenten *Sowohl-als-auch*? Jedenfalls hatte er jede Faser seiner Vitalität in dieses Karrierestreben investiert und wurde dabei beachtlich erfolgreich und erhielt wiederum Unmengen narzisstischer Gratifikationen für seine Erfolge. Sein gesamtes Identitäts- und Selbstgefühl brach nun aber synchron mit dem Firmenbankrott zusammen, »*mir ist jegliche Lebensbasis weggeronnen, ich weiß mit meinem Leben nichts mehr anzufangen*«. Dieser Zustand von Identitätsverlust traf ihn bedrohlich und forderte viele Jahre therapeutischen Einsatzes, um ihn dabei zu begleiten, eine neue Lebensperspektive für sich – v. a. innerseelisch – aufbauen zu helfen. Viele dieser Patienten, auch ihn, musste ich zunächst in eine stationäre Psychotherapie weiterempfehlen, um die Identitätskrise in ihrer Bedrohlichkeit aufzufangen.

An dieser Stelle möchte ich nochmals – wie bereits bei der Adoleszenz-Thematik – anmerken, dass es sehr häufig unterschiedliche und aus verschiedenen Entwicklungsstufen stammende Ängste sind, mit denen uns unsere Patienten in Identitätskrisen und Schwellensituationen verunsichert oder mit heftigen Symptomen aufsuchen. Ob sich nun wie im soeben geschilderten Beispiel die Probleme der Spätadoleszenz oder die Früherfahrung hauptsächlich pathogen auf die weitere Entwicklung auswirken, muss von Fall zu Fall sorgfältig untersucht werden und ist in der Gewichtung manchmal zumindest in Erstkontakten sehr schwierig. Dennoch gelingt es dann auch wiederum erstaunlich gut, in relativ kurzer Zeit die zentrale Konfliktthematik bzw. die spezifischen Defizite eines Menschen zu erkennen und sich – zumindest in der inneren Haltung – sich an die »heißen Eisen« heranzutasten.

4. Reaktivierung ödipaler Konflikte

Von der Adoleszenz und Spätadoleszenz wende ich mich entwicklungspsychologisch gesehen zurück auf die Reaktivierung ödipaler Konflikte durch Schwellensituationen und Prüfungen, und zwar zunächst mit einem Beispiel: Ein Vater war sehr stolz auf seine Tochter. Sie war in einer unbewussten Phantasie seine heimliche Geliebte. Die Jurastudentin sollte einmal seine Kanzlei übernehmen, fiel jedoch in den Abschlussexamina speziell in mündlichen Prüfungen, aber auch in schriftlichen Tests, wiederholt durch, obwohl die Prüfer in ihrem Erleben »so nett« mit ihr umgegangen waren und sie bevorzugten. Sie war »todunglücklich«, die »Prüfer-Väter« so enttäuscht zu haben. Der unbewusste inzestuöse Wunsch des Vaters fand bei der Patientin eine entsprechende Erwiderung. Die infantile ödipale Objektwahl wurde von dieser Frau nie überwunden, und sie regrediert nun in der Prüfungssituation auf ihre verbotene Inzestliebe. Sie war – in ihrer unbewussten Phantasie – die ideale Partnerin für den Vater, jünger als die Mutter, ausgestattet mit allen weiblichen Attributen (flott, anpassungsfähig, bewundernd, dabei wenig eigenständig), die der Vater sehr schätzte. Ihr bisheriges Leben schon als Kind verlief farbig und abwechslungsreich. Sie konnte attraktiv sexuell-verführerisch auftreten, vermittelte erotischen Charme und provozierte gern mit viel Witz. Diese Wesensarten standen aber stets im krassen Gegensatz zu der Ängstlichkeit, die dann in den Vordergrund trat, sobald ein von ihr begehrtes oder sie begehrendes »Sexualziel« in ihre Nähe rückte. Auf die Mutter, mit der sie rivalisierte, reagierte sie unbewusst mit ödipalen Schuldgefühlen. Die Prüfer erlebte sie in ihrer Übertragungsphantasie zwar bewusst als hilfreich, unbewusst aber als verführerische Väter, die sie in die väterliche Kanzlei im Sinne eines Partnerersatzes locken wollten.

Es entstanden also Konflikte zwischen ihrer Verselbstständigung durch Bestehen des Examens und unbewusstem sexuellen Begehren, verbunden mit der Angst vor Strafe wegen der verbotenen inzestuösen Triebwünsche, d. h. aggressiver Rivalität und sexueller Zärtlichkeit. Diese unbewussten Konflikte stellen den psychodynamischen Hintergrund ihrer Prüfungsangst und des Scheiterns in den Examina dar. Der Ödipuskomplex – wie bereits in dem Kapitel Angstentwicklung näher geschildert – war bei ihr zum einen vom Faktor Trieb, aber vor allem auch von dem Faktor der Übernahme einer sozialen Verantwortung her aktualisiert worden. Die Patientin hatte während des Studiums äußerst aufwändige Paukhilfen in Anspruch genommen, die selbstverständlich der Vater finanzierte. Ihr subjektiv empfundener Leidensdruck beschränkte sich damals auf die Angst, »*die letzte Chance der Wiederholungsprüfung erneut zu vermasseln*«. Für eine therapeutische Aufdeckung oder Bearbeitung ihrer tiefer liegenden Konflikte war sie zunächst nicht motivierbar. Erst sehr viel später, das Examen war »schief gelaufen«, kam sie mit dem drängenden Wunsch nach einer Therapie. Sie litt unter dem »vergeudeten Studium« und konnte sich den

Grund dafür nicht erklären. Außerdem litt sie unter ihren »trost-losen« Partnerbeziehungen: »*Ich rutsche immer wieder in so hoff-nungslose Dreieckskisten rein, ich glaube, ich werde nie wirklich er-wachsen. Als Geliebte von so alten Männern will ich mein Leben nicht mehr vertun ... aber alleine komme ich nicht raus.*« Sie verän-derte aus eigener innerer Überzeugung ihre Berufsziele, die sie – wie sie mir später mitteilte – gut verwirklichen konnte mit der Be-merkung: »*Erst in der Therapie wurde mir deutlich, wie ich an mei-nen Eltern klebte, wie sehr mich mein Vater in Beschlag genommen hat und wie ich die Uni-Profs zu Göttern, für die ich attraktiv sein wollte, erhoben hatte.*«

Oftmals wird aber auch ein sehr strenges, sadistisches Über-Ich auf den Prüfer projiziert. Vor allem bei Abschlussprüfungen, die ja eine neue Lebenssituation eröffnen, »droht« ja eine Identitätsverände-rung. So kann in einer Prüfung Angst entstehen, schon beim kleins-ten Fehler durchgefallen zu sein, der (in der Übertragung) als Ver-gehen verbucht wird und den Zorn des Prüfers erregen könnte. Psychodynamisch gesehen handelt es sich meist um unbewusste aggressive Regungen dem Prüfer gegenüber. Bei einer Versu-chungs- und Versagungssituation aggressiver Wünsche wird Angst hervorgerufen.

Dazu folgendes Beispiel:
Ein junger arabischer Student produziert heftige Arbeitsstörungen und Prüfungsangst-Symptomatik nach dem Tod seines Vaters. Um ihn bei seinen Prüfungsvorbereitungen nicht zu stören, war ihm der Tod des Vaters zunächst nicht einmal mitgeteilt worden, die Beerdigungszeremonie fand ohne ihn statt. Diese Kränkung durch die Schonhaltung seiner Familienangehörigen war ihm zunächst nicht bewusst geworden. Seine bislang unbewussten aggressiven Konflikte mit dem Vater flackerten umso heftiger auf und beein-trächtigten in nahezu bedrohlicher Weise seine geistigen Fähig-keiten. Unbewusste Rachegefühle gegenüber dem Vater, ihn wegen seiner gnadenlosen Härte bestrafen zu wollen, kollidieren nun magisch vergrößert mit der Angst, ihn mit der übermächtig erleb-ten Aggression vernichtet zu haben. Der reale Tod des Vaters be-wirkt bei diesem Studenten eine tiefe Regression in seine archaische

Gefühlswelt. Er bekommt unerträgliche Schuldgefühle. Nach dem Examen steht – lange geplant vom Familienclan – die Übernahme der väterlichen Position im Heimatland in Aussicht. Damit wäre er Patriarch der Familie über Schwestern und Mutter, die ihn als Partnerersatz stets vergöttert hatte und sich wohl als »Zweitfrau« des Vaters (Islam) mit dem Sohn »getröstet« hatte. In der Pubertät war er durch das streng autoritäre Patriarchat des Vaters »entthront« worden. Er musste gegen seinen Willen eine ausländische Schule besuchen und das vom Vater vorgeschriebene Studium wählen. Nach dem Tod des Vaters wäre er mit bestandenem Examen als der »große Techniker und Wissenschaftler der Familie« unbewusst der ödipale Sieger geworden. Mit meinen Versuchen, ihm mit ärztlichen Gutachten zur Verlängerung des Aufenthaltsrechts und zur Wiederholung der Prüfung zu verhelfen, lässt er mich scheitern. Er verliert diese Unterlagen für das Kreisverwaltungsreferat und für das Prüfungsamt, schläft beim nächsten Versuch in der U-Bahn ein und erwacht erst nachts im Depot: alle seine Unterlagen seien geklaut worden. Beim dritten Versuch, ihm mit meinen Krankheitsbescheinigungen (insgesamt machte ich drei Ausfertigungen sämtlicher Unterlagen) noch eine Chance zu geben, vergisst er den Termin. Danach sucht er mich noch einige Male auf. Er hat »aufgegeben« und erwartet seine Ausweisung. In meiner Gegenübertragung fühle ich Trauer, Wut und Ohnmacht. Der »Alptraum Prüfung« des Studenten war auch für mich zu einem verlorenen Ringen um einen therapeutischen Erfolg geworden. Seine stets liebenswerte, (ödipal) werbende Art und sein kindlich wirkendes Flirten lassen auch mich »unbefriedigt« zurück.

Hier stellt sich auch die Frage, inwieweit nicht bereits die fremde kulturelle Identität des Studenten, also die möglicherweise traumatische Situation seiner Migration, die psychische Dekompensation mit begünstigt haben könnte. Inwieweit hatte er bereits *vor* dem Tod seines Vaters im Rahmen seiner kulturellen Identität mit unterschiedlichen Werten und Normen gewissermaßen eine kulturelle Kränkung oder Verunsicherung erlitten? Ich denke an eine schwer verarbeitbare Anpassungsforderung an die neuen kulturellen Wertvorstellungen der westeuropäischen Welt und an sein subjektives Erleben, ausgestoßen zu sein (falsche Rücksichtnahme wegen der Prüfungsvorbereitungen seitens seiner Familie), wodurch er in diesen Zustand der Identitätsdiffusion geriet. Vermutlich wurde er ausgewiesen, ich habe nie wieder von ihm gehört.

5. Reaktivierung präödipaler Konflikte

5.1 Analsadistische und masochistische Konflikte

Oft ist bei Prüfungsängsten auch **Masochismus** im Spiel, d. h. die Inszenierung zwischen einem liebeshungrigen Kind und einem strafenden, ablehnenden, eventuell aber auch sexuell entgegenkommenden Elternteil. Auf dem Entwicklungskontinuum, den erreichbaren Möglichkeiten der Problembewältigung, gibt es natürlich immer wieder erhebliche Unterschiede, so auch bei masochistischen Phänomenen. Grundsätzlich lässt sich sagen, dass masochistische Phänomene an zumeist unbewusste Phantasien gebunden sind, die von der Befriedigung des Leidens oder von der Erniedrigung des Subjekts abhängig sind. Löwenstein (1957) argumentiert, dass eine masochistische Perversion die Kastrationsangst abwehre, indem sie Kastration symbolisch darstelle und damit die Kastration erotisiere. Er betont ferner die Bedeutung früher schmerzhaft-traumatischer Erfahrungen in der Kindheit, aber auch eine aggressiv-neckende Beziehungserfahrung mit der primären Bezugsperson. Die Vorstellung einer (triumphalen) Vereinigung mit dem abweisenden (ödipalen) Objekt sei ebenfalls ein wesentliches Element, das zu einer masochistischen Entwicklung führen könne. Ein manifester sexueller Masochismus kann nach Ehlert und Lorke (1988) auch die Folge schwerer Traumatisierungen (Folter, Missbrauch usw.) sein. Brenner (1959) vermutet hinter dem Masochismus eine unbewusste Erotisierung von Schuld und Strafe. Kohut (1979) erwähnt in der masochistischen Phantasie die magische Teilnahme an der Überlegenheit des allmächtigen Selbstobjekts. Meistens liegt bei diesen Patienten ein so genanntes mittleres Strukturniveau vor. Das Ich ist identisch und stabil. Die Fähigkeit zur Objektkonstanz ist grundsätzlich gegeben. Die Ich-Funktionen werden jedoch häufig an die wirklichen oder vermuteten Bedürfnisse der Objekte angepasst. Diese Patienten sind in sich ergebenden ödipalen Konfliktsituationen zu wirklicher Rivalität und zum Durchsetzen eigener Ziele und Wertvorstellungen nicht in der Lage. Die präödipale Triangulierung ist nicht oder nur unvollständig geglückt. Die vorwiegende Angst bei Patienten mittleren Strukturniveaus ist die Angst vor Objektverlust, sadomasochistische Beziehungsarrangements sind häufig zu beobachten. Hierzu ein Fallbeispiel:

Anlässlich einer Delegationssitzung für eine Kinder- und Jugendlichenpsychotherapie lerne ich die ganze Familie kennen. Der 13-jährige Sohn ist Schulverweigerer und »kasperlt nur herum«. Er vergräbt sich in sein Zimmer und spricht das Nötigste nur mit der Mutter, der Vater »ist Luft«. Der 19-jährige Sohn ist mehrmals bei Diebstählen erwischt worden, hat keine Lehrstelle finden können/wollen und zieht nachts mit »zwielichtigen Freunden« herum, er gehöre zu den Jugendlichen, die Graffiti sprühen. Er weigere sich jedoch hartnäckig gegen irgendeine therapeutische Maßnahme. Der Vater ist ein gutaussehender, sportlich wirkender 45-jähriger Mann. Er hält sich im Familiengespräch still anklagend und seiner Frau gegenüber demonstrativ bescheiden zurück. Die Frau zeigt in ihrer Gestik und ihren verbalen Äußerungen dem Mann gegenüber sehr viel Verachtung. Der eigentliche Patient, der 13-jährige Markus, ist sehr verstockt und in seinen spärlichen Bemerkungen dem Vater gegenüber eher spöttisch. Hat er sich mit der entwertenden Haltung seiner Mutter dem Vater gegenüber identifiziert? Oder drückt er auf diese ihm mögliche Weise etwas über die Selbstwertsituation seines Vaters aus? Der ältere Bruder Joachim spricht kaum ein Wort und verhält sich während der gesamten Sitzung, als würde er nicht dazugehören. Bei der Verabschiedung bleibt der Vater allein wie angewurzelt noch im Therapiezimmer stehen, lächelt mich einerseits strahlend und gewinnend, andererseits aber auch unangenehm anhaftend an, was mich etwas Abgrundtiefes erahnen lässt. »*Darf ich Sie noch um ein weiteres Gespräch in eigener Sache bitten?*«, fragt er. In meiner Gegenübertragung fühle ich eine undefinierbare Beunruhigung, und ich räume ihm entgegen meinen Gewohnheiten gleich am nächsten Tag in meiner Mittagspause eine Sitzung ein. Er kommt akut suizidal. Er habe eine kaum mehr zu beherrschende Todessehnsucht, er wolle nur noch Ruhe und Geborgenheit. Der Hass gegen seine Frau und seine Enttäuschung über ihre Trennungsabsichten seien jetzt aber »abgekühlt«, sein Leben ist ihm aber jetzt nichts mehr wert. Seine Frau hat wohl einen anderen, was er als »grauenhafte Demütigung und Kastration« erlebt habe, sie könne nicht erkennen, *wer* er sei, was er alles in seinem Leben für sie aufgegeben habe und was sie nun anrichte. Diesen schneidenden Schmerz habe er nur einmal in seinem Leben zuvor gehabt: im vierten Lebensjahr, als sein Vater vom Krieg nach Hause gekommen war und sich »wie ein Fremder zwischen mich und meine Mutter drängte«. Gleichzeitig ist er in seiner Firma beruflich zurückgestuft und dadurch sehr gekränkt worden, »*rivalisieren und kämpfen um meinen Platz kann ich nicht, so stehe ich nun da im Leben*«. Er habe nun fast »panische Angst«, sich neu zu bewerben oder einen Auslandsauftrag anzunehmen, der ihn wirtschaftlich und fachlich besser stellen würde. Der dominante Aspekt seiner Selbstrepräsentanz (Volkan, Ast, 1994), der bislang vom Gefühl der Unterlegenheit im masochistischen Sinne geprägt war, kann ihm nun keinen Halt mehr geben. Durch die »Umstürze« in seinem derzeitigen Leben ist die Unterwerfung unter die Bedürfnisse seiner idealisierten Frau und seiner von ihm vergötterten Söhne, die ihn verdeckt oder offen entwerten, als Beziehungsmodus nicht mehr aufrechtzuerhalten, sein Identitätsgefühl wird bedrohlich angegriffen. Die Schwelle zur »männlichen Verselbstständigung frei von meiner Familie« kann er noch nicht überschreiten.

Wegen der akuten suizidalen Gefahr in der sich als irreparabel zeigenden Ehe- und Berufssituation des Patienten und der narzisstischen Kränkung, »als Vater versagt« zu haben, sage ich ihm meine sofortige ambulante Hilfe zu. Eine für ihn zunächst noch kränkender erlebte Klinikeinweisung unterließ ich, weil ich spürte, dass dieser Patient in mir einen schnellen narzisstischen Objektwechsel vornehmen konnte. Er fand in der therapeutischen Beziehung den Raum und die Akzep-tanz, was er für die Bewältigung seiner Identitätskrise in seinem übertriebenen Minderwertigkeitsgefühl brauchte. Er beginnt mich heftig zu idealisieren, hat das Gefühl,

»mein Leben hängt an einem seidenen Faden, den Sie noch halten«.
Er träumt noch während der Vorgesprächsphase: *»Ich bin auf einem Schiff. Ich bin in Seenot. Alle anderen verlassen das Schiff. Da sagt ein Stimme: Komm mit. Ich komme nicht mit. Ich weiß, in der Schiffsapotheke sind Tabletten. Um das Ganze zu erleichtern. Da war alles hell erleuchtet, draußen fuhr ein schwarzes Gebilde vorbei, mit Zinnen, eine schwarze Burg. Ich dachte, ich könnte ein Seil werfen, einen ganz dünnen Faden.«* Der seit seiner Adoleszenz immer wieder suizidale Patient – er hatte in seinem Leben immer wieder »erlösende Todeswünsche«, die ihm in Krisenzeiten Trost spendeten – unternahm im Erwachsenenleben bereits drei schwer wiegende Suizidversuche. Er war jedesmal zwischen Leben und Tod gestanden. Seine Frau hatte ihn bei seinem letzten Versuch bereits im Koma aufgefunden. *»Ich war ein Dreck in einer Kloake … meine Frau war erfolgreich, aber wollte immer weniger von mir wissen, ich hatte sogar mit meinem einzigen Hobby, dem Fotografieren, aufgehört, um ihr die Karriere zu ermöglichen. Ich bin wertlos, nur zum Wegspülen. Dann suchte ich nur noch Ruhe und Rückzug aus dieser unerträglichen Welt.«* Im Laufe der Analyse konnten wir in kleinen, behutsamen Schritten die jeweiligen Anlässe für seine suizidalen Krisen herausarbeiten. Der Patient hatte eine schwere Kindheit erlebt. Er wurde im Zweiten Weltkrieg in einer Bombennacht geboren. Nach der Flucht aus seiner Heimat waren Frauen und Kinder von den Russen zusammengetrieben und »ständig bewacht« worden, tagsüber mussten die Frauen arbeiten, nachts wurden sie vor den Augen ihrer Kinder vergewaltigt. Die Mutter habe ihrem Sohn immer wieder davon erzählt. Er bekommt heute noch schwere Angstzustände beim Anblick schwerer Männerstiefel und assoziiert damit die Vergewaltigungsszenen. Erst als Dreijähriger lernte er seinen Vater kennen. Er habe in ohnmächtiger Wut geschrien und wollte verhindern, dass ihm seine Mutter weggenommen wird. Dafür erntete er aber nur Unverständnis und Prügel vor allem vom Vater. Seine Mutter, deren »kleiner Mann« und ödipaler Prinz er wohl gewesen war, hatte sich im Erleben des Patienten ganz von ihm abgewandt, er reagierte als Kindheitssymptom mit chronischem Weglaufen (seine Mutter musste ihn immer wieder suchen) und wurde zum Bettnässer bis

weit ins 11. Lebensjahr. Das Bettnässen »therapierte« man, indem die Eltern ihn mit einem Eimer kalten Wassers übergossen hatten und ihn mitsamt seinem Bettlaken auf den öffentlichen Bürgersteig stellten, bis das Laken trocken war. Er hat an diese beschämenden Szenen nur »vernebelte« Erinnerungen, die erst im Laufe der Therapie klarer wurden. Das Weglaufen getraute er sich aus Angst vor Prügelstrafe nicht mehr, »*ich fühle nur noch so eine eisige Starre. Ich war Dreck.*« Eine »heimliche Zuwendung« durch die Mutter bekam der Patient allerdings, indem sie ihm in jeder Nacht ein Haarnetz auf den Kopf band, ihn auch gehässig neckte und verspottete, weil seine lockigen Haare so »abgestanden« seien. Auch ein heimlicher Termin bei einem Chirurgen wurde durch die Mutter veranlasst, »sie wollte mir die abstehenden Ohren zurückschneiden lassen, doch der Arzt hat nur verständnislos gelacht und die OP verweigert«. Der Patient hatte in der Kindheit nie einen wirklichen Freund und wurde in der Schule auch oft beschämt und durch häufige Umzüge (berufsbedingt durch den Vater) entwurzelt. In der Jugend (15. Lebensjahr?) lernte er einen wesentlich älteren homosexuellen »Freund« kennen, der ihm »ein unbeschreiblich wichtiges Geschenk« gemacht habe, nämlich seine Fotokamera. Danach suizidierte dieser sich. Er hatte nie sexuellen Kontakt zu diesem Mann, aus dessen Abschiedsbrief zu entnehmen war, dass dies sein »Abschiedsgeschenk« für ihn gewesen sei. Mit diesem Objektverlust und den Schuldgefühlen, »ihn nicht genügend geliebt zu haben«, wurde der Patient selbst von Todeswünschen überschwemmt. Er konnte sich und seine Identität jedoch retten, indem er nun zum Hobby-Fotografen sogar mit guten Aufträgen für Modeschauen wurde. Seine Ehefrau war später auf diese Nebentätigkeit sehr eifersüchtig, ihr zuliebe gab er das Fotografieren – »ein unermesslich großes Opfer« – schließlich auf.

Die Therapie erweist sich als Gratwanderung zwischen sich krisenhaft zuspitzender Selbstmordgefahr und heftigen Widerständen wohl auch aus Angst vor Retraumatisierung. Gleichzeitig schreitet eine solide Selbststabilisierung fast unmerklich voran. Seine krisenhaften Schwellensituationen sind im Aufarbeitungsprozess in erster Linie darin zu sehen, dass er sich stets »bis zur Selbstaufopferung« masochistisch darum bemüht hatte, Menschen, die ihm viel bedeuteten, »zufrieden zu stellen«. Er war vorwiegend auf anale sowie depressive Erlebensweisen fixiert und definierte sich selbst über seine außergewöhnliche Tüchtigkeit und Leistungsbereitschaft, die er jedoch nur unterwürfig auf das Objekt bezogen – allerdings beruflich sehr erfolgreich – zum Einsatz bringen konnte und dafür »besondere Anerkennung« brauchte. Ansonsten fühlte er sich »durchgefallen« (wie in einer Prüfung). In seiner seelisch-geistigen Vitalität und Beweglichkeit war er aus Angst vor aggressiven Triebäußerungen sehr eingeschränkt. Unbewusst hatte er Hass- und Rachegefühle und wollte eigentlich das ambivalent geliebte Objekt auf sich aufmerksam machen bzw. das Objekt beherrschen und Kontrolle ausüben, indem er sich selbst quälte und dabei den anderen sadistisch behandelte, z. B. mit autoaggressiven Tendenzen. In seiner Ehe spitzte sich das sadomasochistische »Beziehungsspiel« dann immer wieder so zu, dass in manchmal wechselnder Rollenverteilung ein sadistisches und ein masochistisches Agieren die Szene beherrschte. Auch sein Jugendfreund hatte ihn ja sadistisch gequält, indem er ihm Schuldgefühle bereitete, als er ihm »sich aufopfernd« die Kamera schenkte und sich dann selbst das Leben nahm. An viele seiner Schmerzpunkte im Leben wird er nun in seiner Scheidungsphase auf heftigste Weise erinnert, wobei nicht zuletzt auch das »Scheitern« als Vater in der Erziehung seiner Söhne in ihm ein Gefühl von »Kastration« aktualisiert haben dürfte.

Eineinhalb Jahre nach Therapiebeginn ruft mich der Patient eines Tages völlig verzweifelt privat mit folgenden Worten an: *»Da ist eigentlich gar nichts. Das ist ganz unbedeutend. Ein alter Freund hat gesagt, ich hätte keine Ausstrahlung. Das stimmt. Er sagt, was ich fühle. Ich bin nichts.«* Der Patient kann mich als Selbstobjekt verwenden und die Krise ohne Suizidversuch, aber mit heftigen Todeswünschen bewältigen. Es dauert noch lange Zeit, bis Schritt für Schritt auch in der Therapie die Ängste vor der Nachreifung und damit das Überwinden von Schwellengefahren und Identitätsbewegungen lebendiger verarbeitet werden können. Erstaunlich ist, wie während des Nachreifungsgeschehens das Verhältnis zu seinen beiden Söhnen, die ihn mit ihrer Symptomatik unbewusst gequält hatten, ausgewogener, inniger und gegenseitig respektvoller gestaltet werden konnte und der Patient sich schließlich wieder getraute, auf eine neue Frau zuzugehen und sich beruflich selbstbewusster zu etablieren.

In den ersten Falldarstellungen standen reifere Konflikte im Mittelpunkt. Wie dem letzten Beispiel zu entnehmen ist, können auch schon sehr viel frühere – so genannte präödipale – Entwicklungsstufen eine Rolle im Hinblick auf pathologische Schwellen- und Prüfungsängste spielen. Oft sind sie erst auf den zweiten Blick erkennbar. Auf diese präödipalen Konflikte möchte ich nun näher eingehen. So kann beispielsweise die latente Machtkomponente der Prüfungssituation unbewusste Konflikte auf der analsadistischen Stufe aktualisieren: **analsadistische Machtkämpfe** können Anlass geben zur Prüfungs- und Schwellenangst. Der Prüfling muss sich entweder unterwerfen oder durch offene oder verdeckte Rebellion »retten« (wie im weiter unten geschilderten Fallbeispiel Stefanies bei der Führerscheinprüfung). Diese Menschen fühlen sich oft vom Vorgesetzten oder vom Prüfer (in der Übertragung) »fertig gemacht«. Diese Thematik ist nicht selten von Hinrichtungsträumen begleitet. Eine Patientin von mir wurde in Prüfungs- und Krisenzeiten im Traum immer wieder hingerichtet, Gerichtsurteile durch ein Richtergremium überprüften »gnadenlos« ihre Schuld und verhängten »vernichtende Strafmaßnahmen«. Auch Arbeitsstörungen zeigen sich hier oft als Ausdruck eines unbewussten Protestes gegen Bevormundung bzw. Unterwerfung. Da Prüfungen und andere progressive Entwicklungsschritte immer eine weitere Verselbstständigung bedeuten, werden sie eventuell als lebensbedrohend analog der Bedeutung von Trennungen in der frühesten Kindheit erlebt, wobei im bindungstheoretischen Sinne Trennung mit Zerstörung der Beziehung gleichgesetzt werden kann. Bei einer nicht geglückten frühen Bindungserfahrung kann die Prüfung oder eine als Prüfung empfundene Lebenssituation eine unbewusste Gefahr darstellen, gleichsam in totaler Hilflosigkeit und Verlassenheit existieren zu müssen. Das Pendant zu der vernichtenden Trennung ist der Selbstverlust bei ungenügender Abgrenzung. Die notwendig gewordene partielle oder vollständige Unterwerfung unter die Gesetze der Prüfung oder der neuen Situation bekommt regressiv die Bedeutung des Verzichts auf die eigene Autonomie.

Hier möchte ich das Beispiel einer Patientin mit einer sehr traumatischen Kindheit bringen:

Die 19-jährige *Stefanie* hat unter entsetzlichen Angstzuständen gerade noch ihr Abitur geschafft. Die Vorstellung, im Studium gehe das weiter so, lässt sie in eine tiefe Hoffnungslosigkeit abstürzen, aus der sie sich mit ganz konkreten Suizidphantasien erlösen wollte. Die Trennung von der durch den Tod des Pflegevaters verwitweten schon sehr alten Pflegemutter, mit der sie seit ihrer Pubertät im Ehebett schlief, war fast nicht möglich, weil sie mit Selbstmord drohte, falls sie sie verlassen würde. Diese Bettszenen erlebte sie als »ohnmächtigen Machtkampf, es ging um Leben und Tod, die Mam wusste, wie sie mich kleinkriegen konnte«. Durch traumatische Verluste (psychische Erkrankung der leiblichen Mutter mit jahrelangen Krankenhausaufenthalten, Gefängnisstrafen des leiblichen Vaters mit langer Haftzeit usw.) seit frühester Kindheit und die akuten Drohungen seitens der Pflegemutter, bei der sie fast die gesamte Kindheit verbracht hatte, ist Stefanies Abitur als Eintritt in das freiere Studium und damit in mehr Selbstverantwortung schwer mit Schuld- und Todesthemen belastet. Sie erinnert zu Beginn der Therapie bislang in Vergessenheit geratene Alpträume aus ihrer Kindheit. Aus ihren Wiederholungsträumen ist sie regelmäßig angstvoll aufgewacht, ohne diese Träume »zu Ende« träumen zu können. In einem Wiederholungstraum aus dem 4. und 5. Lebensjahr flog sie immer wieder, wobei sie mit engen Drahtnetzen von irgendjemand eingefangen oder festgehalten wurde. Sie kam »nicht hoch oder aus dem Käfig heraus« und hatte Todesangst. Im zweiten Therapiejahr – sie war wesentlich stabiler geworden – sagt sie einmal völlig verzweifelt: »*Ich träume immer wieder, ich falle durch. Vor allem im Abi. Die Gefühle sind tödlich, vernichtend. Jetzt bin ich doch Studentin, aber im Grunde bin ich noch gar nicht, was ich bin.*« Erst am Ende der Therapie wird sie sagen: »*Manchmal bin ich schon, was ich bin!*«

Im dritten Jahr der Behandlung hat Stefanie wieder extrem starke Prüfungsangst; diesmal vor dem Führerschein. Sie ist sehr entmutigt und fällt »völlig kopflos« durch die Theorieprüfung. Beim zweiten Versuch kann sie voller Panik zur Fahrprüfung nicht antreten. Beim dritten Versuch fährt sie über die rote Ampel und bremst bei Grün ab. In der Analyse können wir schließlich verstehen, dass es paradoxerweise ein Fortschritt für sie war, sich der extrem autoritären »Erziehung« (Übertragung auf den Fahrlehrer) widersetzt zu haben, indem sie den »Befehl« der Ampel, nämlich fahren, mit einem Abbremsen beantwortet hat. Die Verbote dagegen durchkreuzt sie, indem sie bei Rot anfährt. Sie wollte nicht mehr automatisch funktionieren und unter Selbstaufgabe mit der Prüfungsautorität verschmelzen. Ein Prüfungserfolg wäre von ihr zugleich als ein Triumph der Pflegemutter erlebt worden. Als ihr die Zusammenhänge bewusster werden, kann sie schließlich nach vielen tragischen und wirtschaftlich belastenden Anläufen den Führerschein bestehen und sich über diese geglückte Schwellenüberschreitung freuen.

5.2 Depressive Konflikte

Bei der Psychogenese depressiver Konflikte spielt nicht nur die viel diskutierte drohende oder tatsächliche Trennung von Bezugspersonen des noch hilflosen Kindes eine Rolle. Pathogenetisch bedeutungsvoll sind auch Erfahrungen von Missachtung und (z. B. narzisstischem) Missbrauch (Söldner, 1994), wobei die individuellen kindlichen Bedürfnisse nicht berücksichtigt werden. Ein Gefühl sicherer Verbundenheit ist bei Menschen, die zu Depressionen neigen, nur wenig ausgebildet, sodass sie schon die kurzfristige Abwesenheit der Bezugspersonen auch als Erwachsene nur schwer ertragen können. Eine Entwicklungsstörung kann bei sehr frühen Trennungserfahrungen auftreten. Auch durch andauernde Trennungsandrohungen z. B. durch Eltern, die ihr Kind unter Druck setzen, um eigene Vorstellungen zu erzwingen (»Du kommst ins Kinderheim, wenn du nicht brav bist«, »Du musst zu deinem Vater mit der bösen Stiefmutter, wenn du so ein Motzgesicht machst, dann wirst du schon sehen, wie das dann ist!«), ist seine Entwicklung gefährdet. Dies ist ebenfalls möglich, wenn trennungsängstliche Eltern selbst als Vorbild des Kindes via Identifizierung die Angst vor Trennung auf ein pathologisches Ausmaß erhöhen. Ärger und Wut können von Kindheit an wenig zum Ausdruck kommen, ängstlich, scheu und zum Teil verschlossen halten sich diese Menschen im Kontakt zu anderen zurück und versinken sehr häufig in Tagträumereien, um der unbefriedigenden Realität auszuweichen. Jedweder Reifungschritt als Schwellensituationen proviziert bzw. aktualisiert die Gefahr eines unbewussten, nicht verarbeiteten Trennungserlebens. Menschen mit depressiver Persönlichkeitsprägung entwickeln solche Verlassenheitsängste im Rahmen einer Prüfung und in Schwellensituationen am heftigsten.

Bei diesen so genannten präödipalen Krankheitsbildern handelt es sich weniger um unbewusste Konfliktthemen als um schwerer gestörte individuelle psychosexuelle Entwicklungsvorgänge aus der frühen Kindheitsgeschichte. Henseler (1974) nennt dies *Urverunsicherung*. Klinische Manifestationen gestörter Symbolisierungsprozesse sind die Folge. Was in Kindheit und Jugend z. B. aufgrund gestörter Objektbeziehungen an Entwicklungsschritten nicht geglückt war, kann in Langzeitanalysen oftmals im Rahmen eines tiefen Nachreifungsgeschehens nachträglich noch entwickelt werden. Wie bereits im Kapitel über die Angstentwicklung geschildert, werden seelische Störungen überwiegend in Beziehungen – vor allem in der Primärfamilie – begründet. Deshalb können sie auch in späteren Jahren durch die Beziehung zwischen Psychoanalytiker und Patient in einem verlässlichen Arbeitsbündnis behandelt und verändert werden (Loch, 1975). Diese Entwicklungsprozesse aus der analytischen Werkstatt möchte ich nun in den folgenden ausführlich dargestellten Beispielen von Langzeitanalysen möglichst nachvollziehbar wiedergeben. Auchter (1982) meint zu dem Thema Behandlung Folgendes: »Loslösen, Aufgeben, Verzichten, neugieriges Entdecken, Wiederannähern, In-Verfügung-Nehmen des Körpers, Lernen, Üben und Trauerarbeit-Leisten sind wesentliche Bestandteile des frühkindlichen und des adoleszenten Individuationsprozesses – wie auch jedes therapeutischen Prozesses.« (S. 151) Zunächst geht es mir um die Behandlung eines depressiven Patienten mit Prüfungsängsten.

Ein 30-jähriger Mann, sportlich-grazil, braungebrannt, in lässig-gepflegter Kleidung, kommt leicht angespannt zum ersten Gespräch. Sein halblanges, glattes, blondes Haar steht ein wenig sperrig ab, hinter der schmalen Silberrandbrille begegne ich einem unruhig-traurigen, zeitweilig kindlich-neugierigem Blick. Er spricht oft mit Tränen in den Augen, sehr flüssig und differenziert und beherrscht, bringt sehr viele Inhalte aus seiner Lebensgeschichte. Er fühlt sich dabei »innerlich leer und unter Druck, viel bringen zu müssen«. Anfangs wirkt er auf mich im affektiven Ausdruck verhalten, fast dünn, die Zeit vergeht dabei jedoch sehr schnell, und zum Schluss hat er einen sehr erwartungsvollen Gesichtsausdruck, als wolle er sich aus diesem Gespräch noch etwas Besonderes mitnehmen. In den beiden weiteren Vorgesprächen ist er gefühlsmäßig meist sehr offen, wobei mir gegen Ende des zweiten Termins auffällt, dass er zusehends angespannter wird, wie auf dem Sprung, als wollte er jeden Moment entfliehen oder (gerade noch vor Therapiebeginn) entwischen. Sein Erleben schildert er folgendermaßen: *»Das geht mir oft so, wenn ich einem Menschen näher komme, mir ist das ein Rätsel, als müsste ich schnell weg.«* Seine Neigung zur Flucht, wenn er in eine »Bindungsgefahr« gerät, die auch Verlust- und Verlassenheitsgefühle zur Folge haben kann, seine innere Not und Deprimiertheit sind für mich deutlich zu spüren. Der Patient leidet seit seiner Rückkehr von langen Auslandsaufenthalten (Amerika, Russland) »nach vollbrachter Leistung« und *nach* bestandenen Prüfungen (nach dem Abschluss des Studiums zum Diplom-Volkswirt) unter »sinnlosen« Ängsten (Angst vor der Zukunft) und Niedergeschlagenheit. Jetzt ist er kurz vor dem Abschluss seines Zweitstudiums, und er fürchtet sich »vor dem Zustand danach«, wo er – vermutlich wieder nach hervorragenden Leistungen – sich mit dem Gefühl von Kraftlosigkeit und grüblerischen Entscheidungsschwierigkeiten »herumplagen« dürfte. Er will nun lieber vorher mit einer Therapie beginnen, »das Leben gleitet mir aus den Händen«. Er kann auch offene Situationen nicht ertragen und leidet unter der quälenden Unsicherheit, »dass ich nicht weiß, was ich will«. In »schwierigen Zeiten« (vor Abreisen und vor Prüfungen) leidet er unter schmerzhaften Muskelverspannungen, danach bekommt er starke Magenbeschwerden, Sodbrennen, Brechreiz bei Nahrungsmittelgerüchen, Völlegefühl und Appetitlosigkeit. *»Mir ist dann jegliche Lust am Leben vergangen, ich kenne keinen Genuss mehr, ich habe kein inneres Programm, die Zukunft ist grau und ich habe Angst vor dem Leben. Ich fühle mich* *einsam und in dem ständigen Druck, für jemanden was tun zu müssen, auf andere Leute einzugehen. Dann fühle ich mich wieder eingefangen und umgarnt.*« Bei dieser Vorstellung weint er, und er hat deshalb Angst vor den »*schützenden Prüfungszeiten, da werde ich in Ruhe gelassen auch von meiner Freundin, danach habe ich das Gefühl, ich verliere jeglichen Schutz*« (der Alma Mater oder des Arbeitgeberauftrages, der ihn auf Dienstreisen geschickt hatte, *für* den er gewissermaßen seine Leistungen erbringen konnte). Die Angst vor der Trennung von seinem gewohnten Leben, also die Schwellenangst, aktualisiert frühe Verlassenheits- und Trennungsangst. Bei ihm geht es nicht um Bewertungsangst, sonst würde er vermutlich bereits vor den Prüfungen mehr Selbstzweifel bekommen. Er bezeichnet sich selbst als verwöhntes Einzelkind aus einer chaotischen Elternehe stammend. Die Mutter hat sich seit seiner Geburt vom Vater abgewandt und von da ab bei den geringsten Unstimmigkeiten mit Scheidung gedroht. Ein richtiges Familienleben mit Geborgenheit hat es für das Kind nicht gegeben. Für die sehr eitle Mutter – so sieht er es jetzt – ist der Patient ein »Statussymbol«, als der einzige Sohn für den »guten Ruf« in der Öffentlichkeit zuständig gewesen. Wegen eines lebensbedrohlichen Magenpförtnerkrampfes mit täglichem schwallartigem Erbrechen musste der Patient in den ersten neun Lebensmonaten teilweise künstlich ernährt werden. Die häufig wechselnden Dienstmädchen hatten – so die Mutter – »die lästige Aufgabe, das Baby von Kinderarzt zu Kinderarzt schleppen zu müssen«. Vom in der Filmbranche erfolgreich tätigen Vater fühlte sich der Patient vor allem seit seiner Schulzeit verspottet und abgewertet und sehr verlassen. »Bringe du doch erst einmal in deinem Leben etwas auf die Beine!« war sein Standardsatz. Der Patient suchte stets vergeblich nach Liebe und Anerkennung durch den Vater, auf gute Leistungen reagierte er mit »Du hast ja noch nie richtig Freude gemacht!« Bei schlechten Leistungen zog sich der Vater meist still enttäuscht zurück. Seit frühester Kindheit an verunfallte der Patient sehr oft und kam mit kleineren Verletzungen »um Hilfe buhlend« nach Hause, jeden zweiten Monat hatte er eine schmerzhafte Halsentzündung. Nach dem »selbstverständlich« sehr gut bestandenen Abitur akzeptierte er den Studienwunsch des Vaters, einen eigenen Wunsch konnte er nicht spüren. Ab diesem Zeitpunkt war für ihn das Leben »eine nicht zu bewältigende Prüfung«. Seine Kindheit und Jugend waren geprägt von Loyalitätskonflikten zwischen den Eltern: »*Mutter und Vater haben immer wieder versucht, mich auf ihre Seite zu ziehen, in ihre Feindseligkeit dem anderen gegenüber. Ich fühle mich heute noch ganz zerrissen und weiß nicht, wer ich selber bin oder was ich selber will. Ist das ein Wunder, wenn ich nach Prüfungen oder sonstigen Erfolgserlebnissen in ein tiefes Loch falle? Mir gehört doch nicht selber, was ich geworden bin!*« Mit 21 Jahren hatte er zum ersten Mal eine intime Freundin: »*Ich war in der Pflicht, sie sexuell glücklich zu machen, das war auch jedes Mal eine Prüfung, ob ich das schaffen kann. Dann bekam ich solche Ekelgefühle, dass gar nichts mehr ging. Das passiert mir in kurzer Zeit bei jeder Freundin, ich kann keine Beziehung meistern.*«

In der Anfangszeit der Therapie vermittelt mir der Patient den Eindruck, noch gefüttert werden zu wollen. Einmal (21. Stunde) träumt er: »*Das war in der Babysprache, so ein dadada, ich musste in einer langen Schlange warten, um etwas zu bekommen, Bücher oder Milch? Am Schluss war das leider vergriffen, ich ging leer aus.*« Beim Durcharbeiten seiner Themen wird ihm immer klarer, dass er zwar das verwöhnte Einzelkind war, aber dadurch im eigentlichen Kontaktbedürfnis stets abgespeist wurde. »*Ich blieb allein im Regen stehen*«, sagt er. Er kann nun auch immer deutlicher seine Ekelgefühle vor weiblichen Brüsten verstehen, Ekel als oraler Schutz vor Abhängigkeit und vor dem Missbrauchtwerden. Patient: »*Die großen hängenden Brüste meiner Mutter, die ich immer sehen musste, das hat mich so entsetzlich abgestoßen. Diese Gefühle kommen bei Menschen, die mir in die Nähe rücken. In meiner Nähe respektiere ich so einen Menschen dann nicht mehr, irgendwie, ich sehe ihn als Teil von mir. So wie wenn ich für die Unzulänglichkeiten des anderen zuständig bin, dass ich dafür geradestehen muss. Am schlimmsten zur Zeit, wenn ich eine Freundin habe.*« Therapeutin: »*So, als wären das dann Ihre Unzulänglichkeiten?*« Patient: »*Ja. Ich entdecke oft bei mir einen Zug von meiner Mutter. Ich erlebe bei mir genauso den Drang zum Perfekten, diese Pedanterie, die ich bei mir so ablehne. So, dass ich dem anderen überhaupt keinen Spielraum mehr lassen kann. Zum Handeln und zum Den-*

ken. *Meine Mutter ist im höchsten Maße intolerant.*« Selbst- und Objektrepräsentanzen sind in seinem Erleben noch nicht klar voneinander getrennt, er ist zum Teil noch mit dem Bild seiner Mutter verschmolzen. Er hat Angst vor dem Verschlungenwerden, später auf der genitalen Stufe Angst vor der Verführung durch die Mutter (Ekel). Er fühlt sich schuldig wegen der Anorgasmie seiner Freundin, »*ich bring es ihr nicht*«, assoziiert zum weiblichen Genitale »*Fischgeruch, ähnlich wie bei den Brüsten, allein bei der Vorstellung würgt es mich. Ich habe Ekel vor Spinnen und allem, was glitschig ist. Und wenn ich Weihnachtsplätzchen naschen wollte, gab es Prügel. Wie passt denn das?*« Um sich die Trennungsgefühle in der Therapie zum Beispiel vor Wochenenden zu erleichtern, phantasiert er, ich würde meine Stundenmitschriften in meiner Freizeit immer wieder lesen »wie einen Brief«, er selbst schreibt sich wichtige Gedanken auf Zetteln nach den Sitzungen auf und heftet sie zu Hause in der Küche an die Wand: »*Da habe ich das Wichtigste immer bei mir.*« Er hat sich mit Hilfe von Zetteln ein Übergangsobjekt geschaffen. In den folgenden Weihnachtsferien schickt er mir ein Taschenbuch über eine Kindertherapie eines depressiven, verlassenen Kindes. Auf diese Weise kann er in der Phantasie den Kontakt zu mir halten, zumal er bereits vor Ferienbeginn viel über den Mutterhass und die Angst des Kindes vor dem Verschlungenwerden, also der kindlichen Ambivalenz, in dem Buch erzählt hat. Die Angst vor der Übertragung seiner negativen Muttergefühle kündigt sich an. Für seine Ohnmachts- und Verlassenheitsgefühle erhofft er sich »*Rezepte und Ratschläge. Da war eine Spur von Resignation gestern. Das ist alles so verwickelt und widersprüchlich. Eigentlich will ich gar kein Rezept, aber dann habe ich wieder solch eine Angst vor dem Ohnmachtsgefühl, dieser Depression, dass ich alles so sinnlos erlebe. Ich habe Angst, ob ich dann noch diese Geborgenheit finden werde, hier, so wie jetzt, oder ob ich dann allein gelassen werde, wenn ich mal so schlechte Laune auf hier habe oder Abneigung spüre.*« Therapeutin: »*Ob Sie sich dann noch auf mich verlassen können?*« Patient: »*Ich habe massive Angst davor, wenn es mir mies geht und ich Ihnen was Negatives sagen wollte.*« In der Folgezeit träumt er von seiner enttäuschten Sehnsucht nach Geborgenheit, er ergreift die Flucht in ein fremdes Land als Ausdruck seines Trennungsversuchs, er erlebt sich aber in den Träumen noch fremdbestimmt und einsam. Doch bald träumt er einen »*Wunscherfüllungstraum: Unsere Stunden haben in einem Wohnwagen und ein ganzes Wochenende stattgefunden, durchgehend und kompakt. Ich glaube, ich will eine Sonderstellung bei Ihnen, im Traum habe ich sie mir einfach genommen.*« Doch bald kommt er zur Stunde 15 Minuten zu spät und geht wütend, als ich diese Zeit nicht einfach am Schluss anhänge. Voller Wut und Hass beginnt er die nächste Sitzung: »*So eine billige ärztliche Dienstleistung voller Borniertheit und verdammter Regeltreue. Sie können es ja gar nicht abwarten, bis Sie mich draußen haben!*« Therapeutin: »*Sie fühlen sich so kalt abgeschoben.*« Patient: »*Das stört mich enorm. Das ist frustrierend. Aber mein Zorn irritiert mich jetzt auch. Jetzt will ich die 15 Minuten eben nicht mehr haben!*« Therapeutin: »*Jetzt wollen Sie gleich den ganzen Wunsch weg haben.*« Patient: »*Der stört. Diese perfektionistische Haltung kenne ich zur Genüge.*« Nachdem ich seinen Aggressionsstau in dieser Stunde erstmals so deutlich zu spüren bekomme, fühlt sich der Patient schließlich nach der Sitzung »*erleichtert. Gestern Nacht hatte ich einen schönen Gedanken. Ich habe hier das Gefühl, aus mir herauszuwachsen. Ein einmaliges Gefühl, dass ich mich durch Sie irgendwie hochgezogen fühle und dass ich mich zum ersten Mal im Leben ernst genommen fühle. Ich kann über meine Schwierigkeiten, Wünsche und Phantasien und meinen Zorn reden, ohne dass eine Katastrophe passiert.*« In einer »Märtyreridee« möchte er nach seinem Tod nun alle Leute an seinem Grab zusammenbringen, ihnen einen Denkzettel verpassen mit der Phantasie, dann auch von seinen Eltern »richtig erkannt und wahrgenommen zu werden« und die Menschen (Eltern) über seinen Tod wieder zusammenzuführen.

Nachdem die Atmosphäre zwischen uns wieder gelöster ist und seine aggressiven Gefühle ihn nicht mehr so ängstigen, entschließt er sich zu einer Urlaubsreise auf eine entfernte Insel, er riskiert es, mich zu verlassen. Während dieser Ferien hat er wieder viele »Zettel« geschrieben und hat festgestellt, dass er sich von allen Mädchen abwenden will: »*So eine Beziehung wäre von vorneherein krank. Nur um ein bisschen Wärme zu kriegen, würde ich wie immer alles schlucken. Da war noch so ein komischer Urlaubstraum. Ich war* mit D. und einer Reihe von Mädchen aus meinem Semester zusammen. Da war so ein überdimensional großes Brathuhn, riesengroß. Ich kam auf die Idee, in dieses Hähnchen müsste man von oben hineinsteigen, so vom Schnabel her. Ich habe das den anderen gesagt und dann sind die Mädchen alle der Reihe nach in dieses Hähnchen eingestiegen und waren weg. Der D. und ich haben überlegt, ob wir da auch reinsteigen sollen. Ich saß da mit einem klammen Gefühl, ich dachte, ich müsste jetzt hinterher. Ich habe das aber nicht gemacht, der D. hat gewitzelt, und dann bin ich aufgewacht. Ich weiß noch, wie sich die durch den engen Hals zwängten, so wie ein Eintauchen in etwas Unbekanntes. Ich habe sie dazu verführt mit einer gewissen Schadenfreude, aber auch so einem Pflichtgefühl, ich muss da auch rein.«* Alle Mädchen verschwinden in dem engen Hals (umgekehrte Geburtsphantasie) des überdimensional großen Brathuhns, der verschlingenden Mutter. Das Witzeln ist dabei seine Angstabwehr, in der Schadenfreude erlebt er den Triumph über die Mädchen, von denen er sich in seinem realen Leben immer wieder ausgebeutet fühlt. Es folgt ein weiterer Traum in der nächsten Stunde: »*Da ist eine Frau wie B.s Mutter. Die ist an Krebs gestorben. In dem leeren Wohnzimmer bleibt ein einziges Möbelstück, ein grüner Schreibtischstuhl, zurück. Das war der Thron meines Vaters, sein Arbeitsstuhl, ich durfte mich nie darauf setzen.*« Das Mütterliche in dem leeren Raum war an Krebs gestorben, er möchte auf den »Thron« des Vaters, was ihm jedoch Schuldgefühle bereitet. In der Folgezeit versucht der Patient mit Hilfe von »Sachdiskussionen« (Rationalisierung, Intellektualisierung), in die er mich verwickeln will, mit seinen unbewältigten Aggressionen fertig zu werden. Er träumt: »*Es ging ums Schießen. Der D. und der J. waren noch dabei. Es war in einem Haus, das hätte das Institut K. sein können. Es war eine Menge von Menschen da und es ging darum, den eigenen Willen durchzusetzen. Und zwar knallhart. Es ist unheimlich viel geballert worden, ich habe auch geschossen. Der J. sollte aus dem Haus herausgeholt werden, aber irgendwie hatte da eine andere Macht das Sagen.*« Im Durcharbeiten zeigt sich, dass der gute Kamerad (der nun freundlicher erlebte Vater) gerettet werden muss vor der bösen Macht der Mutter (Institut K.). Im langen therapeutischen Prozess findet er mehr und mehr aus seinen Loyalitätskonflikten heraus und macht erste Triangulierungsschritte. Die Schwellenangst vor der ödipalen Auseinandersetzung mit seinen konfliktbeladenen Triebwünschen muss er jedoch noch scherzhaft kommentieren: »*Des Lustprinzip, des kriagt a Watsch'n!*«, und er redet sich seine Verliebtheit in eine etwas ältere, gebundene Kommilitonin aus. Er ist noch nicht auf diese Schwellensituation vorbereitet, wenn er trauert und tiefe Gefühle entdeckt: »*In mir ist ein Loch, das ich nicht füllen kann, ein tiefer Mangel an Liebe. Ich fühle mich vom Leben überfordert und lebe in einem Zustand, in einem Korsett von Zwängen, wo ich nicht den Mut habe, mich zu befreien, wie so ein allgegenwärtiges Über-Ich. Meine Jahresillusionen brechen zusammen, die Rechnung geht nicht auf. Die Ehe meiner Eltern war immer schon kaputt, ich war ihr Kind zum Vorzeigen und zum Kitten, perfekt versorgt – durch Dienstmädchen! Verweichlicht, verhätschelt, isoliert. Und wenn ich mal was in die Hand nehmen wollte, hat mein Vater mir immer alles weggenommen, jegliche Art von Eigeninitiative.*« Auch nach Beendigung des ersten Studiums, das er ausdrücklich auf Wunsch des Vaters absolviert hatte, da dieser im Sohn den Firmennachfolger sehen wollte, hat er dem Patienten den »Thron« verweigert. Im weiteren Durcharbeitungsprozess wiederholen sich seine Lebensthemen, seine Schwellenängste, doch werden seine Bewältigungsversuche risikofreudiger und autonomer. Seine Wutaffekte wechseln zwar noch ab zwischen Selbsthass und Minderwertigkeitsgefühlen bis hin zu enttäuschten »Riesenansprüchen« an sich selbst (überhöhtes Ich-Ideal) und Entwertung und Zorn auf die Objektwelt in der Übertragung und auf dem Nebenschauplatz, doch wächst auch gleichzeitig seine Selbstfürsorge im analytischen Nachreifungsprozess. Er ist sich nun meiner Aufmerksamkeit sicher und berichtet einen Traum: »*Ich bin in einer Art Kinderkrippe, wo man die Kinder abgibt. Das war gleichzeitig ein Waisenhaus. Plötzlich drückt mir jemand, Sie?, ein kleines Baby in den Arm. Ich weiß nicht, was ich mit dem Baby tun soll. Ich wollte es in ein Sanatorium bringen oder wieder der Frau zurückgeben, weil ich ja noch in Ausbildung bin! Doch dann sehe ich nur noch einen Weg, nicht mehr Selbstmord, ich muss das Kind annehmen, ich bin in der Verantwortung. Hoffentlich bin ich dem gewachsen!*« Erstmals findet er in sich eine »trost-

spendende« Mutter, die ihr Kind nicht mehr ins »Waisenhaus«
bringt. Die Atmosphäre zwischen uns ist wieder gelöster. Er ist in
der Lage, eine dauerhafte Beziehung zu einer Kollegin aufzubauen,
und macht seinen Studienabschluss. Die Therapie ist noch eine
Weile intensiv im Gange, die befürchtete »Nachdepression« nach
dem Examen bleibt diesmal aus, er steigt in ein kreatives Berufsleben ein. Ein paar Jahre später schickt er mir eine Geburtsanzeige
von seiner Tochter: »*Emmelie ist ein wunderbares Baby, sie weiß,
was sie will, sie isst, lacht, schreit und hat das Herz ihrer Eltern erobert. Mir ist unerklärlich, wie das anders sein könnte. Sie wissen
schon. Ich danke Ihnen für die Analyse. In inniger Verbundenheit,
Ihr H. F.*«
Herr F. hat seine depressiven Merkmale in einem rasanten Nachreifungsprozess erkennen und überwinden können. Seine Beziehungen und seine Arbeitswelt sind nicht konfliktfrei, aber sein
»Eigentum« geworden.

5.3 Narzisstische Konflikte

Mobilisiert eine Prüfungs- bzw. Schwellensituation in erster Linie
nichtverarbeitete frühkindliche narzisstische Konflikte, so kommt
es zu schweren Kränkungserlebnissen. Die Angst vor Blamage
oder davor, das Gesicht zu verlieren, bewirkt bei solchen Prüflin-
gen oft eine schlechte Vorbereitung auf ein Examen oder Arbeitsstörungen, wenn es um einen weiteren Aufstieg auf einer beruflichen Karriereleiter geht. Der Betroffene ist sich zu schade für
kleine Details. Es kränkt ihn, als Prüfling oder Anwärter für Hö-
herstufung dazustehen. Sollten doch unbewusste Phantasien eigener Omnipotenz zunächst schützen vor unerträglicher Ohnmacht
und Insuffizienz bzw. dem Erleben eigener Relativität. Die Prü-
fungs- und Aufstiegschance erlebt er als Kontrolle durch andere
Personen oder Instanzen und die Möglichkeit, darin zu versagen,
kann zur ernsten Gefahr einer narzisstischen Dekompensation
werden. Diese narzisstische Grundproblematik soll durch das folgende Fallbeispiel verdeutlicht werden. Auch hier ist mir die Aus-
führlichkeit in der Schilderung ein Anliegen, um aufzuzeigen, wie

sich Störungen in den frühen Objektbeziehungen im analytischen Prozess wiederbeleben und aufarbeiten lassen.

Der 40-jährige Patient hat massive Arbeitsblockaden und Potenzängste (wie sich später herausstellt, ist er »im entscheidenden Moment impotent«). *»Ich habe das vage Gefühl, beides hat etwas miteinander zu tun.«* Bei der Vorbereitung auf eine hochkarätige akademische Prüfung erlebt er sich ähnlich auf die Probe gestellt wie schon immer beim intimen Kontakt mit Frauen. Seit geraumer Zeit lebt er mit einer wesentlich älteren, erfolgreichen Geschäftsfrau in deren Haus zusammen, die sich noch ein »spätes Kind« vergeblich von ihm erhofft hatte: *Ich fühle mich dumpf und lethargisch, nichts ist fassbar, ich lebe in dem ständigen Druck, ich schaffe etwas nicht.* Er hat Angst vor seinem Vorgesetzten, dessen Missachtung er befürchtet. Ähnlich geht es ihm als Seminarleiter mit Studenten, die über ihn spotten könnten. Er fürchtet sich auch vor seiner Rolle als Prüfer, bei der er sich mit eigenen Wissenslücken blamieren könnte. Um dieser Angst entgegenzuwirken, stellt er »brutal harte Prüfungsaufgaben« mit dem Ergebnis, dass er tatsächlich sehr gefürchtet und unbeliebt ist. Will er Frauen kennen lernen, hat er Angst davor, in peinlicher Weise zurückgewiesen zu werden. Die eigene Lebensgefährtin verachtet er, sie sei »dumm und ungebildet«. Sie lasse ihn allerdings »in Ruhe«, sodass er seinen »Forschungstätigkeiten« an der Universität, der »Alma Mater«, »ungestört« nachkommen könne bzw. sie von seinen tragischen Arbeitsblockaden nicht viel mitbekomme. Er hat des Weiteren extrem schwere Ein- und Durchschlafstörungen und leidet unter Alpträumen. In der Phase seiner konkret anstehenden Prüfungsvorbereitung starrt er »Löcher in die Luft«. Er sagt: *»Ich sitze in der Falle, in meiner eigenen, ich muss Farbe bekennen und fühle mich jetzt bereits vernichtet, ich existiere eigentlich gar nicht mehr.«* Als sich nun seine Lebensgefährtin zur Heirat eines ausländischen, wesentlich jüngeren Mannes entschlossen hatte, »nur um ihm die Aufenthaltsgenehmigung zu ermöglichen«, er sie aber beim Sex mit ihm »ertappt«, bricht er »in einen Abgrund« ein: *Ich weiß nicht mehr, wer oder was ich bin, ich bin ein gescheitertes Nichts.«* Eine intensive ambulante Krisenintervention wegen dieser akuten Identitätskrise wendet die suizidale Gefahr zunächst ab.

Schon bei seiner Einschulung (er hatte nie einen Kindergarten besucht), bei sämtlichen Veränderungen in seinem späteren Leben wie vor seinem Abitur und v. a. vor dem Abschlussexamen seines Studiums traten bei ihm stets schwerste, z. T. lebensbedrohliche psychosomatische Erkrankungen auf. Später hatte für ihn das sichere Wissen, dass er die Alma Mater als Schutz gebende Institution nicht so schnell verlassen würde, etwas Beruhigendes: Er wollte auf der Karriereleiter immer weiter nach oben steigen.

Die Mutter des Patienten war selbst sehr labil und depressiv. Inzwischen würde man vom Krankheitsbild her von einer »major depression« sprechen. Aus Überforderung ließ sie ihr Kind nach der Geburt in einem Kinderheim, bis es fast zwei Jahre alt war. Der Vater war weich und konfliktscheu, er hatte selbst starke Ängste und musste sein Studium wegen Examensängsten aufgeben. Er blieb ohne Beruf und ging »Gelegenheitsarbeiten« nach und war auch später »nicht ansprechbar und fast nie zu Hause«. Die Eltern besuchten den kleinen Sohn nach seiner Geburt nur gelegentlich an Wochenenden im Kinderheim. Als sie ihn dann mit fast zwei Jahren »herausholten«, war die Erziehung streng und fordernd, die Elternehe lieblos. Die Mutter klammerte sich stark an ihren Sohn. Er wurde von ihr bewundert und als Partnerersatz missbraucht, vor allem während der vielen Reisen und Wirtshausaufenthalte des Vaters. Ein eigenes Kinderzimmer hatte die Mutter ihrem Sohn nie zugestanden, »anfangs« (?) schlief er bei ihr im Ehebett, alles Weitere ist aus seinen Erinnerungen »erloschen«. Er musste die oft tagelang weinende Mutter trösten. Außenkontakte wurden von ihr weitgehend, z. T. sehr eifersüchtig, unterbunden. Er wuchs sehr isoliert auf und war bis zum siebten Lebensjahr Bettnässer. Von Gleichaltrigen wie von Lehrern wurde er viel gehänselt und verspottet. Seine Einsamkeit versuchte er früh mit exzessivem Lesen (»*fast Tag und Nacht war ich in meine Bücher versunken, sie waren meine Welt, mein Refugium*«) oder – dank seiner Hochbegabung – mit besonderen Leistungen auszugleichen. Allerdings war er auch sehr oft z. T. sehr krank (u. a. Lungenentzündungen usw.). Er war ein hochmusikalisches Kind, spielte seit seinem 6. Lebensjahr Geige und wurde sicherlich durch seine ehrgeizige Mutter und einen engagierten Musiklehrer sehr gefördert. In seinen Tagträumereien phantasierte er sich, vor allem in der Pubertät, als weltberühmten Solisten. Seine Allmachtsgefühle, die eine Illusion der Vollkommenheit über das drohende Gefühl vernichtender Ohnmacht breiteten und damit einen lebenswichtigen Selbstschutz für ihn darstellten, gerieten bei realer Bewährung in Gefahr. Er wurde körperlich krank oder brach im Rahmen wohl schwerster Identitätskrisen »seelisch auseinander« (vermutlich schwere Derealisations- und Depersonalisationserlebnisse, die er nicht näher beschreiben kann). In Schwellensituationen, die er wohl als nicht zu bewältigende Prüfungen erlebt haben muss – z. B. vor musikalischen Schulaufführungen –, erschien er dann oft nicht zur Orchesterprobe. Zum Abschlusskonzert des Schuljahres, wo er als erster Geiger und Solist erstmals auftreten durfte, erschien er nicht. Die Schulaula war voller Zuhörer, er versteckte sich aus Angst im Wald. War es Angst vor einem Scheitern gemessen an seinem überhöhten Ich-Ideal, dem Künstler von Weltruf? Oder hatte er Angst, seine Mutter zu enttäuschen oder gar zu befriedigen? Welch ein Aufruhr in diesem Zusammenhang in der Schule entstanden war, kann sich jeder vorstellen. Verlassenheits- und Versagensängste sowie auch Missbrauchsbedrohung begleiteten diesen Menschen durch die ganze Schul- und Studienzeit sowie in seinem Beruf. Seine früh erlittenen Traumata, der Mangel an intrapsychischem Containing (Bion), d. h. die frühen interpersonalen traumatischen Situationen in seinem Leben, lösten bei jedem für ihn anstehenden und subjektiv erlebten Prüfungsvorgang eine schwere Identitätskrise aus.

Am Anfang der mehrjährigen Analyse erinnert der Patient zunächst kaum aktuelle Träume, sondern frühere »Wiederholungsalpträume«, wo er versagt, sein Abitur immer wieder machen muss, in der Mathematik nicht weiterkommt und seinen Lernstoff nicht schafft. Also stets Träume, in denen er nach den bestandenen Prüfungen scheitert, was seinem psychischen Selbstgefühl der Erfolglosigkeit im Leben wohl entsprach. Erst später in der Analyse bringt er einen aktuellen Alptraum – bereits als Hochschullehrer – mit in die Stunde: »*Mein Lateinlehrer steht wie ein schwarzes Monster vor mir. Ich habe panische Angst. Ich habe die Vokabeln nicht gelernt.*« Im zweiten Analysejahr träumt er: »*Ich sitze wieder in der Schule. Ich bin wieder in der zwölften Klasse. Die Lehrerin prüft mich, in Latein, ich weiß nichts. Ich suche verzweifelt nach meinem Spickbuch, das ich nicht finde. Ich weiß, dass ich das Abitur schon einmal bestanden habe, aber ich muss es noch einmal machen. Ich spüre furchtbare Angst und das Gefühl, nicht vorbereitet zu sein.«*

Das Wiederauftauchen des frühen Verlassenheitstraumas im Erleben des Patienten und die Erinnerung an den zumindest narzisstischen Missbrauch, bedingen die ständige Gefahr einer Retraumatisierung, die immer wieder durch die Nähe in der therapeutischen Situation aktualisiert wird. Die neu entstehende Fähigkeit, sein traumatisches Erleben in Träumen darzustellen, ist als eine Bewältigung zu verstehen, auch wenn diese traumatischen Träume zunächst noch keine Lösungsmöglichkeiten antizipieren. Die Alpträume, durch längst bestandene Prüfungen zu fallen, geben sein Selbstgefühl des im Leben Gescheitertseins als Ausdruck unzähliger Knickstellen in seiner psychischen Entwicklung wieder. Es entsteht in der Analyse sehr, sehr langsam gewissermaßen ein so genannter intermediärer Raum mit der entsprechenden Symbolisierungsfähigkeit, der die intersubjektive Beziehung, d. h. die ganz konkretistisch erlebte Primärbeziehung, ablöst.

Der Patient entdeckt die Lücken in seiner Reifung. Dies drücken seine Prüfungsangstträume aus. Er spürt das Manko, nicht so großartig zu sein, wie er es sich in seinen grandiosen Phantasien vorgestellt hatte. Die kleinen Schritte der Annäherung zwischen Real-Ich und Ideal-Ich hatte er nicht getan. Der große Musiker, der berühmte Professor, der potente Supermann lassen ihn in seinem Selbstgefühl zum Versager werden. Sein zentrales narzisstisches Trauma und die Missbrauchserfahrungen durch die Mutter – er hatte lange Zeit in ihrem Bett zu schlafen, wenn sie deprimiert war – werden in Schwellensituationen immer wieder mobilisiert.

In einer sehr konfliktträchtigen Therapiephase, wo es überwiegend um das Erleben von Ohnmacht und um Kränkungen ging, verzögert er den Stundenbeginn durch längere Aufenthalte (10 bis 15 Minuten) auf der Toilette (meine Gegenübertragungsphantasie: onaniert er? Versteckt er sich vor mir als missbrauchtes Kind?), oder er schlief in den Sitzungen des Öfteren bei konfliktträchtigen Themen

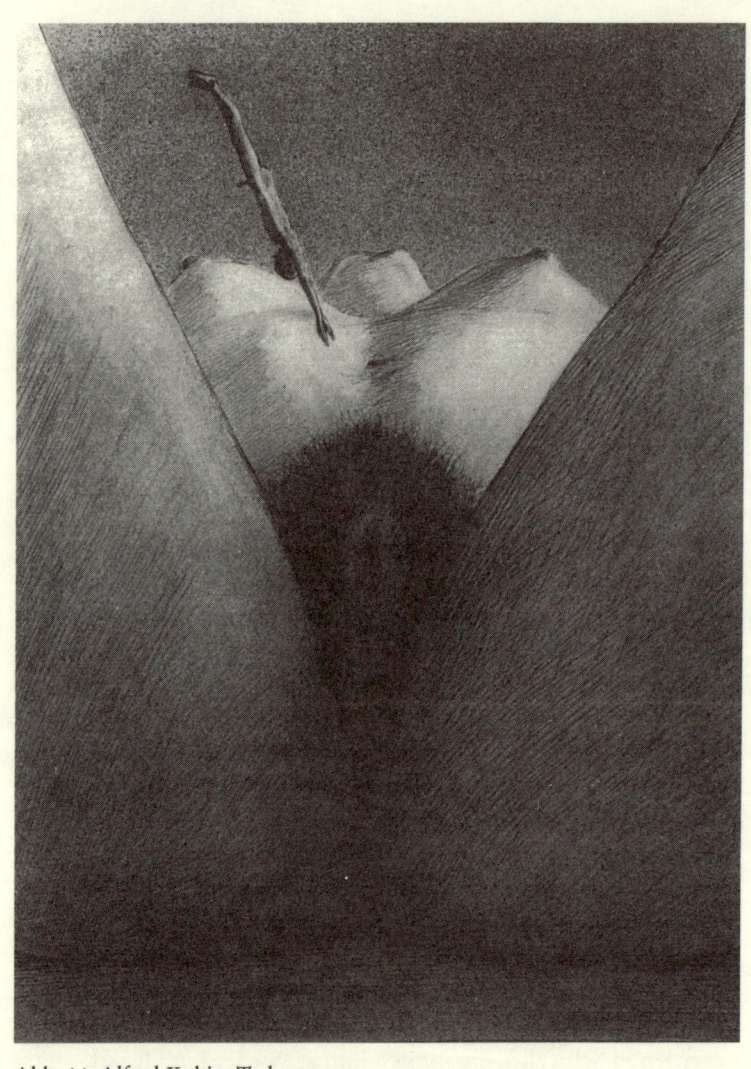

Abb. 14: Alfred Kubin: Todessprung
© VG Bild-Kunst, Bonn 2003

Abb. 15: Alfred Kubin: Die Spinne
© VG Bild-Kunst, Bonn 2003

174

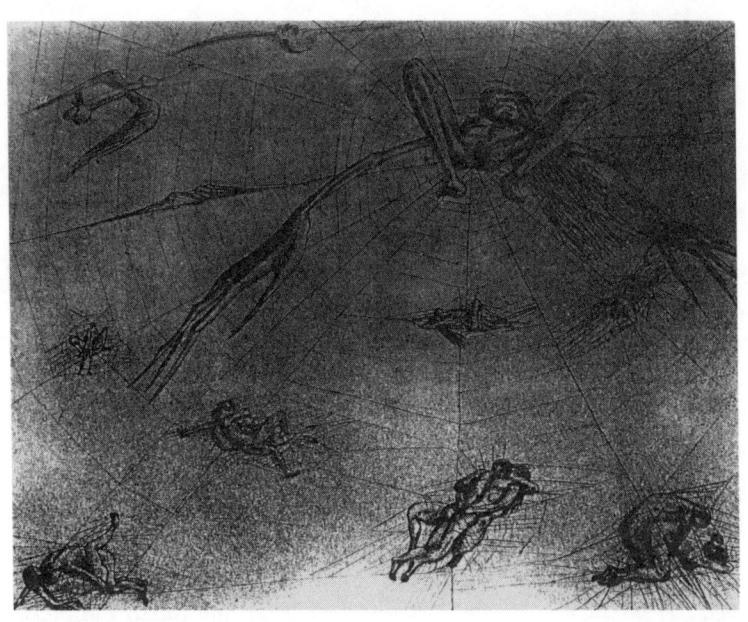

ein, z. B. wenn es um Verlassenheit, Trennung bzw. Getrenntheit oder Sexualität ging. Er erinnert unter Scham die »phantastischen Bilder von Alfred Kubin«, ohne sie im Detail zu schildern oder darauf näher eingehen zu können. Fast unerträgliche Angst breitet sich im Analysezimmer aus. Hat er Angst vor dem »Todessprung?« (s. Abb. 14). Oder den anderen erotischen Bildern, z. B. der »Spinne«? (vgl. Abb. 15). Einmal war er wieder mitten in der Stunde eingeschlafen und wachte aus einem tiefen Traum wieder auf: »*Ich spüre eine lähmende Müdigkeit. Da war ein Traum. Ich war im Nürnberger Prozess. Ich war angeklagt. Ich hatte Todesangst. Es ging um meine Hinrichtung. Jetzt fühle ich nichts.*«

Es dauert lange Zeit, dass der Patient die Angst vor Beschämung vor mir und vor Vernichtung (in der negativen Übertragung) überwindet und dass er die Szenen im Hier und Jetzt versteht und sich dann vertieft auf den Prozess der Gefühlsdifferenzierung einlassen kann. Eines Tages zeigt er mir sogar seinen Katalog mit den Kubin-Bildern, zunächst in der Flucht nach vorn sehr mutig rational, dann in der Szene eher verschämt und gleichzeitig ein wenig provozierend humorvoll. Er sagt etwas verlegen scherzhaft: »Besser hätte ich es nicht malen oder träumen können: die Angst vor dem Weib!« Seine frühere Impotenz kann er mehr und mehr reflektieren (und symbolisieren), im »Todessprung« erkennt er seine Angst vor Selbstverlust und Tod in einer lebensfeindlichen Gebirgslandschaft und im Anblick des bedrohlichen »Urweibes«. Die »Spinne« lässt ihn erschrecken vor seiner eigenen (in der Kindheit durch die Mutter überstimulierten) »unlösbaren Prüfung« Sexualität. Hier wird wieder deutlich, dass die Symbolisierungstätigkeit als psychische Funktion eines Menschen nur möglich werden kann, wenn zwei über ein Drittes (hier Kubins Bilder) korrespondieren können. Der Patient macht nun eine eindrucksvolle Nachreifung durch. Während dieses Prozesses produziert er z. T. grauenhafte Traumbilder, in denen er zu Tode gemartert wird. Arme und Beine werden ihm stückchenweise abgeschnitten, was tiefe Angst vor Fragmentierung und Amputation ausdrückt, aber auch analsadistische Konflikte bebildert. Er sagt selbst einmal zu einem Traum: »*Es war eine Folter. Vokabeln, Hautstücke, Wörter, Gliedmaßen, alles flog durch das Klassenzimmer. Ich hatte panische Angst und Todesgefühle, doch diesmal gelang mir die Flucht, ich stand mit einer Gruppe von Schülern am Ausgang meiner Schule.*«

In dieser Phase des Durcharbeitens erinnert er schließlich einen Wiederholungsalptraum aus der Kindheit mit ca. sechs Jahren, also kurz vor der Einschulung: »*Ich sehe konzentrische Kreise, die immer größer werden, die wachsen und wachsen zu einem Riesenvolumen an. Ich habe schreckliche Angst. Die Bedrohung wird immer größer. Die sind so riesig aufgebläht und kommen immer näher auf mich zu. In dieser panischen Angst bin ich immer aufgewacht. Komisch, diese Bilder waren weit weg, jetzt kommen die alle wieder.*«

Seine Angst, von den als riesig erlebten Anforderungen und dem nächsten Schritt in seiner Identitätsentwicklung – damals von der Schule – überrollt zu werden, wird allmählich geringer. Die Phantasien über seine eigene Allmacht (als Gegenpol zur Ohnmacht) mildern sich, die eigenen Fähigkeiten können realitätsgerechter eingeschätzt werden. Er etabliert sich beruflich außerhalb der Alma mater, spielt wieder Geige und hält die Enttäuschung der Normalität aus. Er lernt eine Frau kennen, mit der er eine vorsichtige erotische Beziehung eingeht – und er legt seine letzte Universitätsprüfung mit großem Erfolg ab.

An dieser Stelle möchte ich nochmals auf die Gedanken Altmeyers (2000) zurückkommen: »Die narzisstische Störung lässt sich als Bewältigungsversuch verstehen, bei dem das Gefühl fehlender intersubjektiver Anerkennung im Zentrum unbewusster Phantasien steht und zu kompensatorischen Erlebnis- und Verhaltensweisen führt. Die Symptome dieser Störung haben eine reparative Funktion und dienen in vielfältigen Erscheinungsformen einem stummen oder lärmenden Kampf darum, vom Anderen wahrgenommen und anerkannt zu werden.«

Ich komme nun zu einem anderen Fallbeispiel, das ich bereits beim Thema Angstentwicklung erwähnt hatte. Es handelt sich um einen ebenfalls narzisstisch sehr gestörten Patienten, der bei krisenhaften Zuspitzungen eine schillernd histrionisch-expressive Symptomatik entwickelte. Der 24-jährige Mann war durch die Aufnahmeprüfung bei einer renommierten Schauspielschule gefallen. Seit dem Abitur habe er »so nebenbei ein bisschen rumstudiert«, um sich nun seinen Jugendtraum zu erfüllen, nämlich Schauspieler zu werden. Er habe immer schon »geschauspielert« und sei bereits in seiner Schulzeit stets der Klassenclown gewesen. Die Aufnahmekommission habe ihn wohl als begabt, aber als zu »irritierbar und unecht« eingestuft. Es fiel wohl das ihn fast vernichtend kränkende Wort »Schmierenkomödiant«. Er sagt: »*Wenn das, was ich bin, mir nicht mehr geglaubt wird und so eine arrogante Tussi mich ablehnt, stürze ich in die totale Katastrophe.*«

Der große, schlanke junge Mann kommt zum Erstkontakt schwungvollen Schrittes auberginerot extravagant Ton in Ton gekleidet. Sein dunkles, halblanges Haar ist mit Gel gestylt, in seinen Bewegungsabläufen ist er schlaksig-jungenhaft. Mich faszinieren seine Augen und sein intensiv werbender Blick. Gelegentlich spüre ich seine Gefühle von Unsicherheit und Deprimiertheit, die er durch aufgesetztes, fröhlich-heiteres und zum Teil flüchtig-sprunghaftes Verhalten überspielt. Er leidet unter Arbeitsstörungen, schweren Versagensängsten und ist – seit seinem Scheitern an dieser Aufnahmeprüfung – latent suizidal. *Das Leben ödet mich an, und seit meiner katastrophalen Beziehung mit C. habe ich den Drang, aus dieser fatalen Abhängigkeit auszubrechen. Ich fühle mich überhaupt vom Leben gedemütigt, seelisch und geistig bin ich total abgeschlafft.* Wie ich später noch erfahren werde, hat er schwere sexuelle Störungen (Impotenz) und bekommt »im Bett heftige Wutausbrüche… ich explodiere dann…« Auch auf seine Mutter kann er nicht »reserviert eingehen«, er sucht »dranghaft« den Kontakt zu ihr und ruft sie täglich am späten Abend an, und gleichzeitig verabscheut er diesen Kontakt: *»Sie observiert mich ständig, sie ist allgegenwärtig … wie ein hilfreicher Engel besorgt, ohne zu kapieren, worum es eigentlich geht.«*

Die Mutter ist leicht kränkbar, in ihren Blicken stets vorwurfsvoll, um das körperliche Wohl des Patienten sehr besorgt und sie will »alles bis ins letzte Detail« von ihm wissen (auch sexuelle Dinge). Bei Meinungsverschiedenheiten ist sie »sofort betroffen« und beklagt seine Lieblosigkeit. »Ich bin diesem Liebesdruck total ausgeliefert!« Von Geburt an habe er ihr »kleiner Karajan« sein sollen, musikalische Unterstützung hat er allerdings nie bekommen. Als Siebenjähriger musste er sich noch auf die Waschmaschine stellen, damit ihm die Mutter die Strumpfhosen anziehen konnte. Sie überprüfte dabei abtastend, ob sie glatt sitzen. Echte Zärtlichkeiten gab es allerdings nie, über Sexualität wurde nicht gesprochen. Der Vater ist seit der Geburt des Patienten sehr krank (Herzerkrankung) und schon lange Frührentner. *»Er war nur in Sanatorien und nie richtig da, ich verachte ihn … er ist von meiner Mutter weich gebogen wie von einem Schweißbrenner.«* In Kindheit und Jugend konnte sich der Patient durch clownhaftes Verhalten, was ich als Kompromiss zwischen Grandiosität und Selbstentwertung sehe, in den Mittelpunkt spielen. Wenn er seine »Schauspielerrolle« nicht ausüben konnte, *»war ich schwach und unmännlich«.* Mädchen gegenüber zeigte er sich werbend und »erfolgversprechend«, aber seine Mutter »ertappte« ihn immer wieder und er musste ihr auf deren »Nachbohren« hin immer alles »beichten«.

Während der gesamten Vorgesprächsphase erlebe ich eine starke Divergenz zwischen der inneren Verfassung des Patienten und seinem getrieben erotischen Werben mir gegenüber. In seiner Eitelkeit ist er zum Teil faszinierend, zum Teil aber verwirrend, vor allem wenn er mir seine labile, leicht reizbare und auch oberflächliche Affektivität zeigt, ein dramatisches, Aufmerksamkeit heischendes und theatralisches Gehabe. Manchmal lügt er auch, wenn er mir von seinen Theatererfolgen (als Laienschauspieler) vorschwärmt, die es – wie später deutlich wurde – nie gab. Ich spüre Zweifel an der Echtheit seines Erlebens, er möchte mich mit seinem übertriebenen und demonstrativen Verhalten emotional mit ihm verwickeln und macht es mir im Laufe der Behandlung mit diesem von mir darin gesehenen Schutzmechanismus nicht gerade immer leicht.

Die erste Therapiestunde beginnt er: »*Mir werden meine Bewegungen, meine Haltung auf ganz unangenehme Weise bewusst. Die Hände, die Haare, alles. Dass ich ständig was verändern muss an mir – oder schlimmer –, wenn ich mit jemandem zusammen bin, hab ich ständig das Gefühl, es sei noch ein Dritter dabei, der mich auch beobachtet. So unangenehm. Wenn ich wo bin, sag ich dann oft so komische Dinge zur Belustigung anderer … ich komme nicht davon los, dass ich mein Publikum brauche.*« Er gibt mir zu verstehen, dass er sich in einer Zweierbeziehung seinen wirklichen Gefühlen nicht hingeben kann. Er sucht – paranoid gefärbt – Beziehung über Dritte. Auch in der Phantasie. Sonst drohen wohl Verschlingung und Fremdbestimmung. Er muss die Kontrolle aufrechterhalten und – mit Hilfe seiner hysteriformen Abwehr – für gute Stimmung sorgen. Er sagt selbst: »*Ich bin wie ein Chamäleon. Ein Mensch, der total nach außen lebt. Wenn ich was Stabiles, irgendwas Festes in mir hätte, wäre es anders.*« Wütend und verzweifelt berichtet er mir in der dritten Stunde seinen ersten Traum: »*Ich träumte, dass mich meine Eltern betrügen! Das war so ein Betrug, einfach, weil sie sich gegenseitig betrogen haben. Sexuell fremdgegangen. Das Gleiche lief mit meiner Freundin ab. Die ist sexuell mit anderen Männern fremdgegangen. Ich hatte das Gefühl, dass ich mich zum ersten Mal laut gegen meine Eltern aufgelehnt habe, so gebrüllt! … Mich hier so in Keuschheit aufzuziehen, meine sexuelle Befreiung niederzumachen!*«

Sein Traumgefühl sei vernichtend gewesen. Er kann den Ausschluss aus der Urszene nicht ertragen. Sein Changieren wird verständlich: Durch die anderen Männer als Teile seiner selbst wird er betrogen durch die Vertauschbarkeit, sein Rollenspiel, das er in seiner Identitätsproblematik selbst anbietet. Die Eltern sind gegeneinander eingestellt, bieten nach außen jedoch eine einheitliche Fassade, wogegen er sich heftig wehrt.

Eines Tages kommt er als Clown geschminkt und verkleidet zur Stunde: Er beginnt ganz unvermittelt, ohne sich auf seine Verkleidung zu beziehen: *»Das erinnert mich an eine politische Gruppe oder ein Seminar. Da sind so große Hemmschwellen da. Ich denke, was ich sage, ist lächerlich. Aber wenn ich mal angefangen habe, dann läuft das gleich weiter. Nicht mehr so steril. Ich fühle mich nicht mehr so einsam. Ich merke, dass ich selbstsicherer auftreten kann, mehr Mut habe, befreiter bin. Aber es muss ein sehr guter Einstieg gewesen sein.«* Therapeutin: *»Sie suchen heute – so, wie Sie gekommen sind – nach einem sehr guten Einstieg?«* Patient: *»Ja, ich glaub schon, dass ich so unter Leistungsdruck stehe. Ich mag mich gewählt ausdrücken, will da Gehalt reinbringen. Ich glaube, dass ich da von meinem Äußeren viel bringen kann. Ich glaube nicht, dass meine Worte auf Widerhall stoßen können. Oft kommt das gar nicht so an, was ich sage. Ich rede oft so introvertiert, so hauchig. Man müsste fester auftreten. Viele Leute bringen oft so leere Phrasen, aber die kommen an.«* Therapeutin: *»Und Sie haben das Gefühl, wenn Sie kommen, einfach wie Sie sind, kommen Sie nicht an?«* Patient: *»Ich brauche Zuschauer, eine Umwelt, um erhört zu werden.«* Der Patient agiert immer wieder, indem er sich schauspielerisch darstellt, sich dramatisierend redegewandt beschreibt, einmal als Affe geschminkt und verkleidet kommt oder sich sonstwie provozierend verhält. Er phantasiert sich seinen Idealzustand aus, als »Solotänzer auf einer einsamen Insel« zu leben, »einmalig begabt« (vielleicht wie der kleine Karajan seiner Mutter).

Er berichtet einen Traum: *»Da laufen immer so banale Dinge ab. Ich hab geträumt, da brennt das Zimmer ab. Es fängt an zu brennen, ich hab laut geschrien, das ganze Haus brennt ab! Blöd, weil später hab ich immer dann so Einschlafstörungen.«*

Der Patient kommt immer wieder in Angst, seine Identität zu verlieren, wenn er im analytischen Nachreifungsprozess zunehmend erleben muss, »dass ich gar nicht bin, was ich bin«. Seine Selbstverlustangst wird spürbar, er bagatellisiert noch seine Angstträume, um von dem großen Angstpegel seiner unintegrierten aggressiv-libidinösen Triebkräfte nicht überwältigt zu werden (es brennt!). Noch in derselben Stunde berichtet er folgenden Traum: »*Da bin ich schon noch mal in der Nacht aus einem Traum aufgeschreckt, weil ich einfach träumte, dass mein Vater zu wenig Federn im Kissen hat. Komisch, es ging um Tausende von Federn. Ich habe alle nachgezählt. Es waren eintausenzweihundertvier. Ich dachte noch, da fehlt was, da ist was verloren gegangen, das sind zu wenige, das genügt nicht.*«

Der Vater hat – symbolisch gesehen – zu wenig Gewicht (Federn), wahrscheinlich in der Triangulierung. Dass er Defizite am Vater entdeckt, macht Angst. Er befindet sich in einem ständigen Wechsel zwischen süchtig erlebten Abhängigkeitsbedürfnissen (»ich brauche die Therapie wie Opium«) und Wünschen nach Distanz, oftmals hergestellt in Form von Abwertung. Er betont nun die Bedrohung durch die Frauen »mit den traurigen Augen«. Er kommt wochenlang mit einer dunklen Sonnenbrille zur Stunde, die er erst während der Sitzung auf der Couch, wenn er mich nicht mehr sehen kann, abnimmt. Eine Stunde beginnt er: »*Sie starren mich so an. So körperlich ... so im Genitalbereich, so nackt – wie in den ersten ungewohnten Stunden – ich fühle mich so ungeschützt, ich will mich zudecken.*« Etwas später: »*Ich kann mich am FKK-Strand nicht ausziehen ... dann aber provoziere ich auch gerne. Ich ziehe auf Partys die Hosen runter und tanze in ausgefallenen Slips. Türkis am liebsten* (er lacht laut). *Wenn ich erotisiere oder flirte, ist das eher geistig. Früher habe ich die Leute durch Direktheit schockiert, vor allem bei älteren Frauen, so ab dreißig, da hab ich drauf abgezielt, deren Hemmungen zu decouvrieren.*«

Er macht mich neugierig und »lüstern«, um mich dann zu verachten oder abblitzen zu lassen. Sexualisierung dient zur Vermeidung eigener erotischer und anderer Gefühle, *er* hat die Kontrolle. Vor allem aber muss er seine im therapeutischen Prozess aktivierte Angst vor seelischer Vernichtung (Selbstverlustangst) agierend abwehren. Wie tief seine Ängste sitzen, zeigte ja bereits der Traum vom brennenden Haus. Auch in diesem Therapieabschnitt kommt – vor allem bebildert in Träumen – die ganz andere, zutiefst geängstigte Seite seiner (scheinbaren) Oberflächlichkeit zum Ausdruck. Er berichtet: »*Ich hatte wieder einen Angsttraum. Ich bin aus dem*

Schlaf hochgeschreckt und habe laut geschrien. Zuvor wurde jemand umgebracht. Das war in einer Anstalt oder einem Krankenhaus. Es gab nur so kleine Fenster zum Durchgucken. Jemand ist von draußen gekommen mit einem Maschinengewehr, der hat durch eine Tür oder ein Fenster aus Holz durchgeschossen. Der Mann da drin war umgebracht worden, der Mörder hat den hinterrücks erschossen. Das war eine grausame Szene. Der hatte zu viel gewusst. Das war Mord. Dann bin ich hochgeschreckt.« Der Mann, der Patient mit seinem »wissenden« Selbstanteil, wird umgebracht, er »schauspielert« wieder, um sein Leben zu retten. Er darf in seinem Innersten nicht wissend werden oder muss sein Wissen zumindest (vor der Mutter oder vor dem Vater?) verbergen. In dieser Zeit steht auch erneut eine Prüfung an, die ihn sehr ängstigt. In seiner »Warteschleife« auf die Schaulspielschule hatte er ein akademisches Studium (Kommunikationswissenschaften) begonnen, das ihn eigentlich auch sehr interessiert und wo er auch Erfolg anstrebt. Gleichzeitig hatte er dieses Studium aus seiner tiefen Kränkung nach der damals gescheiterten Aufnahmeprüfung gewählt. Hatte er möglicherweise im Dienste des Größenselbst als Ausdruck eines narzisstischen Restitutionsversuchs (mangelnde Spiegelung in der Kindheit) ein Fach mit medialer Kommunikation (Illusion einer Spiegelung z. B. im Fernsehen) gewählt? Er träumt: *»Es war Prüfung. Ich saß in der Gruppe der Prüfungsklasse vom L., wo ich den Magister mache. Der verteilt so Themen. Ich hatte die Möglichkeit, mir einen hohen Baum als Fallbeispiel zu nehmen, den wir alle sehen konnten. Der war ganz skurril, so hoch und abgesetzt mit Plateaus. Ich sollte anhand des Baumes das Problem der Ausgewogenheit in der Gesellschaft festmachen. Ich sagte, ich würde gerne dieses Baumbeispiel übernehmen, ich hätte da sehr viel über die Gesellschaft deutlich machen können. Der Baum war sehr hoch, oben war er gekrümmt. Das fiel optisch auf. Ich wusste nicht, wie ich die Stufen betrachten sollte. Plötzlich sah ich, wie da Leitern von Stufe zu Stufe hingestellt wurden, dann so Podeste, dann waren da Treppen bis zu dem Baum ganz hoch. Ich habe so unheimliche Angst vor dieser Höhe bekommen. Um mit der Arbeit fertig zu werden, hätte ich den Baum besteigen müssen. Ich bin voller Angst und Panik schweißgebadet aufgewacht.«* Der Patient fühlt sich von innen (seinen regressiven Ängsten) und von außen (der anstehenden Magisterprüfung) bedroht. Sein Wissensdurst ist auf Grund seiner frühen Entwicklungsstörung ein lebensgefährlicher Aufstieg ins Ungewisse mit »Absturzgefahr«, die primären Bezugspersonen lassen ihn fallen, wenn er sein Eigenleben entdeckt und nicht nur Mutters Karajan wird. Der Baum als Selbstbild ist ein von ihm gewähltes »Fallbeispiel« (er setzt sich symbolisch mit der Angst, fallen gelassen zu werden auseinander), er ist oben (geistig) gekrümmt, narzisstisch überhöht und gleichzeitig ausgebeutet. So kann er eigentlich nur den »Clown für die Frauen« spielen und in der Übertragungsbeziehung zu mir in sein altes Dilemma zurückfallen. Dies führt zu weiteren histrionischen Inszenierungen.

Einen Höhepunkt in seinem Agieren und seiner schillernden Ausdrucksweise, um »doch noch gehört zu werden« (Empathiemangel der Eltern), ergibt sich aus folgender Szene, deren Durcharbeiten letztlich einen Wendepunkt in der Therapie ermöglicht: Mein Therapiezimmer war damals im Erdgeschoß. Jemand pfiff vor seinem Stundenbeginn zum Fenster herein. Der Patient hatte versucht, sich am Fenstersims hochzuziehen, und er hatte mich dazu gebracht, mich ans geöffnete Fenster zu begeben. Er winkte mir mit einem auffällig gestikulierenden Juchu zu. Nach seinem kurzen Klingeln öffnete ich ihm, er blickte mich kaum an, sagte kühl und distanziert: »Grüß Gott«. Später während der Stunde assoziierte er zu der Szene: »Die Mutter im Laubengang, die immer alles überwachte, jedes Kommen und Gehen« (durch seine Objektmanipulation reinszeniert er die Szene der kontrollierenden Mutter, eine Rolle, in die er mich in der Übertragung immer wieder zu bringen versucht, um mich dann zu verachten und zu bekämpfen).

Zur nächsten Stunde kommt er schwungvoll. Er geht an mir vorbei, legt sich hin, dreht sich plötzlich wieder um und betrachtet auffallend meine Stiefel. Patient: »*Tolle Stiefel! Aus ner Boutique?*« Dann berichtet er einen Traum: »*Ich war mit ner Frau zusammen. Sexuell. Ich habe nur ihre wippenden Beine wahrgenommen, sonst nichts.*« Die Atmosphäre zwischen uns ist erotisch knisternd, seine sexualisierte Besetzung des Partialübertragungsobjekts Stiefel ist spürbar. Es kommen Zeiten, wo seine Neigung, mit einem proteusartigen Wechsel der Identität auf Schwellenängste und Kränkungen zu reagieren, einer Bearbeitung allmählich zugänglich wird. Er spricht viel und ruhiger davon, dass er im Grunde die ganze Kindheit hindurch mit seiner Mutter allein gewesen sei. Er sagt: »*Eine Mutter, der sorgende Engel ... die Destruktivität im Engelsgewand!*« Zwischen uns wird es echter. Er lernt es zu schätzen, »*dass Sie wirklich <u>mich</u> meinen*«. Er lernt den Sinn seiner »Schminke«, seiner Persona, d. h. die Maske, mit der er sich vor der Umwelt verbirgt, zu verstehen. Er entdeckt dabei, dass das Erleben von Nähe und Verständnis noch dicht neben dem bedrängenden Gefühl, »überwuchert« zu werden, liegt. Sein entwertetes Männlichkeitsbild kann er hinterfragen (»*der schlaffe Spießer mit dem prallen Glied*«), seine geschlechtliche Identität festigen. Er hat sehr beängstigende Träume, die er jedoch immer besser verstehen und ertragen lernt, und er findet in den Traumszenen zunehmend Lösungsmöglichkeiten, ohne aus Alpträumen aufwachen zu müssen (vgl. Kapitel über Traum). Einen großen Entwicklungsschritt thematisiert dann folgender Traum: »*Ein Prüfer hat mich etwas gefragt, was ich nicht beantworten konnte. Er hat mich nach einer Textstelle von einem Theaterstück gefragt. Ich glaube ›Die heilige Johanna‹ von Brecht. Alles war sehr negativ, ich hatte eine lähmende Angst. Ich spüre keine Aussicht, ich will raus! Ich will von dieser Stadt weg! Hier ist so eine einlullende Hitze in der Stadt, so benebelnd. Ich will nicht mehr so ein Leben führen! Ich dachte erst, es ist schlimm – wegen der anderen –, dass ich nicht bestanden habe, im Traum. Dann glaubte ich eher einen Verlust zu spüren wegen des Selbstwertgefühls. Es war so eine Depression, eine Verliererangst. Wenn ich nur meinen Namen höre, denke ich an Niederlage, an Verlust. Im Traum habe ich noch eine Prüfungsfrage bekommen. Es war das Bild einer verzweifelten alten Frau. Ich sollte schauspielerisch darstellen, was in dieser Frau vorgeht. Den Text möglichst frei. Das war die letzte Chance. Ich habe es echt theatralisch gemacht und gut. Ich habe noch gedacht, das ist doch nicht prüfungsrelevant! Sonst falle ich immer durch im Traum!*« In dieser Rolle (eingefühlt in die verzweifelte Mutter/Frau) kann er im Traum bestehen. Er zeigt sich und mir seine Existenzangst, wenn er »die falsche Rolle spielt im Leben«, er wird fallen gelassen. Zur alten Frau assoziiert er die »Hexe Mutter«, die ihm

– selbst wohl sehr bedürftig – »auf den Leib rückt«, die »Heilige« dagegen ist »fern«.

Im zweiten Jahr der Therapie gesteht er mir fast schamhaft, das Magister-Examen mit ›sehr gut‹ bestanden zu haben. Monate später legt er die Aufnahmeprüfung in die Schauspielschule erfolgreich ab. Die Direktorin habe ihm gesagt, er sei nun als Person sehr deutlich zu spüren, er sei echter und sehr begabt, dieser Eindruck sei früher bei dem ersten Aufnahmegespräch untergegangen. Er selbst äußert das Gefühl: »*Schale und Kern wachsen zusammen.*« In meinem Gegenübertragungserleben hat sich viel verändert. Manchmal kommt es mir vor, als ob der Clown Humor bekäme.

Aus dieser Fallvignette ist zu entnehmen, wie vor allem zu Beginn der Therapie die bösen Anteile des Selbst und des Objekts nach draußen auf eine dritte Person projiziert werden, um die Illusion einer guten Dyade (die Einfühlung in die verzweifelte alte Frau, die selbst mehr braucht, als sie geben kann) herstellen zu können. Gleichzeitig idealisiert der Patient seine schauspielerischen Fähigkeiten. Er ist der Tänzer auf der einsamen Insel, der kein Publikum (keine Spiegelung) zu benötigen scheint. Die Beziehung zur frühen, nicht adäquat spiegelnden und zu eng bindenden Mutter war bedrohlich, der triangulierende Vater nicht verfügbar bzw. zu schwach und hatte »zu wenig Federn« (»*gerupft*«). Mit seinen erotisierenden, provokanten Umgangsformen konnte er Frauen zwar anlocken, aber gleichzeitig auch auf Distanz halten, was ihm Unabhängigkeit und Kontrolle garantieren sollte. Er selbst konnte dabei – verstrickt in seine Konflikt- und Defizitwelt – nicht das sichere Gefühl entwickeln, seine »Lebensprüfungen« meistern zu können. Erst im therapeutischen Nachreifungsprozess war es ihm gelungen, sich selbst »in Besitz« zu nehmen.

An dieser Stelle möchte ich noch zum weiteren Verständnis der eben geschilderten Fallgeschichte kurz anhand der Sichtweise M. Khans (1990) auf die moderneren Konzeptionen zur psychodynamischen Erklärung von hysterischen Charakterzügen und Symptomen eingehen. Diese beschränken sich nicht, wie Freud dies tat, auf ödipale Konflikte in der Psychogenese. Vielmehr konzentrieren sie sich auch auf die Bedeutung präödipaler Konstellationen und deren

Verschränkung mit den ödipalen. Khan ist der Auffassung, dass hysterische Persönlichkeiten versuchen, durch den Gebrauch der Sexualapparate zu erlangen, was andere Menschen durch ihre Ich-Funktionen erreichen. Sie verlangen verzweifelt nach Sexualerfahrungen und sind im Grunde unfähig, eine Liebesbeziehung überhaupt aufrechtzuerhalten oder gar in ihr zu wachsen. Diese Menschen erleben sich selbst in einem psychischen Zustand dauernder Unzufriedenheit, ständigen Missmuts und Grolls: »Sie glauben, daß ihnen entweder etwas vorenthalten wird oder aber ihre Wünsche nicht als das, was sie sind, Anerkennung finden.« (S. 79) In diesem Zusammenhang mag verständlich werden, dass dieser Patient schwerste Prüfungs- und Schwellenängste hatte.

Nach Khan kann es in der Kindheit eine Störung der Ich-Entwicklung geben, wenn die versorgende menschliche Umwelt angemessenen Schutz versagte. Später wird dieses eigene Unvermögen auf die Umwelt projiziert und als Weigerung der anderen erlebt, die jetzt inadäquaten Wünsche (vorwiegend sexueller Natur) anzuerkennen und zu befriedigen. Menschen, die in ihrem äußeren Verhalten hysterische Phänomene stark ausdrücken, wollen also wegen ihrer unzulänglichen Ich-Funktionen die sexuelle Lösung, zu der sie in der Kindheit wohl direkt oder unbewusst vom gegengeschlechtlichen Elternteil aufgefordert oder darin bestätigt worden waren, als Hilfsmittel einzusetzen. Auf die Ich-Funktionen des Liebesobjekts sind sie dann im erwachsenen Leben neidisch, sie reagieren bösartig und feindselig darauf. Nach Khan entsteht kein echtes Begehren, weil Hysteriker es funktionalisieren müssen. Rupprecht-Schampera (1997) postuliert wie Khan mit seinem Mangel an »Good-enough mothering« bei allen Formen der Hysterie eine ursächliche frühe Mutter-Kind-Beziehungsstörung (bei dem Schauspielschüler eine Besitz ergreifende und das Kind fehlinterpretierende Mutter) und ein Versagen des Vaters in der frühen Triangulierung. Wenn ein Kind keine ausreichenden triangulierenden Funktionen zur Verfügung hat, steht es mit seiner Entwicklungsaufgabe der Separation und Individuation, die ja ebenfalls wichtige Schwellensituationen auf dem Wege der Identitätsbildung darstellen, vor einem schwer lösbaren Problem. Rupprecht-Schampera beschreibt in ihrer Arbeit verschiedene Schritte von Abwehrbewegungen, die sich z.T. bei Jungen und Mädchen unterscheiden. Wie dies der Fallvignette zu entnehmen war, werden z. B. zu Beginn der ersten Analysestunde die bösen Anteile des Selbst und des Objekts auf eine dritte Position projiziert (ein Dritter, der uns unangenehm beobachtet), damit die Illusion einer guten Dyade gelebt werden kann (die Therapie als »einsame Insel«, der »hilfreiche Engel«, »Opiumgefühle«). – Das scheinbare psychische Getrenntsein von der Mutter hängt auch bei meinem Patienten besonders deutlich von der Idealisierung des pseudoseparierten Funktionierens stark ab: Er idealisiert sich selbst als einsamen Tänzer, als Schauspieler und Bühnenstar im Sinne eines idealisierten Phallus, der die Aura seiner Einzigartigkeit betont und gleichzeitig den Beifall seines illusionär erschaffenen Publikums unentwegt braucht. Die frühe Beziehung zur Mutter erlebte er verschlingend und bedrohlich, der Vater als trianguläres Partner war nicht wirklich verfügbar, zudem dieser von der Mutter selbst sehr abgewertet worden war. Die ursprüngliche Störung liegt also in einer nichtgeglückten frühen Separation. Der Grundkonflikt besteht darin, dass versucht wird, die (pseudo-)ödipale Triangulierung im Rahmen einer sexualisierten Beziehungsform mit dem gegengeschlechtlichen Elternteil zu verwenden, um die fehlende frühe Triangulierung zu erzwingen (weiblich in Form von Erotisierung der Beziehung zum Vater) bzw. zu ersetzen (männlich in Form der Erotisierung von eigenen phallisch besetzten Möglichkeiten wie z.B. die »slips in Türkis«) und damit die ursprünglich nicht gelungene Separation von der Mutter zu erreichen. Die Bewältigung weiterer Entwicklungsherausforderungen bleibt störanfällig, spätere Prüfungen und Schwellensituationen im Leben lösen Krisen aus, werden jedoch nach der Therapie zunehmend gemeistert.

5.4 Schizoid-narzisstische Konflikte

Treten pathologische Schwellenängste im Leben eines Menschen auf, so erscheinen sie auch meist im analytischen Nachreifungsprozess, wie z. B. in Gestalt von Traumsequenzen, in denen die wachsende Symbolisierungsfähigkeit nachzuvollziehen ist. Die analytische Situation mitsamt den Rahmenbedingungen der Therapie und der ungewöhnlichen Gesprächssituation fördert den Symbolisierungsprozess. Deserno (1999) schreibt: »Analyse ist ein Prozess der Resymbolisierung, aber auch der Neubildung von Symbolen, der sich gegen erhebliche Widerstände auf beiden Seiten realisiert.« (S. 407) Später meint er: »Symbolbildung erschließt sowohl das Verständnis von Kreativität als auch von spezifisch menschlichen Störungen. ... In den symbolischen Formen tritt dem, was wir die objektive Wirklichkeit nennen, eine selbstgeschaffene Welt voller Zeichen und Bilder gegenüber.« (S. 407) An dieser Stelle möchte ich auch noch einmal – wie bereits im Kapitel über Traum – die Gedanken Morgenthalers (1986) aufnehmen, der auf die Wichtigkeit bei der Traumdeutung im Rahmen der Übertragungsbeziehung hinweist, auf die Stimmung des Traumes zu achten, »die von der mitschwingenden emotionalen Bewegung (stammt), von den ungerichteten Triebregungen des Es, die sich den geformten, gezielten, objektbezogenen, inhaltlich relevanten unbewußten Ich-Anteilen zuwenden und ihnen einen emotionalen Klang, eine Färbung oder, wie ich meine, eine Tendenz vermitteln«. (S. 62) Auch Argelander (1970) weist auf die szenische Gestaltung der Übertragung in der analytischen Beziehung hin, wenn er schreibt: »Jedes unbewußte psychische Phänomen verdankt seine momentane psychische Gestalt dem zusätzlichen Einfluß der analytischen Situation, so, wie der manifeste Trauminhalt vom Tagesrest gestaltet wird.« (S. 327) Leuzinger-Bohleber (2002) stellt fest: »Erinnerungsprozesse an traumatische Kindheitserfahrungen sind danach nur in einer neuen Interaktion mit einem bedeutungsvollen Anderen (das heißt in der Übertragung) möglich. Sie sind an die situative, sensorisch-affektive und schließlich rekonstruierend-verstehende Interaktion gebunden. Erinnern ist abhängig von einem inneren oder äußeren Dialog mit einem Objekt, einem interaktiven Prozess, einem ganzheitlichen, »embodied«, sensomotorisch-affektiven und kognitiven Geschehen in und zwischen zwei Personen.« (S. 65) Anhand von Traumfolgen in einem analytischen Prozess einer sehr langen Behandlung möchte ich die unterschiedlichen Stadien dieses Nachreifungsgeschehens näher darstellen. Zunächst noch ein Zitat von Deserno (1995): »Die Untersuchung von Traumserien zeigt die angstbindende Funktion von Initialträumen, die rekapitulierende Funktion von Beendigungsträumen, die symptomäquivalente Funktion in Bezug auf die Übertragung, die Warnungsfunktion, was die Entwicklung der Gegenübertragung betrifft.« (S. 147) Im intermediären Raum einer gedeihlichen analytischen Beziehung, in der genügend gut gedeutet (im Sinne einer gelungenen »Alpha-Funktion« der Mutter) werden kann, entwickelt sich ein kreatives Denken, ein »Traumraum« (Khan, 1972), in dem das Träumen eine (Beziehungs-)Bedeutung erhält.

Ich berichte von einem 34-jährigen Patienten, der mich in einer akuten Krise aufsucht: »*Ich bin ein Nichts. Nicht einmal mehr ein Aussteiger, da wäre ich wenigstens noch jemand. Ich steige auf einen hohen Berg, ich will mich runterstürzen. Ich will in diesem Leben nicht mehr sein.*« Der Patient ist durch verschiedene Kränkungen und anlässlich diverser Schwellensituationen in eine Lebenskrise (»Ich weiß eigentlich nicht, wer ich bin oder wer ich jemals war«) geraten. Dieser Mann ist, ausgelöst durch sein soziales Umfeld bzw. verursacht durch schwerste Arbeitsstörungen und ein extrem brüchiges Selbstwertgefühl, in Entscheidungskrisen geraten, die ihn ganz offensichtlich überfordern. Sein – narzisstisch – sehr geliebter 2-jähriger Sohn wurde ihm von seiner Ex-Freundin »entzogen«, sie verweigert ihm »aus heiterem Himmel« das Besuchsrecht. Als ›natürlicher Vater‹ müsste er juristisch kämpfen, in einer Zeit, wo er als Unverheirateter keine Chance auf Erfolg sehen konnte und außerdem von Sozialhilfe lebte, was wiederum für ihn eine »unerträgliche Demütigung« darstellte. Sein Geologiestudium hatte er bereits vor Jahren wegen schwerer Arbeitsstörungen und den darauf folgenden Leistungsabstürzen aufgeben müssen. Dann wollte er – es war sein Traumberuf – Hüttenwirt werden, doch er scheiterte im gesamten Gebirgsbereich bei seinen Bewerbungsversuchen. »*Auch als Drachenflieger komme ich nicht weiter. Wer will mich da schon haben. Als Hobby ist es mir zu blöd und zu teuer.*« Seine Lebensgeschichte erweist sich als extrem ungeborgen und tragisch. Er ist der einzige Sohn seiner in einer Streitehe lebenden Eltern. Die Mutter, Alkoholikerin, hat keinen Beruf erlernt. Der Vater ist Maler. Er saß wiederholt wegen krimineller Delikte im Gefängnis ein.

189

Der Patient schildert »unerträgliche Schwellenängste«, Angst vor dem nächsten Schritt in seinen psychischen Entwicklungsaufgaben in Kindheit und Jugend. Bereits als sehr kleiner Bub in der Vorschulzeit war er sehr einsam, und er »rettete« sich – seit er sich erinnern kann – mit Tagträumereien durch den »grauen Alltag«. Er spielte meist allein und liebte den Wald und Höhlen und »alles, was unter der Erde liegt«. Deshalb entschied er sich nach dem Abitur für das Geologiestudium. Als Kind wollte er »frei sein und streunen« und verweigerte den Kindergartenbesuch und anfangs auch alle familiären Verpflichtungen. Am ersten Schultag lief er von zu Hause weg und kletterte auf einen nahe gelegenen Berg (ca. 2500 m; »da konnte ich von weit oben runterschauen«; er stammt aus einem Gebirgsort). Nur »Zwang und Drohungen vor einer Heimunterbringung« brachten ihn zur Unterwerfung, und er wurde ein durchschnittlich guter Schüler. Sein einziger »Stolz«, den er nahezu durchgehend verspüren konnte, war sein bis zur Vorgesprächsphase fast knielanges, schwarzes, wallendes Haar, das er meist offen trug und mit dem er sich »wie Christus« fühlte, nämlich wie dieser unverstanden zu leiden und als »Heiler« dem »Unrecht dieser Welt« zu begegnen. Diese phantasierte Rolle mutete manchmal fast wahnhaft an. Solche Vorstellungen traten in Zeiten extremer Kränkung und Einsamkeit auf. Eine Motivation, die ihm die Schwelle, ins Gymnasium zu gehen, erleichterte, war für den sehr begabten Jungen, »nicht so elend im Gefängnis wie der Vater enden« zu wollen. Allerdings hatte er auf die Zuwendung des innerlich doch hoch idealisierten Vaters – vergeblich – sehr gehofft. *Der hat wenigstens sein eignes Ding gedreht. Sich etwas getraut, sich nicht so unterworfen oder angepasst!«* Nach dessen Gefängnisentlassung und gescheiterter Ehe der Eltern war der Patient gerade 14 Jahre alt geworden. Damals versetzte ihn der Vater bei der ersten Verabredung. Der Patient fühlte sich verletzt, »*vaterlos einsam und allein an einem fremden Ort, wessen Kind bin ich eigentlich?«* Er stellt sich wie schon oft in seinem Leben die Frage nach seiner Identität und gerät – ausgelöst durch die Kränkung – in eine tiefe Identitätskrise: »*Meine einzige Heimat war der S.see, dort wollte ich mich im eiskalten Wasser ertränken.«* Nach mehreren Schwimmversuchen in Richtung Seemitte fiel ihm mit Schrecken ein, dass er seinen

Schülerausweis bei seinen Kleidungsstücken am Ufer liegen gelassen hatte, »*ich musste zurück, um ihn zu holen, der musste mit mir untergehen. Doch dann fehlte mir plötzlich der Mut, ich wurde feige, habe nie im Leben mit irgendeinem Menschen darüber gesprochen, Sie sind die Erste.*«

In der jetzigen aktuellen Schwellensituation vor Beginn der Behandlung ist er erneut in eine schwere Lebenskrise geraten. Er äußert »als einzige Lösung« Selbstmordgedanken. Schließlich kann er sich doch »trotz der Kränkung, Hilfe zu brauchen«, für eine analytische Langzeitpsychotherapie bei mir entscheiden.

Was mich sowohl in der Lebensgeschichte als auch in der Behandlung dieses Patienten immer wieder beeindruckte, war das Phänomen, dass er in Schwellensituationen, die er subjektiv als unüberwindbare Prüfungen erlebte, immer wieder mit schweren Arbeitsblockaden reagiert hatte, d. h., er blieb *vor* der Schwelle tatenlos stehen oder er versuchte die Angst machende Situation grandios zu überfliegen, indem er z. B. die Realität verleugnete, sich als großer Geologe phantasierte oder auf dem höchsten Berggipfel der Alpen eine Hütte errichten wollte (ohne architektonisches Wissen, ohne Finanzierungsmöglichkeiten oder sonstige geeignete Ausbildung) und dies als Scheitern im Rahmen seines weit von der Realität entrückten Ich-Ideals erlebte. Im Grunde kam er aus seiner Kränkungskette nie wirklich heraus, mit normalen Erfolgen konnte er sich nicht zufrieden geben bzw. verachtete den »Durchschnittsmenschen«. Die Vermeidung des »Unheils, eine Schwelle zu überschreiten«, war eine ebenso fatale Schutzreaktion wie das »Überfliegen«, um mit der konfliktträchtigen Schwellensituation nicht in bodenständiger Nähe in Berührung kommen zu müssen.

In seiner Psychotherapie beeindruckte er mich mit diesen beiden Seiten seiner Bewältigungsstrategie vor allem durch seine bilderreichen Träume.

Sein Initialtraum vor Analysebeginn während der Vorgesprächsphase: »*Ich habe immer schon vom Fliegen geträumt. In den letzten Tagen hat sich immer wieder ein Bild wiederholt: Ich bin ein indischer Jogi, ich träumte, Licht würde mich von unten tragen, ein wunderbares Gefühl, doch es war so fremd.*« In dem manifesten Traumbild zeigt sich das ozeanische Gefühl des (wohl nach Auffassung Grunbergers intrauterin) erlebten Getragenseins, das Licht von unten, ohne konkreten Objektbezug zuzulassen bzw. zulassen zu können. Er fühlt sich als der auf Unabhängigkeit bedachte Jogi (im Alltagsleben der Drachenflieger oder der Fallschirmspringer), dessen Ideal »von irgendwo« zwischen den Objekten unter Aufhebung jeglicher Ich-Grenzen zu sehen ist. Erst im Fremdheitsgefühl kann sich dieser Mann von dem Ideal seiner Objektbeziehungslosigkeit und seinem ungelebten Abhängigkeitsbedürfnis entfernen und eine Ahnung von seinem Leidensgefühl über seine Art zu leben entfalten.

Er kommt, enttäuscht von seinen Beziehungserwartungen, nämlich – v. a. von Frauen – passiv ge- und ertragen zu werden, in die Therapie. Er verleugnet seine Gefühle von Schwere und Traurigkeit, indem er das Erleben von Leichtigkeit und irrealem Getragensein entgegensetzt. Seine langjährige Partnerin hatte ihn verlassen und ihm das Kind »entzogen«, sein ›Alter-Ego‹, was wohl der schwerwiegendste Grund für die Auslösung seiner Krise und für die Aktualisierung seiner Symptomatik war (schwere Arbeitsstörungen, psychosomatische Beschwerden, undefinierbare Depressionsgefühle, Suizidalität).

Zur 34. Stunde kommt er mit folgendem Traum: »*Ich fliege. Es ist in M. (Heimat- und Geburtsstadt) in meiner Kindheit … da waren noch andere Kinder, wir haben Fangen gespielt. Ich bin geschwebt, ich musste mich darauf konzentrieren…Ein Kind konnte es nicht glauben, es hat versucht, mich runterzuziehen mit Stangen. T. (sein Kind) und ich waren auch bei den spielenden Kindern dabei, ich bin dann ganz hoch geflogen. Ich habe ihm etwas zum Trinken ans Fenster im 1. Stock getan. Dann bin ich ums Haus geflogen. Ein Junge mit einer Brille hat das Getränk mit Hilfe seiner Mutter runtergeholt.*«

Der Patient äußert sehr verzweifelt das Grundgefühl: »*Ich bin nirgendwo zu Hause, ich kann mich auf niemanden verlassen.*«

Abhängigkeitsgefühle und Näheangst wechseln sich ab, die Muttersuche der noch nicht personifiziert erlebten Mutter ist noch bewusstseinsfern. Die Brille deutet auf den Schutzmechanismus der Rationalisierung hin. Die Mutter wird dabei noch beim »anderen« fern von sich selbst gesucht.

In die 131. Stunde bringt er folgenden Traum: »*Es ist in einem Raumschiff in der Milchstraße. Der Flug führte weg von der Heimat Milchstraße, wir (T. und ich?) haben nach etwas gesucht. Da waren zwei Zwerge, war ich das? Oder jemand aus der Schule? Irgendwie waren es Zwillinge. Einer hatte gute Noten, der andere hatte nichts gespürt. Er meinte, er könnte an diesem Ort nichts spüren. Da sind wir mit komplizierten Berechnungen aus der Milchstraße rausgeflogen, die Berechnungen stellten sich als richtig heraus, wir flogen zu anderen Koordinaten, um mehr Überblick zu bekommen. Als wir dann außerhalb dieser Region geflogen waren, wusste ich, wenn man die Linien fortsetzt auf unendlich, dann könnte man den Punkt suchen, wo beide gleich viel fühlen können. Es war ein offenes, geheimnisvolles Ziel, es gab Hoffnung auf ein Parallel-Universum, wo keine solche Grenzen sind, dass beide gleich fühlen.*«

Man erkennt, wie dieser Patient immer noch weit entfernt vom Boden und von Erdung nach Erlösung sucht. Erlösung heißt bei ihm auch noch »gleich fühlen«, d. h. zwillingshaft gespiegelt zu werden im Antlitz der Bezugsperson (Milchstraße, die er mit komplizierten Berechnungen unter großen Anstrengungen verlassen und in verträglicherer Form wiederentdecken muss als Paralleluniversum, die bessere allmächtige Mutter). Es zeigt sich natürlich auch hier, wie anstrengend für ihn das analytische Setting ist, wie kreativ sich aber auch in ihm neue Entwicklungsmöglichkeiten auftun und sich damit auch eine Identitätsveränderung ganz langsam anbahnen kann.

Die 140. Stunde beginnt er: »*Ich bin mit Luftballons über eine Grenze geflogen. Die Grenze war sehr bedrückend. Ich musste schnell weg. Das war das Einzige, was ich spürte.*«

Der Patient leidet heftiger denn je unter seiner Beziehungsangst und unter der Angst vor der Realität, in der er sich immer noch nicht zurechtfindet. Er entwickelt eine nahezu symptomatische Angst vor dem Stundenende als Ausdruck seiner Angst vor Grenzen und Begrenztwerden. Aber warum? Ich werde bei der zweiten, ausgewählten Traumserie näher darauf eingehen. Doch eines wird bereits jetzt sichtbar: Der Patient wird – erkennbar am manifesten Traumbild mit den Luftballons – erlebnisfähiger, »bunter«, und gleichzeitig ahnt er den Grund für sein abwehrhaftes Fliegen und Abheben: er muss »schnell weg«, weil am Boden etwas Bedrohliches auf ihn lauert, was er ohne therapeutische Hilfe mit seinem geschwächten Selbstgefühl noch nicht ertragen könnte. Er braucht, wie wir gleich sehen werden, den Schutz der Therapeutin, um sich mit seinen archaischen Gefühlen und Ängsten auseinander setzen zu können.

In die 164. Stunde bringt er folgenden Traum: »*Ich träumte von einer Berglandschaft. Irgendwie ging's ums Gleitschirmfliegen. Einer ist von ganz oben gestartet, die Winde waren sehr stark. Er ist sehr hoch gestiegen. Es waren gefährliche Flugwinde, ich sah, dass er den Drachenschwanz hinten am Gleitschirm hatte, den hat er so hinterhergezogen. Es war die große Gefahr, dass er sich verheddert an den Hochspannungsleitungen. Dann startete ein anderer. Der hat bewusst gefährliche Situationen dargestellt, er war ein Könner. Er kam aber gefährlich nahe an den Anfänger heran. Ein Einzelmanöver des Fortgeschrittenen war das Trudeln. Es sah gefährlich spannend aus. Dann sind beide zusammen geflogen wie zwei Tänzer im Ballett, so paarweise, die Drachenschwänze waren aber wie so unbewusste Anhängsel, ich habe mit denen gar nicht mehr gerechnet. Es war zwar teilweise kalkulierbare Gefahr, zum Teil sah es aber fast unverantwortlich aus. Sehr gefährlich. Es sah aber sehr schön aus. Es vermittelte ein unheimliches Gefühl von Spannung.*«

Der Patient will gesehen werden. Er hat exhibitionistische (homoerotische?) Wünsche, er macht »Schaufliegen«. Die Entfaltung dieser Wünsche ist geglückt in der therapeutischen Beziehung, deren Bedeutung für ihn er mehr und mehr zulassen kann, er konnte eine positive Übertragung als Ausdruck seiner gefestigteren Objektbeziehungsfähigkeit bewusster eingehen. Er wird spielerischer, die Drachenschwänze erinnern an Kinderdrachen, und er macht schon »gemeinsame Sache« (mit dem Kindheitsvater?), aber noch als Kunststücke in der Luft. Die Absturzgefahr wird thematisiert und die Abwehr des Schwebens allmählich hinterfragt. Die Muttersuche in der Luft wird verständlicher, da deren Tabletten- und Alkoholabhängigkeit mit den Auswirkungen auf die Beziehungsgestaltung mit dem Patienten – ihre chronische psychische Abwesenheit und Unerreichbarkeit – vermehrt zum Analysethema und damit stärker ins Problembewusstsein des inzwischen im Selbstgefühl gestärkten Patienten kommen können.

Außerdem scheint ein (ödipaler?) Rivale, der Mitflieger mit dem anderen Drachenschwanz, ins Spiel zu kommen. Mit dem »Drachenblut des Siegfried« assoziiert der Patient allerdings auch noch das Ideal der Unverletzbarkeit.

Mit einer zweiten, von mir im analytischen Prozess beobachteten Traumserie, die ich in erster Linie nach Kriterien der psychischen Entwicklung und des Selbstzustandes und dessen Darstellung im manifesten Traumbild meines Patienten herausgearbeitet habe, möchte ich nun einen Einblick darüber geben, wie sehr sich dieser in seinem Bindungserleben sehr früh gestörte Patient, den ich gerne auch den »Flieger« nenne, mit Hilfe vom »Darüberhinwegfliegen« von allzu bedrohlich erlebten Schwellensituationen und Reifungskrisen bzw. von seinem geschwächten Ich als bedrohlich erlebten, Angst machenden unverarbeiteten Problemen hinwegretten musste bzw. auch in diesem Abwehrverhalten -retten konnte. Diese »überflogene« Bedrohtheit, die er als unüberwindbare Schwellensituation unbewusst verankert hatte, ließ sich im therapeutischen Prozess allmählich bewusster erleben, sie wurde benennbarer und mit Lösungsmöglichkeiten kraftvoller gestaltet. Es entwickelte sich fast unmerklich ein so genannter intermediärer Raum in der therapeutischen Beziehung, in dem doch sehr viel Angst und »Elend« untergebracht werden konnten, »ohne vor Scham oder Angst abzustürzen«.

Dieser Traum stammt aus der 64. Stunde: »*Wir fuhren durch einen Tunnel. Der Waggon wurde plötzlich abgehängt, die Tür war nur noch aus Pappmaché. Eine blasse Gestalt kam rein, es war ein Überfall. Irgendetwas in mir hindert mich, dem eine über den Kopf zu ziehen, ich hatte panische Angst. Da zog der plötzlich eine Rasierklinge raus und hielt die in der Hand. Er hatte Gewalt über mich. Ich sagte, ich habe kein Geld, nur einen Sohn, für den ich sorgen muss. Dann hat er mir das Gesicht zerschnitten und mich an die Wand gestellt und mich abgetastet. Dann kamen Leute, die er am Vortag ausgeraubt hatte, ich bin noch einmal glimpflich davongekommen. Dann gingen alle weg. Danach kam dann wieder der*

Mann und hat sich vor mir ausgezogen. Von der Hüfte an abwärts hatte er lange, blonde Haare, wie der Teufel, ein Spieler, ein Verführer, am nächsten Tag hat er sich wie ein kultischer Interpret gegeben. Es wurde ein vertrautes Familiengefühl, wir haben zusammengelebt. Irgendwann sollte ein kleines Kind wie T. gebadet werden, aber das Wasser war zu heiß. Der Teufel hat sich dann ausgezogen und stieg ins dampfende Wasser. Ich hob den Kleinen rein. Dann habe ich diesem Wesen am Rücken die Farbe abgewaschen, da war ich eine Frau. Dann wurde dieses Wesen plötzlich weiblich, ich sah die weibliche Brust. Dann war i c h wieder mehr der Mann. Wir machten die Stellung 69 und haben uns liebkost, haben die Geschlechtsteile berührt und waren wie ein Kreis verbunden. Dann ging es bei mir nicht weiter, ich bekam Blähungen. Es wurde gelacht, aber eher spielerisch, nicht so verletzend.«

Zunächst geht es um Aggressionsgefahr wohl als Antwort auf die enttäuschten Versorgungsbedürfnisse des Patienten in seiner gesamten Kindheit und Jugend. Das Dilemma der Eltern-Kind-Rollenumkehr und seine Identitätsproblematik werden deutlich. In seinem Selbsterleben wirkt er schillernd, sein Körpererleben oszilliert. Er verändert seine Positionen im manifesten Traumbild zwischen Mann/Frau, Gut/Böse, Verletzbarkeit mit zerstörtem Gesicht und Unverletzbarkeit im brühend heißen Wasser und zwischen Abhängigkeit und Unabhängigkeit usw. Er ist noch auf der Suche, z. T. spielerisch und erotisch in der Stellung 69, Mund und Genitale bzw. After sind im Bild noch verquickt, die Blähungen weisen wohl auf sein aufgeblähtes Größenselbst hin, nämlich <u>alles</u> zu sein als Gegenpol zu seinem Erleben, »ein Nichts, wertlos« zu sein. Sein Gesamterleben bleibt dabei auch in den Stunden noch unfassbar und diffus.

Nun komme ich zu einem Traum aus der 90. Stunde: *»Eine Echse oder eine Schlange, die entweder Insekten gejagt hatte oder etwas anderes. Da kam eine größere Echse, die die Schlange nicht einfach fressen konnte. Jeder versuchte, jeden zu fressen. Es war wie ein Ringkampf. So ein Gefühl wie ein Kräftemessen. Ich bin einmal die Beute, dann die Riesenechse. Dann der R., ich selber. Ich nehme ein Küchenmesser vom W. (ein bewunderter Freund) und verbiege die Spitze und haue es der Schlange rein und schleudere sie mit dem*

Messer weg. Die Schlange liegt im Gebüsch und ist nicht weiter ver-
letzt. G. (seine ehemalige Partnerin) küsst diese Schlange.«
Immer wieder geht es um archaische Aggression, ums Fressen und
Gefressenwerden, um Vereinigungswünsche und um panische Angst
vor dem Verschlungenwerden (von einer süchtig verschlingenden
Mutterfigur). Seine Assoziationen kreisen um Schutzpanzer, den
Schuppenpanzer der Eidechsen, wieder einmal kämpft Siegfried,
unverwundbar durch das Drachenblut, der Wunsch nach einer
Tarnkappe und übermenschlich zu sein, also über den Dingen zu
schweben, zu fliegen, wird deutlicher und bewusster denn je.
In der 116. Stunde berichtet er: »*Ich und eine Frau laufen vor
einem Mann davon, der uns mit einer Schrotflinte bedroht. Wir
flüchten in ein Haus mit einer Klapptür. Ich kann die Tür aber
nicht zuhalten, das Haus gibt keine Sicherheit. Ich erwische ein
Küchenmesser und verstecke mich hinter dem Kühlschrank. Er
kommt rein und bemerkt mich nicht. Es ist das Haus der Frau,
aber sie hilft mir nicht. Die Frage, was er eigentlich will, taucht
kurz in mir auf, ich überlege, ob ich ihn frage, aber ich fühle mich
zu sehr bedroht. Er kann zwar mit seinem Gewehr nichts anfangen, weil er zu nahe ist, aber er ist der Stärkere. Ich steche auf ihn
ein und schneide ihm die Kehle durch. – Jetzt bin ich ganz durcheinander: Vorher war noch etwas anderes. Da war vergiftetes Wasser. Ich schwimme mit einem Baby durch, da war eine Katastrophe
passiert, ich bin mir darüber bewusst, dass das Gift schädliche Auswirkungen haben wird. Ich schaue, dass ich das Kind aus dem Wasser raushalte, das radioaktiv verseucht war. Fast abgetrennt vom
vergifteten Bereich strömte irgendwie klares Wasser nach, das sollte das Ganze entgiften helfen.*«
Beim »vergifteten Wasser« spricht er in der Stunde von einer »Sint-
flut« von unerträglichen Gefühlen: Er zeigt seinen verzweifelten
Versuch, das verseuchte Familiengewässer im klärenden analytischen Prozess zu kanalisieren. Verwirrte Menschen, Eltern, die
keine sinnvolle Aktivität zeigen und auch nicht schützend wirken
konnten, die schwache Mutter, die trinkt und tablettensüchtig ist,
der streitsüchtige Vater, der betrügt und in Körperverletzungs-
delikte verwickelt ist und im Gefängnis sitzt, und zwar in den wichtigen Kindheits- und Jugendjahren des Patienten, in denen er be-

deutungsvolle eigene Entwicklungsaufgaben hätte erledigen müssen: Hier gab das »Haus« keinen Schutz und keinen Halt.

Allein durchs Wasser (der S.see?), das innere Baby rettend, Aufbruch und Suche nach unvergifteten Möglichkeiten, dies alles bedrängt den Patienten in dieser extrem schwierigen Phase seiner analytischen Psychotherapie.

Ich komme nun zur 122. Stunde. Der Patient träumt: *»Erst war ich der Beobachter. Es war eine Mischung aus Intensivstation und Schlachthof. Auf der Untersuchungsliege auf dem OP-Tisch lag ein Haufen von zerstückeltem Fleisch. Das war ein Mensch. Ich stand dabei. Das OP-Team und eine Ärztin waren da. Es fiel was runter, ich habe es aufgefangen. Ich habe so ein Teil in der Hand, und da sagt die Ärztin, das sei ein Herz. Ich drücke es, und auf einmal fängt es wieder an zu schlagen!«*

Der Patient gewinnt zunächst als Beobachter mehr Abstand zum Zerstückelungserleben und seiner Fragmentierungsangst. Der Kern seiner Person zeigt sich noch diffus und undifferenziert (zerstückeltes Fleisch). Und doch entdeckt er in Zusammenarbeit mit der Ärztin sein Zentrum, das Herz! In seiner Hand beginnt es wieder zu leben! Der therapeutische Prozess erweist sich als hilfreich und wird zunehmend zur Wiederbelebungsstation, anstatt »Schlachthof« sprich »Schlachtfeld« archaischer Gefühle zu sein.

Nun der Traum in der 153. Stunde: *»Ich sah ein Unfallkind zwischen vier und sechs Jahren. Der Kopf war abgerissen. Man sah nur den Halsstumpf, aber der Leib bewegte sich noch. Dann entdeckte ich in der Nähe den Kopf. Ärzte versuchten mit Hilfe eines Plastikschlauches den Kopf wieder anzuschließen. Der Kopf war aber so noch immer zwei Meter weit weg. Es gab raffinierte Krankenhaustechniken, aber es sah so aus, trotz großer gefährlicher Komplikationen, als könnte es doch gehen. Damit der Kopf nicht austrocknet, wurde mit einem Suppenlöffel Flüssigkeit in die Plastikgefäße gefüllt, weil das Eigenblut nicht reichte. Die Verbindung zwischen Kopf und Rumpf sollte wiederhergestellt werden.«*

Der Patient deutet seinen Traum allein: *»Ich bin das Baby und das Unfallkind!«* Es ist fraglich, ob der ursprüngliche Zustand nach der Verletzung wiederhergestellt werden kann, *»aber ich bekomme Hoffnung. Das Baby darf nicht mehr so eng an die Mutter gekop-*

pelt sein, es ist ja auch schon kein Baby mehr, damit es dann nicht mehr den Kopf vom Gefühl trennen muss, wenn der Vater geht!« Der Patient entdeckt eine innere Repräsentanz der Wiederherstellbarkeit, seiner Heilung. In diesem Therapieabschnitt zeichnen sich Lösungsmöglichkeiten im Traum im Sinne prospektiver Möglichkeiten ab, die sich im Übertragungs-Gegenübertragungsdialog während der Sitzungen selbst noch nicht unmittelbar erleben lassen (allenfalls durch meine Gegenübertragungsphantasien und das unbeirrbare Vertrauen in seine Entwicklungsmöglichkeiten).

Die 240. Stunde: »*Vor einer Woche träumte ich, dass ich von Haien bedroht wurde. Ich hätte es beinahe vergessen, hier zu erzählen. Erst durch den Traum von heute Nacht bin ich wieder draufgekommen. Es war im Urlaub am Meer. Kinder spielten im knietiefen Wasser. In der Nähe schwammen Riesenhaie. Ich wollte die Kinder retten. Ich habe mir überlegt, welches Kind zuerst. Es war eine schwere Entscheidung, da ging es um Leben und Tod. Alle konnte ich nicht retten. Auch ich war in Lebensgefahr oder zumindest könnte ich Invalide werden. Arme und Beine könnten abgetrennt werden oder ich könnte ganz tot sein. Ich dachte, vielleicht könnte ich einem in die Kiemen treten, es ging ums Überleben.*

Heute Nacht träumte ich: Ich stehe auf einem Steg vor einem Gebäude an einem tiefen Gewässer. Drinnen sind Haie, diesmal durch die Tiefe nicht in ihrer Bewegung eingeschränkt. Also gefährlicher. Diesmal aber war i c h abgetrennter von dem gefährlichen Meer. Ich schaue wie so durch eine Klappe, die ich auf- und zumachen kann. Da kommen so Pfeile irgendwie aus dem Wasser, mit denen konnte ich auf die Haie zielen. Pfeile, wie aus meiner Kindheit, so Indianerspiele. Ich könnte die Haie verletzen oder zumindest ärgern … Klappe auf und Klappe zu, ich musste nur aufpassen, dass die nicht durch die Klappe reinkönnen. Einmal war die Bedrohung sehr groß, ich habe die Klappe fast nicht mehr zugekriegt. Dann war da plötzlich eine Frau, die sich gut mit Haien auskennt. Sie war eine Forscherin, die war auch eine sehr gute Taucherin. Das Ganze spielte sich jetzt in einem tiefen Keller ab. Der Frau ist beim Tauchen mit Haien nie etwas passiert. Wir wollten in den Keller jetzt irgendwie Haie reinlassen, es war ein provisorisches Aquarium. Diese Haie waren viel gefährlicher als die außerhalb, aber die Frau war so sicher und geschickt, sie riskierte einfach den Versuch. Ich bin mit ihr gegangen. Ich hatte irgendwie Vertrauen.«

Der sehr ängstigende erste Traum wird nur sehr beiläufig erwähnt und eigentlich erst dann aus der Vergessenheit erinnert, als in der Psyche des Patienten konstruktivere Lösungsmöglichkeiten im Sinne auch einer Identitätsweiterentwicklung entdeckt werden können: eine fassbarere Objektbeziehung zur Therapeutin/Forscherin im tiefen Keller bzw. dem provisorischen Aquarium. Die Übertragungsbeziehung ist spürbar vertrauensvoller und belastbarer geworden. Der Patient kann zwar Haie verletzen und damit spüren, welches Gewaltpotenzial ihm auch innewohnt. Im Probehandeln lernt er den geglückteren und konstruktiveren Umgang mit seiner Aggression, hierfür verwendet er Kinderspielpfeile. Die (Reiz-)Überflutungsgefahr wird bewusstseinsfähiger, die Bedrohung spürbarer und damit »angehbar«, sprich überwindbar. Die Klappe deutet die Möglichkeit zur Abgrenzung an und dass die allzu hohe Durchlässigkeit seiner Psyche allmählich besser zu steuern ist.

Der Patient hat nun ein höheres Strukturniveau erreicht. Bisher hatte er Angst vor jeglicher Grenze, d. h. auch vor schweren Grenzüberschreitungen seinerseits, aber natürlich auch denjenigen, die ihm zugefügt werden könnten.

Mit Hilfe der »Forscherin« ist jetzt gemeinsames Erleben *ohne* Grenzüberschreitung möglich geworden. Ein gemeinsames Symbolverstehen (das Provisorium der analytischen Situation, die »forschende«, aber nun gütig erlebte Analytikerin in einer positiven Übertragungssituation usw.) dient zur Anregung des weiteren psychoanalytischen Prozesses.

Mit folgendem Traumbild (296. Stunde) zeigt sich eine entscheidende Wende in diesem insgesamt sehr schwierigen analytischen Prozess:

»Eine Frau sitzt auf einem Platz irgendwo im Freien, in einer Fußgängerzone. Sie singt wunderschön. Sie sagt: Sing ruhig mit! Ich spürte, wenn ich die Unsicherheit überwinde, mich traue, dann ist der Kloß im Hals weg. Ich merke, ich muss laut raussingen, es nicht zurückhalten, dann wird es umso stimmiger. Ich sing zwar nicht so schön, aber ich brauche mich nicht zu verstecken. Es klingt synchron.«

Der Patient assoziiert: »Das gleiche Gefühl hatte ich immer beim Drachenfliegen, wo die manchmal auch so paarweise fliegen.« Er überwindet die narzisstische Exhibitionshemmung, an die Stelle seines Größenselbstes tritt eine mutige und realistischere Selbstvorstellung und auch Selbstzuständigkeit, er kann das Getrenntsein gut ertragen. Aus »passiv« wird »aktiv«, er erinnert in den Stunden auch zunehmend positivere Kindheitserfahrungen. Er wird bodenständiger (»Fußgängerzone«) und kann sich auch beim Singen im Duett selbst spüren, ohne Selbstverlustgefahr wie beispielsweise im Initialtraum (wo es um Verschmelzung geht). Er wird konfliktfähiger und entwickelt die Fähigkeit zu sublimieren (Singen). Haesler (1992) schreibt: »So kann Musik auch ohne weiteres die spezifische Funktion eines Übergangsobjektes annehmen, eines Objektes, das durch seine spezifische akustische Qualität und die damit verbundenen dynamischen Eigenschaften und Strukturen das Objekt, das abwesend ist, frustriert oder als getrennt und verschieden anerkannt werden muß, in einem illusionären Raum, in einer illusionären Weise repräsentieren kann. Dieses musikalische Übergangsobjekt kann innerhalb der Grenzen des intermediären Raumes wie jedes andere, von anderen sinnlichen Qualitäten getragene Übergangsobjekt verwendet werden. Das Schlafliedchen, das Summen einer Melodie, die Wiedererzeugung eines Tones oder einer Folge von Tönen, die eine spezifische Bedeutung erlangt haben, wird dann in dieser Weise zum Repräsentieren des Abwesenden verwendet.« (S. 9) In der wechselseitigen Beziehung zwischen dem Patienten und mir, der Analytikerin, ist nun die Möglichkeit zu einem reziproken Aufeinandereinstimmen (gemeinsames Musizieren, Singen) durch die geglückte Kommunikation entstanden. Diese neu erworbene Kompetenz des Träumers ist Ausdruck für sein inneres Wachstum und seine reifere Symbolisierungs- und Beziehungsfähigkeit. Ich erinnere an die Gedanken Meltzers, der schreibt, das Träumen sei ein schöpferischer Prozess. Dazu auch Ermann (2000): »Das Schöpferische ist also ein Geschehen in einem Bereich zwischen Aktivität und Passivität, zwischen Wollen und Hingabe, letzlich zwischen dem psychischen Innenraum und der Außenwelt. Als Psychoanalytiker begegnen wir diesem Übergangsbereich des Schöpferischen ständig in unserer täglichen Arbeit: Es ist der Raum, der sich in einer gelungenen analytischen Stunde eröffnet, die etwas zutiefst Schöpferisches ist.« (S. 362) Wie sich anhand der Traumserien feststellen lässt, hat diese Fähigkeit zum Symbolisieren und damit einhergehend die Fähigkeit zur Introspektion und zur Reflexion eine Vermittlerrolle im intersubjektiven Beziehungsablauf zwischen dem Patienten und mir bekommen. Sie schafft für ihn neue Welten und neue Erfahrungsweisen in zwischenmenschlichen Beziehungen. Er sucht nicht mehr vergeblich und illusionär nach dem »tragenden Licht« (1. Traum) von außen mit dem inneren Ideal der Selbstauflösung. Er kann sein Leben erstmals »selbst in die Hand nehmen«, indem er sich z. B. entschließt, das überlange Studium aufzugeben. Das Studium war nicht *sein* Weg. Er findet in sich selbst den Mut und die Offenheit für seinen eigenen Weg und kann sich – seinem nun echten Identitätsempfinden gemäß – um einen Platz als Hüttenwirt bewerben. Er besteht diese »Prüfung« und bekommt *seine* Hütte.

Die Analyse ging noch über einen längeren Zeitraum weiter, die manifesten Traumbilder wurden ruhiger, sein Außenleben bekam einen realisierbaren Raum für Beruf und Beziehungen. Die Frage blieb offen, ob es ihm gelang, die durch die Haie symbolisierte Kraft im weiteren Leben zu nutzen.

5.5 Psychotisches Störungsniveau

In diesem Kapitel möchte ich auf sehr schwere Krankheitsbilder eingehen, bei denen es in Belastungssituationen, wie z. B. in Prüfungszeiten, zu einer sehr gravierenden Symptombildung (Dissoziation, Entkoppelung von Affektregulierung und bildlicher Symbolisierung, Wahnbildung usw.) kommen kann. Diese besonders kritische Dekompensationsgefahr betrifft traumatisierte Menschen, Borderline-Patienten und – wie im nächsten Beispiel – Personen mit einer latenten oder manifesten Psychose.

Der 30-jährige VWL-Student steht – wie ich später erfahren werde – kurz vor seinen Diplom-Abschlussprüfungen. Er ruft mich in meiner Praxis an und teilt mir mit, er sei »durch irgendwelche

Leute« (vermutlich über verschiedene Beratungseinrichtungen, es gäbe »Gründe« für ihn, es mir nicht genau sagen zu wollen) an meine Adresse gekommen. Es gäbe da »so eigenartige Dinge«, die er mit mir bereden müsste, aber am Telefon sei »Achtsamkeit geboten«. Berater vom Studentenwerk und anderen Einrichtungen, verschiedene Ärzte und Psychologen hätten ihn »in eine Falle gelockt, man hat mir meine Gedanken geraubt«.

Zum vereinbarten Termin kommt er 30 Minuten verspätet. Er wirkt verstört und ungepflegt, an den unbekleideten Unterarmen hat er tiefe Kratzwunden. Sein Körper sei krank, er kann es aber nicht näher benennen, was er damit meint. Durch »schwarze Magie« hat er den Bezug zu sich selber, vor allem zu seinem Körper, verloren. Beim Sprechen ist er denkzerfahren und unkonzentriert, kann den Aufmerksamkeitsfokus nicht halten, er springt von einem Gedanken zum anderen. Es entsteht ein quälendes, gelähmtes Gefühl in meiner Gegenübertragung. Ich habe den Eindruck, dass Denken und sinnliche Wahrnehmung bei ihm entkoppelt sind.

In der Krisenintervention von insgesamt 15 – äußerst angespannten – Sitzungen, in denen es auch um die therapeutische Weiterversorgung des Patienten gehen muss, erfahre ich, dass er während seines VWL-Studiums von einer jungen Dozentin, die seine Diplomarbeit betreut, zunehmend »gesteuert und beeinflusst« würde. »Sie hat den gewissen Blick, den ich schon kenne, ich weiß von deren Absichten«, sagt er. Diese Gedanken kann oder will er nicht weiter ausführen. Der Patient springt unvermittelt auf das Thema »Stiefvater«, der auf seine Freundin in einem Café so starken Einfluss ausgeübt habe, dass diese den Kontakt zu ihm, dem Patienten, abgebrochen habe. Zuvor wollte der Stiefvater »alles« (damit meint er das Sexuelle) von ihm »aushorchen, er hat mich sexuell verfolgt«. Ich sehe in seinem psychotischen Rückzug sein nicht gestilltes, archaisches Bedürfnis nach Anerkennung (von der übermächtig erlebten Außenwelt), das in einem elementaren Sinn unbeantwortet geblieben ist.

Zur nächsten Sitzung kommt der Patient völlig aufgelöst, der »Faden« in ihm sei »abgerissen«. Sein gesamtes Erleben wird von unbewussten Bildern überschwemmt, die er nur bruchstückhaft benennen kann. Er leidet unter extrem starken inneren Zerrissenheitsgefühlen und ruft mich in dieser Zeit fast täglich an, ich denke, um sich des Objektes real zu vergewissern auf Grund mangelnder Imagination und Symbolisierungsfähigkeit in seiner Psyche. Am Telefon meldet er sich nicht mit seinem Namen, sondern sagt bedeutungsvoll »Sie wissen schon«. Er will sich dabei nicht näher in ein Gespräch mit mir einlassen. Seit einem »gewissen Gläserrücken« mit seiner Mutter vor einigen Jahren sei er in diese fatale Lage gekommen. Sie habe Macht über ihn gewonnen (»wie ein Dämon«). Er suchte dann verschiedene »so genannte Ärzte« auf, die ihr Unwesen mit ihm getrieben hätten. Eine Therapeutin kommunizierte mit seiner Mutter dann in seinem Erleben »telepathisch über schwarze Magie«, und sie habe dafür gesorgt, dass er (vermutlich real) enterbt wurde. Er wollte bei dieser Therapeutin nicht mehr weiter in Behandlung sein. Sie fühlte sich dann mit Blicken, Worten und Briefen verfolgt und in einem weiteren »unfreiwillig« noch einmal stattgefundenen Gespräch seines Verstandes beraubt. In ihrer »Bösartigkeit« habe die Therapeutin behauptet, er sei schizophren und habe einen Wahn. Daraufhin bekommt er eine mörderische Wut auf sie, diese Frau habe ihn »in ihren Fängen« (in seiner Ohnmacht erlebt er die geballte Macht außen beispielsweise in der Therapeutin), sie dürfe ihm »jetzt – Gott bewahre – nicht mehr über den Weg laufen«.

Nach mehreren Gesprächen mit mir ist er nun überzeugt, dass jemand die Macht besitze, ihm sein Denken – wie einst geraubt – wiederzugeben. Diese Fähigkeit glaubt er in mir entdeckt zu haben. Seine Kurzanrufe werden wieder häufiger. Meine vorsichtigen Versuche, ihm eine kontinuierliche Psychotherapie und eventuell auch eine Medikation, die ihm einen gewissen Reizschutz bieten könnte, nahe zu legen, sind zunächst bis auf weiteres vergeblich. Gleichzeitig wächst die Bindung zu mir. Ich sehe die Gefahr, dass er das gegen sich gerichtete »Komplott der Ärzte« wegen der Weitervermittlungsnotwendigkeit im Rahmen der Beratungsstelle auf mich ausweitet. Doch kann er mich offenbar als für ihn verfügbares Medium, sicher nicht als eigenständige Person mit eigener Subjektivität, im förderlichen Sinne erhalten. Er lässt sich auf eine Therapievermittlung ein. Diese Möglichkeit, die sich durch ein Verständnis seiner wahnhaften positiven Übertragung ergab, war die unabdingbare Voraussetzung für ein gutes Arbeitsbündnis, das dem Patienten genügend Schutz bieten konnte.

Durch Zufall (?) begegne ich ihm einige Zeit später immer wieder einmal in der Nähe der Psychotherapeutischen Beratungsstelle. Er grüßt scheu und macht einen erstaunlich geordneten Eindruck.

Ich stelle mir oft die Frage, welche Problematik des Patienten sich aus diesen doch relativ wenigen Informationen ergibt. Er geriet offensichtlich in einen akuten psychotischen Zustand während seiner Prüfungsvorbereitungen, nachdem er von seiner Freundin verlassen worden war. Diese schwere Kränkung wurde von ihm allem Anschein nach wahnhaft verarbeitet. Nicht er selbst spielte in seinem Erleben bei der Trennung eine Rolle, sondern der Stiefvater war »schuld« daran, d. h., der Patient muss die Ursache dafür projektiv in die Außenwelt verlagern. Die Wahnvorstellung scheint ihn zu stabilisieren. Nun ist aber zumindest im Erleben des Patienten – nach seinen glaubhaften Schilderungen aber auch real – versucht worden, ihn über sein Krankheitsbild Schizophrenie und seinen Wahn »aufzuklären« (mit der als tatsächlich anzunehmenden Folge der Enterbung – bei insgesamt sieben Geschwistern), wodurch er seine narzisstisch stabilisierende Krücke, nämlich den Wahn, zu verlieren drohte. Diese Versuche erlebte er – aus seiner Sicht durchaus nachvollziehbar – als Komplott gegen ihn. Die Gespräche mit mir gaben ihm nun insofern Mut, als er sich in seiner für ihn subjektiv so wichtigen Wahnsymptomatik *nicht* in Frage gestellt fühlte. Ich gehe im Sinne einer »wahn-internen« Deutung auf ihn ein und verunsichere ihn nicht durch eine »wahn-externe« Deutung (Unterscheidung nach Benedetti, 1998).

Zu welchen Folgen führte dieses den Patienten so belastende Ereignis der Diplomprüfung noch? Sein Selbsterleben, speziell die Beziehung zu seinem Körper bzw. sein Körpererleben oder sein Körperbild, waren wohl bereits seit frühester Kindheit schwer beeinträchtigt. War seine primär schon als äußerst unsicher anzunehmende männliche Geschlechtsidentität, wie das bei Patienten mit einer schizophrenen Psychose häufig und fast typischerweise der Fall ist (siehe Schwarz und De Rijke, 1993), durch das verschleppte Studium bereits zusätzlich labilisiert, so kam es durch diese aktuelle Belastung mit erhöhter Bewertungsangst und Fragmentierungsgefahr zu einer schweren Identitätskrise mit der geschilderten Symptomatik. Der Aufbau seiner Psyche und damit einhergehend das Gefühl des Sich-selbst-gleich-Seins bedarf noch eines langen Weges seelischer Entwicklung.

»Die Angst vor dem Zusammenbruch« war der Titel einer der letzten Veröffentlichungen Winnicotts (1974). Er führt die quälenden Angstzustände vor dem Zusammenbruch der Selbststruktur eines Individuums auf früheste Ereignisse im ersten Lebensjahr zurück, die real erlitten wurden, aber wegen der entwicklungsbedingten fehlenden Reife noch nicht *erlebt* werden konnten. »Das Ich organisiert Abwehrmechanismen gegen den Zusammenbruch der Ich-Organisiation, die bedroht ist. Aber das Ich kann insofern nichts gegen das Versagen der Umwelt ausrichten, als Abhängigkeit eine Tatsache des Lebens ist. Mit anderen Worten; wir untersuchen die Umkehrung der Reifungsprozesse eines Individuums. Hierzu ist es erforderlich, daß ich kurz die frühen Stadien des emotionalen Wachstums in Erinnerung rufe … Im Individuum gibt es einen angeborenen Reifungsprozess, von dem die Entwicklung des Individuums getragen wird, aber nur dann, wenn eine fördernde Umwelt existiert … Es wird sich herausstellen, daß in Bezug auf schizophrene Erkrankungen, bei einer solchen Sichtweise, der Fortschritt in der Entwicklung eng mit der Bedrohung durch eine Rückwärtsbewegung (und der Abwehr gegen diese Bedrohung) einhergeht.« Winnicott sieht in der psychotischen Erkrankung in erster Linie »eine Abwehrorganisation, die sich gegen primitive unerträgliche Schmerzen richtet«. Er geht davon aus, dass die Angst vor dem Zusammenbruch eine Angst ist, die bereits in der Vergangenheit eine Bedrohung war, aber noch nicht als Erfahrung aufgenommen werden konnte. »Wenn der Therapeut nicht erfolgreich mit dem basalen Verständnis arbeiten kann, daß dieses Detail bereits eine Tatsache ist, muß der Patient in der Furcht bleiben, daß das, wonach er zwanghaft sucht, ihn in der Zukunft erwartet.« Winnicott sieht in diesem Zusammenbruch die Chance des Beginns eines individuellen Lebens im Rahmen einer therapeutischen guten Beziehungserfahrung. Die Angst vor dem Zusammenbruch als Ausdruck seiner Todesangst (das Erleben von Einsamkeit, Leere, Ohnmacht und sadistischer Verfolgung) war für meinen Patienten zunächst überwältigend und konnte bis zu der ihn überfordernden Prüfungssituation nur durch seine überdurchschnittlichen Begabungen in Schach gehalten werden. Seine Todesangst wurde durch den missglückten Dialog mit seinen Bezugspersonen und – nicht zuletzt in der Übertragung – u. a. durch die Betreuerin an der Uni wieder gegenwärtig und konnte durch das Empathieangebot im zwischenmenschlichen Austausch mit mir zumindest vorübergehend beruhigt oder aushaltbar werden. So möchte ich die Krisentherapie mit meinem Patienten nach dem Zusammenbruch in der Prüfungszeit als basale Erfahrung dieses Selbstverständnisses interpretieren.

IV. Spezifische Schwellenängste im mittleren und höheren Alter

»Warum bin ich vergänglich, o Zeus?« so fragte die Schönheit.
»Macht' ich doch,« sagte der Gott, »nur das Vergängliche schön.«
Und die Liebe, die Blumen, der Tau und die Jugend vernahmen's;
alle gingen sie weg, weinend, von Jupiters Thron.

Goethe
(Vier Jahreszeiten; Sommer)

Gewöhnlich werden mit Prüfungs- und Schwellenängsten Situationen in der ersten Lebenshälfte in Verbindung gebracht. In diesem Lebensalter sind ja auch tatsächlich zahlreiche Prüfungen, berufliche und persönliche Entscheidungen zu bewältigen. Dabei scheint in Vergessenheit zu geraten, dass auch im mittleren und höheren Lebensalter bedeutende äußere und innere Veränderungen eine entsprechende Antwort erfordern.

Wie bereits beim Thema der Identitätsbildung in diesem Buch hervorgehoben, hat Erikson (1959) die verschiedenen Entwicklungsphasen im Lebenszyklus beschrieben. Dazu gehören beispielsweise als wesentliche Meilensteine für die allmähliche Entwicklung und Festigung einer geschlechtlichen Identität die spezifischen Veränderungen des Körpers in der Pubertät und die psychischen Auswirkungen in der Adoleszenz. Jeder durch eine körperliche Veränderung angeregte Entwicklungschritt ist gewöhnlich mit einer – mehr oder weniger heftig verlaufenden – emotionalen Krise verbunden, vor allem dann, wenn libidinöse, aggressive und narzisstische Komponenten in der Beziehung zum Selbst und zum Objekt sowohl in der inneren als auch in der äußeren Welt, dem sozialen Umfeld, verändert werden müssen. Jede Krise fördert zeitlebens entweder das psychische Wachstum oder aber sie lässt – wie bereits in den einzelnen Kapiteln herausgearbeitet – die psychische Fixierung auf eine frühere Entwicklungsphase mit ihrer Symptombildung deutlicher hervortreten. Was unter Umständen zur Vermeidung von Scham- und Schuldgefühlen jahrzehntelang oft verborgen und unerkannt bleibt, sind die aus der Kindheit stammende Angst, verlassen zu werden, nicht liebenswert zu sein, die Angst vor Einsamkeit und der eigenen Sterblichkeit. Im mittleren Lebensalter sorgt die soziokulturelle Rollenverteilung für verschiedene Aspekte bei Männern und Frauen, wenngleich die basalen Ängste ursprünglich die gleichen Wurzeln haben. Wie das folgende Beispiel illustriert, spielen auch in diesem Lebensabschnitt körperliche Veränderungen eine überaus wichtige Rolle.

Eine 48-jährige, kinderlose Professorin setzt sich nun endgültig mit dem Abschied von ihrem intensiven, aber auch ambivalent erlebten Kinderwunsch auseinander. Sie schildert ihr »*Lebensgrundgefühl*« seit ihrer Pubertät folgendermaßen: »*Ich bin in meinen weiblichen Körper eingesperrt wie in einem Gefängnis, aus dem ich lebenslang nicht herausfinde.*« Sie konnte bereits als heranwachsendes Mädchen den Umschwung in ihrem Körper nicht akzeptieren und reagierte im 13. Lebensjahr vorübergehend mit nächtlichem Einnässen, nachdem sie bereits bis zum 7. Lebensjahr Bettnässerin gewesen war. Mit einer leicht verlaufenden Anorexie und der damit einhergehenden Amenorrhöe konnte sie die Jahre der geschlechtlichen Reifung »*überbrücken*« und sich über hervorragende Leistungen in der Schule (einschließlich Abitur und später während des Studiums und der weiteren beruflichen Karriere) ohne weitere anhaltende, für sie selbst erlebbare Symptombildung entwickeln. In der erotischen Beziehung zu Männern waren für sie stets Außenaspekte wichtig, nämlich als attraktive Frau begehrt und bestätigt zu werden. Die Furcht, dabei in eine »Hörigkeit« geraten zu können, beeinträchtigte schon immer ihre sexuelle Erlebnisfähigkeit. In der analytischen Psychotherapie kann sie mir ihre tiefsten inneren Erfahrungen, Abhängigkeitsängste und Verletzungen mitteilen und allmählich verstehen lernen. Anlass für ihr Kommen sind zunächst die seit einem Jahr immer heftiger werdenden Versagens- und Bewertungsängste v.a. im beruflichen Bereich (»*bei jedem Vortrag habe ich unerträgliches Lampenfieber wie nie zuvor*«), Alpträume, schwere Schlafstörungen und die Trennung vom Lebensgefährten, der sie wegen einer jüngeren Frau verlassen hat: *»Ich träume immer wieder vom Tod. Ich ertrinke und wache mit Erstickungsangst auf. Oder ich befinde mich im Krieg und soll erschossen werden. Und in der letzten Zeit wache ich immer wieder schweißgebadet aus dem gleichen Traum auf: Ich bin mitten im Abitur, in der Reifeprüfung. Ich weiß nichts mehr, alle meine Gedanken sind weg, wenn ich durchfalle, ist alles aus.«* Die Schwelle des Klimateriums mit all den körperlichen Veränderungen ist für diese Frau nicht zu bewältigen. Fühlt sie sich doch in ihren (geschlechtsreifen) Körper seit ihrer Pubertät »eingesperrt« und kann ihre Weiblichkeit in ihr Identitätserleben nicht integrieren. Die Wechseljahre sind nun auslösend für ihre schweren Verlustängste und Kränkungen aus der frühesten Kindheit und Jugend. Sie erlebt die Diskrepanz zwischen ihrem inneren schwachen Selbstwertgefühl als Folge eines Entwicklungsdefizites und ihrem hohen Stellenwert im öffentlichen Leben, ein Gefühl, alles sei »erschwindelt, unverdient und betrügerisch erworben« (vgl. das Kapitel über Prüfungsangstträume). Aus Angst vor Schwangerschaft und Geburt hatte sie als junge Frau mehrmals abgetrieben, wohl immer wieder in der Illusion, wenn sie ein Kind wolle, könne sie dies jederzeit bekommen. Nun unterliegt ihr Körper erneut – wie in der Adoleszenz – in hohem Maße Veränderungen, und sie erleidet in unwiderruflicher Weise den schmerzlichen »Tod« der Gebärfähigkeit, *»alle meine Babys, die ich mir bei jeder Abtreibung in der Phantasie ausgemalt habe, sind nun endgültig tot, ich bin irgendwie selber tot, wenn ich unfruchtbar und unattraktiv werde«.* Die frühkindlichen und adoleszenten Schutzmechanismen (z. B. das Bettnässen und die Essstörung) können nicht mehr zum Tragen kommen, die akzellerierte intellektuelle Entwicklung seit frühester Kindheit mit hervorragender Reifeprüfung kann nicht mehr greifen, um sie vor dem vernichtend geringen Selbstwertgefühl retten oder ihre Lebensprobleme meistern zu können. *»Ich war in meiner tiefsten Seele noch nie so weit oder reif wie ich nach außen hin wirkte. Alle haben mich bewundert und jetzt baue ich nur noch ab.«* Sie hatte in den letzten beiden Jahren ohne für sie zufriedenstellende Ergebnisse mehrere schönheitschirurgische Eingriffe vornehmen lassen. Für ihre Selbstachtung sind das Altern und der Verlust der Fruchtbarkeit überwältigend. Doch zwingt sie dieser *»schwere Schlag«* dazu, sich durch das Bewusstmachen des Unbewussten im psychoanalytischen Dialog und nach langer Trauerarbeit für das Verlorene neue Lebensbereiche zu erschließen: sie erlernt das Spielen eines Musikinstruments, beginnt zu malen und Gedichte zu schreiben. Dabei muss sie nicht mehr als überdurchschnittlich begabt und bewundernswert erscheinen, sie erkennt in ihrer Kreativität eine Möglichkeit für neue Lebensfreude. Von den geschilderten Alpträumen wird sie nicht mehr geplagt. Auch der berufliche Bereich muss nicht mehr so stark funktionalisiert werden, um letztlich – wie bisher – ihr geschwächtes Selbstwertgefühl oder ihre Verletzlichkeit zu stabilisieren. Sie hält – mittlerweile wieder ohne Lampenfieber – Vorlesungen und Vorträge, die sie nicht mehr in dem überhöhten Ausmaß ehrgeizig besetzen und instrumentalisieren muss. *»Ich habe die Arbeit mit meinen Studenten richtig lieb gewonnen.«*

Der therapeutische Weg bis zu diesem von der Patientin ausgesprochenen Satz war für sie – wenn letzlich sehr lohnend – streckenweise leidvoll und hart. In der frühen Entwicklung dieser Frau hatte es wohl keinen die Mutter genügend beglückenden und der Patientin selbst Glück spendenden weiblichen Körper gegeben, mit dem sie sich hätte identifizieren können. *»Ich weiß nicht, wie sich meine Mutter angefühlt hat, ihr Geruch, ihre Haut, ob sie mager oder rund war, dafür gibt es kein Gefühl und keine Erinnerung, es mutet mich nur leer und fremd an«*, sagt sie in einer späten Analysestunde. Die Mutter war wenig geschätzt in der Großfamilie, alleinerziehend und musste hart arbeiten, um das Nötigste für sich und das uneheliche Kind zu verdienen. Für Stillen und zärtliche Berührung in der Säuglings- und Kleinkindzeit der Patientin war wenig Raum. Die Mutter fühlte sich selbst sehr einsam und ausgegrenzt, war verhärmt und musste die eigene Bedürftigkeit rigide abwehren. Balint (1973) meint, wenn das kleine Mädchen im eigenen Erleben seine Mutter körperlich zu wenig zufriedenstellen oder durch sie keine angemessene Befriedigung erlangen kann, wird es ihm schwer gelingen, sich mit deren weiblichem Körper genügend positiv zu identifizieren. Das Mädchen kann dieses grundlegende Defizit kaum mehr wettmachen. So werden die Ängste des kleinen Kindes und dann des heranwachsenden Mädchens in den Ängsten der Frau in Klimakterium und Postklimakterium wiederbelebt: Das Körperbild und die Attraktivität für andere werden erneut zu wesentlichen Bestandteilen in der Einstellung der Frau zu sich selbst. Auch in der Therapie löst die zunächst unbewusste Suche nach regressiver Schmerzlinderung auf Grund des Mangels an psychischem und physischem Aufgehobensein in der frühesten Kindheit jene ursprünglich erlebte narzisstische Kränkung, die Scham des bloßgestellten Säuglings, erneut aus, wenn die Patientin in ihrer »Hörigkeitsübertragung« (McDougall, 1974) die Analytikerin im Sinne eines Selbstobjektes zum Mittelpunkt ihres Lebens machen will und darin enttäuscht werden muss, weil diese Wiedergutmachungsbedürfnisse nicht befriedigt werden können. Diese Patientin gerät – vor allem in Situationen der Trennung von der Therapeutin wie an Wochenenden und im Urlaub – vorübergehend, wenn sie im Nachreifungsprozess ihre erwachsene weibliche Identität zu entfalten beginnt, in eine absolute Vernichtungs- und Verlassenheitsangst. Sie muss die ursprüngliche Illusion vom Einssein mit der Mutter und eine glücklichere Körpererfahrung mit ihr erleben zu können, aufgeben. Da sie vaterlos aufgewachsen ist, gab es für diese Patientin auch nicht die Möglichkeit, sich mit Hilfe einer Identifizierung mit einem Partner der Mutter von ihr zu lösen und sich zu individuieren bzw. ihre »töchterliche Existenz« als »Selbstobjekt des Vaters« im Sinne einer Triangulierungshilfe für ihre präödipale und ödipale Entwicklung zu nutzen (Rohde-Dachser, 1990). Der Patientin fehlt in ihrer Entwicklungsgeschichte die (liebevolle) Antwort eines Vaters auf ihre Weiblichkeit als Tochter und damit auch die Möglichkeit einer Neubelebung ihrer ödipalen Situation, um letztlich von ihrer »töchterlichen Existenz« Abschied nehmen zu können. Sie muss also – wie bereits in früheren Schwellensituationen – um die erneute Loslösung von der Mutter kämpfen und Verschmelzungsphantasien mit ihr (Chasseguet-Smirgel, 1986) aufgeben. Gleichzeitig muss sie die narzisstische Kränkung des Alterungsprozesses – erschwert durch das Jugendlichkeitsideal im westlichen Kulturkreis – ertragen und verarbeiten. Den makellosen und gebärfähigen Körper wird es für sie nicht mehr geben. Auch die von ihr als Sicherheit erlebte und dadurch positiv besetzte Möglichkeit des zyklisch-schöpferischen Sicherneuerns mit der eigenen körperlichen Fürsorge während der Menstruation und das damit verbundene Kontinuitätserleben muss sie entbehren lernen. Sie erlebt es als schweren Verlust, sich von ihrem Schönheits-Ideal-Selbstbild lösen zu müssen, kann aber dabei ihre unverarbeitete Weiblichkeitsentwicklung während der Analyse allmählich entdecken und anerkennen. Schließlich wird sie eine ihrem Alter entsprechende weibliche Identität finden und festigen.

An dieser Stelle möchte ich Schlesinger-Kipp (2002) zitieren: »Vom körperlichen monatlichen Kampf zwischen den Polen Gebärfähigkeit und Unabhängigkeit befreit, könnte die Frau das Klimakterium als Krise und Chance für eine neue Phase nach der Menopause erleben. Gelingt die (teilweise) Lösung unbewußter Konflikte und bleibt die körperliche Gesundheit erhalten, können größere Mengen psychischer Energie frei werden und ein intensiveres Erleben von Identität und Sexualität ermöglichen. Mißlingt die Konfliktlösung, können die Wechseljahre zu krisenhaft verstärkten psychischen Problemen führen. Als unbewußte Konflikte sind sie in einer psychotherapeutischen Behandlung bearbeitbar.« Und später schreibt Schlesinger-Kipp (2002): »War der Körper der Mutter liebevoll und zärtlich besetzt, so wird auch die alt gewordene Mutter geliebt und der eigene alternde Körper kann eher akzeptiert und in das eigene Selbstbild integriert werden ... Von daher ist es wichtig, die eigene Lebensphase als ein Zuhause zu begreifen, was nur durch Aneignung der Vergangenheit auch in ihrer zeitlichen Dimension und in ihren Verlusten möglich ist. Selbst zu diesem späten Zeitpunkt kann eine Therapie einer Frau dazu verhelfen, als vitaler und sinnenfroher Mensch ihr Leben wieder in die Hand zu nehmen, statt sich bei Tag und Nacht mit Träumen zu begnügen.«

Auch Raguse-Stauffer (1990) sieht in den Wechseljahren einer Frau eine Befreiung von »Ballast«, andererseits könnten diese ohne Angst, Wut und Trauer nicht bewältigt werden. Auch Sies und Nestler (1992) sehen in der psychischen Verarbeitung der Wechseljahre eine Chance für eine Weiterentwicklung ab der Lebensmitte, wenn das überhöhte, quälende Ich-Ideal von Unversehrtheit und Vollkommenheit zu Gunsten der realen Situation der wechseljährigen Frau überwunden werden kann.

Wenn auch gewöhnlich nicht so abrupt und körperlich so deutlich spürbar wie bei der Frau, so ist die Lebensmitte auch für den Mann eine oft schwer zu bewältigende Entwicklungsaufgabe oder gar Prüfung, zumindest eine oft herbe Herausforderung, sich mit seiner Endlichkeit und dem Alterungsprozess auseinanderzusetzen. Sowohl beim Mann als auch bei der Frau hat im mittleren Lebensalter die geschlechtsspezifische Hormonproduktion bereits merklich und das allgemeine körperliche und geistige Funktionsniveau seinen Höhepunkt überschritten. Beim Mann, der im gesellschaftlichen Rollenverständnis trotz seiner nachlassenden Spannkraft »im besten Alter« zu sein hat, kann dies ebenfalls schwere seelische Bewertungsängste (seelisch-körperliche Prüfungsangst) und Konflikte verursachen. Nach Sies und Nestler (1992) ist die Frau unbewusst für den weiterhin eventuell in seiner Karriere aufwärtsstrebenden Mann und dessen Selbstwertregulation »Container für Defizit, Verlust, Krankheit und Tod (gemessen an einem eigenen Idealzustand von Unversehrtheit und Lebendigkeit)«. Dies sei Ausdruck einer stillen Einigung zwischen Frauen und Männern unter patriarchalischen Strukturen. Hettlage-Varjas und Kurz (1995) sehen ebenfalls die positiven Entwicklungschancen der Frau im Klimakterium, wenn sie sich von den Pathologisierungstendenzen gegenüber der Wechseljährigen befreit hat, aber sie warnen auch vor einer Verleugnung von Ängsten und Verlusten, die in dieser Entwicklungsphase real anstehen. Chasseguet-Smirgel (1964) geht – kontrovers zu Freuds Weiblichkeitstheorie – davon aus, dass bei beiden Geschlechtern in gleicher Weise auf Grund der schmerzlichen postnatalen Trennungserfahrung von der primären Bezugsperson ein unbewusster Wunsch nach Rückkehr in den Mutterleib vorhanden sei. Der erwachsene Mann erfülle sich diesen Wunsch kurzfristig durch den Liebesakt, die Frau könne dank der (realen oder phantasierten) Einheit mit dem Fötus während der Schwangerschaft mit ihrem ersten Liebesobjekt, der Mutter, die Wiedervereinigung finden. In der Tat existieren sehr unterschiedliche, z. T. kontrovers diskutierte Hypothesen von männlicher und weiblicher Entwicklung und der Herausformung der jeweiligen Geschlechtsidentität, auf die in diesem Zusammenhang nicht vertieft eingegangen werden kann.

Im mittleren Lebensalter muss schließlich auch der Mann, zumindest über das Klimakterium seiner Partnerin, von der Möglichkeit, Kinder mit ihr zu zeugen, Abschied nehmen. Oft sieht er die Ursache seiner Unzufriedenheit mit seinem Leben projektiv bei seiner Frau und er findet sich – wie in vielen Fällen – mit einer (seinem Ideal entsprechenden ?) Partnerin zusammen, die noch Kinder bekommen kann oder bei der er Entschädigung sucht für seine subjektiv erlebten Verluste. Aber dies kann nicht unbegrenzt über den natürlichen Alterungsprozess hinwegtäuschen. Die allmählich fortschreitende Verzögerung und Verminderung der sexuellen Funktionsfähigkeit, Zweifel am Sinn seiner beruflichen Erfolge des »kleinen Mannes« oder die karrierebezogenen Siege der »starken Männer« (Buddeberg, 1983) lassen den Mann in der Lebensmitte – auch wenn die biologischen Veränderungen nicht so offenkundig sind wie bei der Frau – oft zunächst noch unbemerkt in eine Identitätskrise geraten. Tyson (1991) betont, dass die Geschlechtsidentität viele Eigenschaften beinhaltet, die sich aus biologischen, psychologischen, sozialen und kulturellen Faktoren zusammensetzt. In den verschiedenen Altersstufen kommt es dabei zu oft sehr unterschiedlichen Bewältigungsaufgaben. Salzberger-Wittenberg (2002) schreibt: »Im mittleren Lebensalter wird der einzelne mit einer Vielfalt von Verlusterlebnissen konfrontiert, die gleichzeitig oder aber kurz nacheinander eintreten: a) Verlust der Jugend, der einem unter anderem dadurch bewußt wird, daß die Kinder erwachsen werden; b) Verlust der Zeugungsfähigkeit in den Wechseljahren; c) Verlust der Möglichkeiten, in Beruf und Ehe völlig neu anzufangen; d) Verlust der Elternrolle, wenn die Kinder erwachsen und unabhängig werden und das Elternhaus verlassen; e) Verlust der eigenen Eltern durch Tod oder die Erfahrung ihres Alterns; f) Verlust von Gleichaltrigen durch vorzeitigen Tod.« (S. 131). Später fügt sie – in Anlehnung an Melanie Kleins (1957; 1963) Hypothesen – hinzu: »Jeder Verlust bedeutet eine schwere Prüfung für unsere Fähigkeit, Liebe und Dankbarkeit für die gute Mutter und andere gute Menschen zu bewahren, den Lebenswillen nicht aufzugeben und unsere durch Frustration und Einschränkungen geweckten Haßgefühle durch diese positiven Gefühle zu mildern. Überwiegen im Ganzen Ärger und Verfolgungsängste und wird mit den Eltern, dem Schicksal und Gott gehadert, weil sie uns kein befriedigenderes Leben gegeben haben, so können Liebe und Zuversicht nicht bestehen ... Dies bedeutet Ausweichen vor Trauer und Mitleid, Verflachung von Gefühlen, verminderte Liebesfähigkeit und führt zu einer allgemeinen Verarmung des Charakters ... Trauerarbeit kann zu größerer Integration hinführen, den Charakter stärken und Mut und ein tieferes Mitgefühl mit anderen wecken, da wir lernen, den Wert des eigenen Lebens und des Lebens anderer zu schätzen.« (S. 137).

Ein 49-jähriger Patient kommt zu einem Vorgespräch wegen Schlafstörungen und »*unerträglicher Prüfungsängste*«, die im Zusammenhang mit einem Eignungstest beim Arbeitsamt, wo er vom Malermeister zum Fachinformatiker umgeschult werden kann, aufgetreten sind. Er ist inzwischen vom Lebensalter her mit der Einengung seiner beruflichen Möglichkeiten – wahrscheinlich der letzten Chance – konfrontiert und hat erhebliche Minderwertigkeitsgefühle und Bewertungsängste: »*Ich bin schon immer unsicher und gebe schnell auf und habe ständig Angst, etwas falsch zu machen. Schon als Kind hatte ich Angst, nicht gemocht zu werden. Ich bin dann so angespannt, dass ich tatsächlich etwas falsch mache. Aber so schlimm wie jetzt vor diesem Test war es noch nie. Es ist, wie wenn mein ganzes Leben zerstört werden könnte.*« Auch in seiner Ehe besteht ein unbewusster Konflikt zwischen Resignation – er leidet seit einigen Jahren an einer Ejaculatio praecox – und dem verbotenen Wunsch nach einem »*Aufbruch ins Leben*«. Bewusst erlebt er »*alles schwarz, es geht nichts mehr im Bett, ich habe keine Kraft mehr. Ich habe Probleme mit dem Älterwerden, eigentlich will ich sterben, dann aber habe ich Angst vor dem Tod.*« Seine Frau und seine beiden pubertierenden Kinder habe er in seine depressive Stimmunglage und seine Versagensängste längst mit hineingezogen. Er erlebt den Rückzug seiner Familienmitglieder von ihm ebenfalls als bedrohlich und sehr kränkend, »*ich habe in allen Lebensbereichen versagt und kann auch jetzt nichts mehr aus mir machen*«.

Die psychische Entwicklung dieses Mannes verlief bis ins Erwachsenenalter äußerlich weitgehend unauffällig. Er beschreibt sich als braves, schüchternes bis ängstliches Kind, das v. a. bei körperlichen

Erkrankungen sehr verwöhnt wurde. Eigenständige Schritte wurden strikt von beiden Eltern unterbunden, sein Bewegungsdrang und später seine Interessen an Mädchen wurden von den sexualfeindlichen Eltern verachtet. Die neue Chance, im mittleren Lebensalter nun noch einen beruflichen Aufstieg schaffen zu können, erlebt der Patient als Bedrohung. In der tiefenpsychologisch fundierten Psychotherapie bekommt er mehr Zugang zu seinen Verlustängsten, die er mit Anpassung an die Bedürfnisse und Erwartungen anderer in seinem bisherigen Leben immer wieder beschwichtigen konnte. In Schule und Ausbildung war er durchschnittlich gut, »*ich bin nie aus der Reihe getanzt*«, in seiner Berufs- und Patrnerwahl hatte er sich stets an den Wünschen und Vorstellungen seiner Eltern und Großeltern orientiert. Jetzt muss er u. a. die sexuellen Wünsche seiner Frau zunehmend enttäuschen, ist ferner konfrontiert mit der beginnenden Adoleszenz von Sohn und Tochter und kommt in heftige, pathologische Prüfungsangst, wenn er sich »*als gestandener Mann wenigstens im beruflichen Weiterkommen*« bewähren will. Die in den einzelnen Entwicklungsphasen geschilderten Schwellen- und Prüfungsängste (Angst vor Verlust, vor Strafe, vor Beschämung etc.) kommen also bei diesem Patienten in seiner Lebensmitte, die ihn in seiner Weiterentwicklung besonders stark herausfordert, zum Ausbruch. Sein Leidensdruck und seine Lebendigkeit sind aber doch so groß, daß er die Schwelle überwindet und den Mut findet, ein therapeutisches Gespräch zu suchen. Im weiteren Verlauf gelingt es ihm schließlich, den Eignungstest beim Arbeitsamt zu bestehen und neue Lebensaufgaben für sich zu entdecken.

Ich möchte noch einmal auf die Gedanken Eriksons (1959) zurückzukommen, der in Krisen auf Grund von Veränderungen im menschlichen Lebenszyklus dynamische Übergangssituationen sieht. In ihnen findet eine Umorganisation der Identität statt, die letztlich zu neuer Sinnhaftigkeit führen kann, aber auch große Gefahren und Risiken für die Entwicklung des Einzelnen in sich birgt. Geburt, Abhängigkeitsentwöhnung, Autonomie-Entwicklung, ödipale Lösungen, die Adolszenz/Spätadoleszenz, mittleres Lebensalter und Altern sind von Brüchen und Verlusten und ständigen seelischen und körperlichen Veränderungen begleitet und erhöhen die Anfälligkeit für psychische Störungen. Das zunehmende Sich-Befassen mit der Vergänglichkeit, bisher nicht oder nur unzureichend gelöste Entwicklungskonflikte lassen den Einzelnen an seiner Weiterentwicklung scheitern oder verlangen nach reiferen Lösungen. So sind auch die Phasen des Alterns zum Teil schweren Ein- und Umbruchssituationen während des gesamten Lebenszyklus ausgesetzt. Wenn eine unbewusste Konfliktdynamik aus früheren Entwicklungsabschnitten unverarbeitet geblieben ist, wird sie bis ins hohe Alter wirksam aktualisierbar sein. Durch Krankheit, Unfälle oder Alterungsprozesse kann der Einzelne lebenslang mit dem langsamen oder plötzlichen Verlust bestimmter Fähigkeiten konfrontiert sein. Werden die damit verbundenen Einschränkungen nicht betrauert sondern verleugnet, so kann nur eine relativ oberflächliche Einstellung auf die neue Situation erfolgen. In speziellen Krisensituationen können dann Ängste, Depressionen, Sucht und andere schwere Symptome die Folge sein.

Oftmals kommt es erst im letzten Drittel des Lebens, also im Alter, zu dem Bedürfnis, die eigene Entwicklung verstehen und Konflikte lösen zu wollen, wenn bestimmte Auslösesituationen die Motivation dafür anregen. Radebold (2002) sagt: »Die psychoanalytische Entwicklungspsychologie versteht inzwischen die Phasen des höheren Erwachsenenalters (von 60–75 Jahren) und des hohen Erwachsenenalters (ab 75 Jahren) als Phasen des gesamten Lebenszyklus.« Wie der Einzelne den allmählichen körperlichen und geistigen Abbau und die unentrinnbare Gewissheit, dass das Leben und das seiner Angehörigen enden wird, verarbeiten kann, hängt eng mit den Erfahrungen zusammen, die ein Mensch in den zurückliegenden Lebens- und Entwicklungsphasen gemacht hat. Auch die letzten Lebensjahre können eine Zeit der emotionalen Weiterentwicklung und der Neubearbeitung alter unbewusster Konflikte sein. Viele ältere Patienten kommen erstmals zur Therapie wegen psychischer Probleme, die sie bereits ein Leben lang begleitet haben, die aber erst jetzt durch Verluste, Abschied, schnellere Ermüdung und nachlassende Fähigkeiten ins Bewusstsein drängen. Wie in allen anderen Schwellensituationen des Lebens, spielt es auch hier eine Rolle, inwieweit ein Individuum die seelische Reife besitzt oder erwerben will bzw. kann, zu trauern und

Vergangenes loszulassen, um sich schließlich neue Lebensperspektiven und Zufriedenheit zu erschließen. Ich zitiere Radebold (2001), der über die Psychoanalyse einer 65-jährigen Frau schreibt: »Die Erwachsenenzeit weist einerseits auf die zahlreichen unbewußten Wiederholungen (z. B. in jeweils gestörten oder mißlingenden Beziehungen) hin und verdeutlicht andererseits wichtige neue Schritte in unterschiedlichen Entwicklungsfeldern. Klärung und Bearbeitung beider Aspekte benötigen lange Zeit. Ich habe aber den Eindruck, daß insgesamt psychoananlytische Psychotherapien und auch Psychoanalysen mit über 60-jährigen nicht längere Zeit in Anspruch nehmen.« (S. 227). Hierzu möchte ich eine Fallvignette aus meiner eigenen Praxis bringen.

Ein 68-jähriger Arzt sucht mich zu einem Erstgespräch auf: »*Die Abgabe meiner Landarzt-Praxis als Lebensinhalt ist für mich die schwerste Prüfung meines Lebens. Ich war es gewohnt, hart zu arbeiten, die Zähne zusammenzubeißen, über meine Probleme wurde nie gesprochen, ein Mann hatte mit sich selbst zurechtzukommen. Freizeit hat es nie gegeben, warum auch, das Leben hatte genügend Aufgaben, die auf mich warteten.*« Er hat Angst, in Leere und Bedeutungslosigkeit abzugleiten. Eine schwere narzisstische Kränkung, nicht mehr gebraucht zu werden, steht bevor. Sein Idealbild von männlicher Stärke und Potenz hat er – allzu oft über seine Kräfte hinaus – im Berufsleben zu verwirklichen versucht. Als Arzt war er sehr erfolgreich, stets einsatzbereit und bei seinen Patienten beliebt und geachtet. »*Hat mein Leben jetzt noch einen Sinn?*« ist seine verzweifelte Frage. Dieser Patient kann vieles aus seiner Lebensgeschichte in einer analytischen Therapie klären und aufarbeiten. Als erstgeborenes Kind war er von seiner Mutter bereits als Säugling auserkoren, ein tüchtiger Arzt zu werden. Dieses Tüchtigkeitideal lebte er zeitlebens – in erster Linie auf Kosten eigener wesentlicher Entwicklungsschritte, teilweise auf Kosten der Lebendigkeit in Partnerschaften, und im Grunde muss er voller Bitterkeit feststellen und »*bilanzieren, dass ich nie mit meinen Kindern gelebt habe, die sind wie fremde Menschen für mich*«. Die Drogensucht seines ältesten Sohnes hatte er hart verurteilt, den Kontakt zu ihm abgebrochen. Dessen Schul- und Prüfungsängste verabscheute er, der Vater mit dem Motto, »alles was hart ist, macht stark« und er entwertete immer schon die »*melancholischen Gefühle*« des Jungen. Der Absturz des eigenen Sohnes beschäftigt den Patienten lange Zeit in der Therapie. Die heftige eigene Gefühlsabwehr, die natürlichen und pathologischen Schuldgefühle dem Sohn gegenüber brauchten sehr viel Differenzierungsarbeit. Auch ihm glückte es schließlich, zu einem gewissen »*inneren Frieden*« zu kommen und seinen Lebensabend für sich sinnvoll und mit mehr Selbsttröstungskompetenz zu beginnen. »*Wiedergutmachung gibt es nicht. Den Härtetest als Lebensprüfung brauche ich nicht mehr. Ich tue jetzt, was ich kann, auch für meinen Sohn.*« Die Langzeitbehandlung für diesen sich nun im Ruhestand befindlichen, früher stets hart arbeitenden Akademiker zeigt letztlich, dass die eigentliche Prüfung für ihn nicht der »Härtetest des Lebens« ist, sondern das vertiefte Sich-Einlassen auf seine Emotionen und menschlichen »Schwachstellen« (Ohnmacht, Hilflosigkeit, Bedürfnis nach Hingabe, Sprachlosigkeit gegenüber Sorgen und Ängste usw.), d. h. letztlich auf seine innere Welt mit all der nicht gelebten Lebendigkeit, aber auch Begrenztheit und Endlichkeit. In seinen latent vorhandenen, gehemmten, seit frühester Kindheit inneren Verboten unterlegenen und »*nicht erprobten Lebensmöglichkeiten*« kommt es zur Nachreifung und zu einer neuen Weichenstellung. Nicht nur die innerseelischen, sondern auch die intergenerativen Sorgen, Defizite und Ängste werden in ihm wiederbelebt und lassen Veränderungsmöglichkeiten zu. Sein an einer Drogensucht leidender, erstgeborener Sohn (er hatte die väterliche »Härtetestaufforderung« boykottiert oder in seiner eigenen Entwicklung einfach nicht geschafft) kann sich mit vorsichtigen Schritten seinem ambivalent gehassten und bewunderten Vater äußerlich wieder annähern, um sich – so bleibt zu hoffen – in einen eigenen, vom Vater losgelösten Entwicklungsprozess begeben zu können. Das wachsende, eigene Schwäche-Eingeständnis des Vaters, der zu seiner Krise im eigenen Selbstbild und auch Selbstwertgefühl nun eindeutiger stehen kann, hat also auch Auswirkungen auf das soziale und familiäre Umfeld.

Radebold (2001) spricht von der »Zeitlosigkeit des Unbewußten« und geht davon aus, dass sich trotz verändernder biologischer Aspekte die unbewussten Phantasien, Träume, narzisstischen Bedürfnisse und auch traumatischen Erfahrungen mit der Folge einer unreifen psychischen Struktur eines Menschen erhalten bleiben und bei entsprechenden Auslösesituationen – auch im höheren und hohen Lebensalter – noch reaktiviert werden können. Ich möchte noch ein weiteres Fallbeispiel schildern.

Eine 73-jährige, geistig und emotional sehr bewegliche Patientin sucht mich in einer akuten Krise auf, nachdem ihr Hund von einem Auto überfahren worden war. Sie ist gequält von Schuldgefühlen und Todesängsten, hat schwere Ein- und Durchschlafstörungen und *»böse Träume«*, die – in ihrer eigenen realistischen Einschätzung – nichts mit ihrem Alter und dem real herannahenden Tod zu tun haben. In den Alpträumen befindet sie sich *»in einer ausweglosen Lage, immer und immer wieder, ich will einen Mann ohne Gesicht vor dem Absturz retten und der fällt und fällt und am Ende stürze ich selbst in eine unendliche Tiefe und wache unter Todesangst auf. Das träume ich in letzter Zeit immer wieder und traue mich schon nicht mehr ins Bett zu gehen.«* In den Krisensitzungen erfahre ich, dass ihr Ehemann vor zwei Jahren bei einem Verkehrsunfall tödlich verunglückt ist, ein heftiger, nicht gelöster Ehestreit zwischen beiden war unmittelbar vorausgegangen. Seit dem Tod ihres Mannes fühlt sie sich *»wie erstarrt, mein Leben hat keinen Inhalt mehr, ich warte auf mein eigenes Sterben, aber eigentlich bin ich schon tot. Umso verrückter, dass mir der Unfall meines Hundes so zu schaffen macht.«* Die Frau war in ihrer 43 Jahre dauernden Ehe sehr verstrickt an ihren Mann gebunden und befand sich sowohl psychisch als auch wirtschaftlich und sozial in einer starken Abhängigkeit von ihm. Die Ehe war kinderlos geblieben, nachdem die Patientin zwei Totgeburten als junge Frau erlitten hatte. Im weiteren Therapieverlauf stellt sich heraus, dass die Patientin bereits als Kleinkind unter starken Ängsten vor allem vor der Dunkelheit gelitten und wegen Einschlafstörungen die Eltern *»bis zur Weißglut gebracht«* hatte. Die Mutter drohte ihr und dem jüngeren Bruder mit dem *»schwarzen Mann«*, wenn die Kinder aufmüpfig waren oder ihre Geschwisterstreitigkeiten austrugen. Der »Haussegen« hing schon längere Zeit »schief«, als die Mutter der damals 5-jährigen Patientin an einer lebensbedrohlichen Hepatitis erkrankte. Die Mutter musste – so erinnert die Patientin – über mehrere Monate in einem Krankenhaus unter Quarantäne behandelt werden. Eine vorangegangene Ehekrise der Eltern hatte die Patientin schuldhaft (grandios) sich selbst angelastet, da sie ein »*nicht genügend braves Kind*« gewesen sei. Ich möchte hier noch einmal einen Satz Radebolds (2001) zitieren: »Nach meiner Meinung begegnen wir in der Psychoanalyse Erwachsener immer den Geistern der Kindheit.« (S. 228). Wie sehr musste diese inzwischen gealterte Frau bereits als Kind mit ihren Ängsten und magischen Phantasien (Herrin über Leben und Tod zu sein und v. a. Tod durch eigene, übersteigert erlebte Aggression verursachen zu können) ihr Leben verbracht haben? Wie sehr hatte sie ihre innere Wut bereits als Kind und ein ganzes Leben lang nach außen projiziert, wenn sie Angst haben musste, »*in der Dunkelheit überfallen*« zu werden? Waren es verbotene aggressive und auch sexuelle Wünsche, die sich dahinter verborgen hielten? Wie oft hat sie sich in ihrem gesamten Leben ambivalent die Bindungsperson weg (tot) und wieder herbeigewünscht? Noch hat sie die Fähigkeit zu trauern und Vergangenes loszulassen nicht entwickeln können. Wem kann sie ihre Gedanken mitteilen, mit wem über alte Erinnerungen sprechen oder auch streiten? Ihre aus der Ambivalenz entstandenen unbewussten Schuldkonflikte und ihre magische Selbstüberschätzung kommen jetzt in der Einsamkeit nach den Verlusterlebnissen als schwer zu verkraftende Schwellensituationen und in Anbetracht ihrer Endlichkeit heftig zum Vorschein und es wird noch viel Zeit in der Therapie in Anspruch nehmen, bis sie die vielen pathologischen Konfliktlösungen in den einzelnen Entwicklungsabschnitten ihres Lebens bewusst erkennen kann. Erst dann wird sie diesen späten Reifungsschritt bewältigen und ihre pathologischen Ängste verstehen und überwinden können.

V. Möglichkeiten psychotherapeutischer Interventionen

1. Die psychoanalytische Grundhaltung

In den Kapiteln dieses Buches ist der Leser schon mit den verschiedensten psychoanalytischen Behandlungsansätzen bekannt gemacht worden, die nun in diesem Abschnitt zusammengefasst und übersichtlich dargestellt werden. Es ist naheliegend, dass ich mich als Psychoanalytikerin auf psychodynamische Therapieansätze konzentriere, was aber nicht bedeutet, dass ich in meiner alltäglichen therapeutischen Arbeit nicht auch andere, in der Anwendung mir nicht so geläufige Behandlungsmethoden bei entsprechender ausführlicher Indikationsüberprüfung empfehle. Viele Patienten und Ratsuchende überweise ich an geeignete Einrichtungen oder speziell (z.B. verhaltenstherapeutisch) ausgebildete Kollegen sowie auch an Nervenärzte (vor allem, wenn eine zusätzliche psychopharmakotherapeutische Behandlung indiziert ist) weiter und kann über positive Erfahrungen bezüglich Austausch und differentialdiagnostische Überlegungen berichten.

In meiner beruflichen Praxis sind mir viele Menschen aller Altersstufen begegnet, mit denen ich oft nur sehr kurze, intensive Kontakte (Erstgespräche, Kriseninterventionen) hatte oder die mir in langen gemeinsamen Wegstrecken ihr tiefes inneres Erleben, bewusst oder averbal und unbewusst, mitgeteilt und anvertraut haben. Unabhängig vom therapeutischen Setting geht es bei diesen Kontakten um die genaue, einfühlsame Untersuchung der Emotionen, zwischenmenschlichen Beziehungen, um die Sprache, die Wortwahl und Wortbedeutung, die jeder einzelne Patient in eine Behandlungsstunde mitbringt. Zu diesen Dialogen gehört auch, darauf zu achten, was ein Patient möglicherweise *nicht* sagt und wie er in seiner Gestik und Körperhaltung unbewusste Gefühle, v. a. Ängste, übermittelt. Oftmals berichtet ein Patient in seiner Schilderung beispielsweise über körperliche Schmerzen (»Magenweh«), wo er sich andernfalls hätte schmerzhafte Erlebnisweisen eingestehen müssen bzw. wo es ihm noch gar nicht möglich gewesen wäre, für seine Verzweiflung Sprache zu finden. Das wohlwollende und mitfühlende Zuhören des Analytikers ist – wie ich in meinen geschilderten Langzeitbehandlungen herausgearbeitet habe – im psychoanalytischen Dialog manchmal schwierig, v.a. dann, wenn Hass- und Vernichtungsgefühle im Übertragungs-Gegenübertragungs-Geschehen wachgerufen werden. Dennoch ist es mir in meiner psychoanalytischen Arbeit immer wieder klar geworden, wie wichtig es für Patienten im psychoanalytischen Dialog ist, in einer Atmosphäre des Mitgefühls und der Aufmerksamkeit längst vergangene Verletzungen und die dazugehörigen Wut- und Schamgefühle aufzunehmen, freizulegen, die Verarbeitung zu begleiten, ohne die Illusion, die Vergangenheit auslöschen zu können. Kann doch ein reiferes, bewusst gewordenes Verständnis von sich selbst und anderen helfen, durch Klärungsprozesse neue Lösungsmöglichkeiten für zunächst unbewusste Konflikte, Ängste und Defizite zu entwickeln. Freud (1985) verdanken wir ja – zunächst anhand seiner Beobachtungen hysterischer Patienten – die Entdeckung des Übertragungsphänomens. Er hat festgestellt, dass viele frühere psychische Erlebnisse nicht als vergangene, sondern als aktuelle Beziehung zur Person des behandelnden Arztes wieder lebendig werden. Solche erlebnismäßigen Wiederholungen machen es im therapeutischen Setting möglich, frühe Konflikte zu verstehen, die Vergangenheit eines Patienten teilweise zu rekonstruieren, Konflikte aufzuarbeiten und zu strukturellen Veränderungen zu kommen. Klein (1952) hat das Konzept der Übertragung ausgeweitet, indem sie in der Übertragung nicht nur verdrängte Konflikte sieht, sondern davon ausgeht, dass die ganze Fülle früher Empfindungen in die therapeutische Beziehung eingeht. Aus ihren Kinderanalysen hat sie die Einsicht gewonnen, dass es sich bei der Übertragung oft schon um reifere Elemente, aber auch immer wieder um infantile Gefühlsäußerungen handeln kann, die auf Grund von meist sehr frühen Entwicklungseinschränkungen das ganze Leben hindurch bestehen bleiben können. Auch Winnicott (1967) betont die bedeutende Rolle der frühen Bezugswelt für die Reifungsprozesse und die Ich-Entwicklung eines Menschen bereits in seiner frühesten Kindheit. Das analytische Setting bzw. die analytische Haltung des Analytikers, die er im therapeutischen Bündnis einnimmt, bietet eine neue Chance hinsichtlich der großen Bedeutung einer entwicklungsfördernden Umwelt im Sinne Winnicotts, in der ein Patient (vielleicht erstmals hilfreich) eine angemessene affektive Reaktion (im Gegensatz zu seinen frühen Beziehungserfahrungen) auf seine Erlebniswelt erfahren und daran reifen kann. Balint (1952; 1968) und Khan (1974) haben in ihren Arbeiten ausführlich diese Aspekte herausgearbeitet und uns geholfen, das analytische Verständnis dadurch zu vertiefen. King (1978) befasste sich mit der affektiven Reaktion des Analytikers auf die Mitteilungen des Patienten und die in der Übertragungssituation während der therapeutischen Sitzung wiederbelebten und ausgedrückten Aspekte vergangener Beziehungserfahrungen, Stimmungen und Gefühle. Eine sehr gut reflektierte Gegenübertragung, d. h. eine stets sorgfältig und selbstkritisch durchgeführte Gegenübertragungsanalyse, ist uns Analytikern sehr hilfreich für das Verständnis unserer Patienten und erschließt uns oft den Zugang zu Erlebnisweisen, die unausgesprochen geblieben sind. Die Gegenübertragungsanalyse muss allerdings auf einem soliden, reifen Fundament intensiver Selbsterfahrung stehen, damit ein Therapeut nicht womöglich unbewusst einen Patienten verurteilt oder ihn zum Agieren auf dem Nebenübertragungsschauplatz (z. B. Streit mit einem Angehörigen anstatt sich mit dem Analytiker auseinanderzusetzen usw.) bewegt. So erinnere ich an das Beispiel des Babys Mira, dessen Mutter einen »*bedrohlichen Dämon*« in dem kleinen Mädchen zu sehen glaubt, weshalb die Fütterungsvorgänge voller Hass, Ekel, Angst und Ablehnung von statten gingen (»*Dieses gierige Ungeheuer frisst mich auf!*«). Es war für mich als Therapeutin sehr schwer, die nicht zu vereinbarenden Botschaften nebeneinander stehen lassen zu können, nämlich einerseits die Verzweiflung und die Feindseligkeit der Mutter, die aus ihrer eigenen traumatischen Lebensgeschichte stammte, in der Einfühlung zu bewahren und gleichzeitig die Entwicklungsbedrohung für das Kind zu spüren und in der folgenden Paartherapie mit beiden Eltern ein inneres Verständnis für alle Beteiligten bereit zu halten. Ich musste selbst genügend Abstand in mir finden, um mir die Frage stellen zu können: »Warum empfindet diese Frau ihrem Kind gegenüber so etwas?« Erst dann konnte ich die »*mörderischen Impulse*« in ihr besser verstehen und mit ihr gemeinsam und dem Vater des Kindes, einem ebenfalls sehr traumatisierten Menschen, einen entwicklungsfördernderen Weg bahnen helfen.

Eine andere – für mich nicht minder schwierige – Situation erlebe ich beispielsweise in einem Erstgespräch, wenn ein Patient voller Wut und Vorwurf in das Behandlungszimmer stürmt und jegliches Beziehungsangebot meinerseits entwertet oder zurückweist. »*Sie können mir sowieso nicht helfen, was wollen Sie eigentlich von mir?*«, frägt mich der 27-jährige Ratsuchende. In meiner Gegenübertragung spüre ich hinter seiner mörderischen Wut und den von seinem Schmerz unbewusst ablenkenden Vorwürfen die Heftigkeit seiner Angst und Verzweiflung ebenso wie seine unerträglichen Schamgefühle als Hilfesuchender, die er abwehrt. Er war seit frühester Kindheit in seiner Bedürftigkeit und Abhängigkeit sehr verletzt und unverstanden geblieben und kommt in entsprechender negativer (Übertragungs-)Erwartung zum Erstinterview. Dieser Mann ist – ausgelöst durch eine »*verbockte Prüfung*« im Jurastudium – wirtschaftlich und sozial in Not geraten, ohne noch seine tieferen Gefühle, z. B. Ängste oder seine eigene Mitverursachung an seiner Gesamtsituation sehen zu können. Als er sich von mir angenommen und in der Tiefe erkannt fühlt, gerät er in eine »*Katastrophe*« und bittet schließlich um psychotherapeutische Hilfe. Die Beschämung darüber wiederum (»*Ich habe nie gedacht, daß ich je im Leben so eine Ärztin oder Psychologin brauche!*«) ist so heftig, dass er in eine für ihn erstmals bewusst spürbare (er hatte sich bisher mit Marihuana »*selbst versorgt*« und sich dadurch beruflich, wirtschaftlich und gesundheitlich in Gefahr gebracht), ernste suizidale Krise gerät, die im intensiven ambulanten Kriseninterventions-Setting aufgefangen werden muss und kann.

Herr S. aus der ersten in diesem Buch geschilderten Fallvignette kommt mit seiner Besorgnis zum Erstgespräch, er könnte mich mit seinen Problemen »erschlagen«. Seine aggressive Wortwahl ist in diesem Augenblick unbewusst, er fühlt sich subjektiv eher resigniert und unterwürfig. In meiner Gegenübertragung entdecke ich sehr intensiv und bald das von seinem Vater verprügelte, unter Leistungsdruck gesetzte Kind. Im so genannten *Hier und Jetzt* treten also bereits in der frühen therapeutischen Begegnung Übertragungsphänomene auf, die mit Angst, Beschämung und Schuldgefühlen für verbotene Wünsche und Phantasien zu tun haben. Auch die kommunikative Funktion seines Traumes (er fühlt sich »*gottverlassen und nur versehentlich hier*« und »*jede Prüfung ist ein Alptraum*«), die er schon in einer frühen Sitzung präsentiert, ist für ihn eine Möglichkeit zur Selbstdarstellung seiner Problematik, die sich auf den Zustand des Selbst, den Widerspruch zwischen seinem Ichideal und seinem realen Selbst und auch auf den Wunsch nach Anerkennung und Spiegelung seiner bisher abgewehrten Selbstanteile bezieht. Das Verstehen des manifesten Trauminhalts (anfangs noch ohne Deutung im Gespräch) klärt und differenziert das Bild des Träumers, das dieser von sich selbst entwickelt hat. Auch die Problemlösungskompetenzen des Träumers im Sinne seiner prospektiven Möglichkeiten (vgl. auch das Kapitel über die Traumtheorie in diesem Buch) kommen im manifesten Traum zu Beginn, während oder auch am Ende einer Behandlung zum Ausdruck. Der Patient, Herr S., hat also bereits im Erstkontakt eine im Grunde faszinierende Übertragungssituation inszeniert, die dem insbesondere von Argelander (1970) beschriebenen »szenischen Verstehen« entspricht. Das szenische Verstehen bedeutet, dass der Analytiker sich mit gleichschwebender Aufmerksamkeit auf die »Szene« einstellt, die der Patient (mit dem Therapeuten als Gesprächspartner) in der therapeutischen Interaktion zur Darstellung bringt. Durch Verwendung seiner Gegenübertragung versucht der Analytiker dabei introspektiv die Aussagekraft der Szene zu erfassen, möglichst ohne konzeptuelle Voreingenommenheit, die ihm den emotionalen Zugang wiederum versperren könnte. Mit einem Zitat von Klüwer (2001) möchte ich den Begriff der Szene noch etwas verdeutlichen: »Was bei diesem Konzept so zu beeindrucken vermochte, war die Erkenntnis, daß eine nicht durch Worte, sondern durch Darstellung, Auf- oder Vorführung erfolgende Mitteilung des Patienten – in Form der Szene eben – unerwartete Verstehensmöglichkeiten eröffnete ... Die Szene kann man sich wie ein Element im Schauspiel vorstellen, dessen Darstellung und Aufführung ein Abbild der Bühne des Lebens sein soll.« (S. 348).

Auch Bion (1962) betont, wie wichtig die Erfahrung für einen Klienten ist, dass seine Ängste, Aggressionen und seine Verzweiflung erkannt, gefühlsmäßig begriffen, angenommen und ertragen werden (»Containment«). So kann eine Phantasie entstehen, dass es einen Menschen im therapeutischen Ansprechpartner gibt, der mit den vom Patienten gefürchteten und abgelehnten Anteilen seines Selbst zurechtkommen kann. Wird also der Therapeut von der Wucht der Affekte des Ratsuchenden nicht überwältigt, sondern versucht er aufrichtig und auch emotional authentisch auf dessen »*Auswüchse*« zuzugehen und zu antworten, wird die Angst des Klienten – oft auch schon nach wenigen Gesprächen – gelindert und seine innere Welt kann stabiler und besser bewältigbar werden.

2. Einzelne psychoanalytische Behandlungsansätze

Mir war es wichtig, zunächst auf die allgemeine, den Prozess fördernde, analytische Grundhaltung näher einzugehen, die Voraussetzung ist für alle Varianten der tiefenpsychologisch fundierten und analytischen Therapieformen. Die psychoanalytische Haltung ist äußerst wertvoll und es gibt wohl auch keinen Zweifel in Fachkreisen daran, dass sie für die Zukunft der Psychoanalyse von großer Wichtigkeit sein wird (Nedelmann und Reiche, 1990; Schubart, 1991).

Bevor ich mich den analytischen Kurzzeittherapien zuwende, möchte ich erwähnen, dass es auch Situationen gibt, in denen *wenige analytische Gespräche* ausreichend sind, die akuten Konfliktsituationen bei nicht so tief gestörten ängstlichen Prüfungskandidaten zu bearbeiten. Trotz regressiver Einschätzung der Gefahrensituation einer Prüfung besteht die ichstützende Wirkung darin, eine regressive Reaktion mit Angstüberflutung und Lähmung der notwendigen Ichfunktionen, die zur Bewältigung der Prüfung benötigt werden, abzufangen. Der Therapeut repräsentiert ein anwesendes gutes Objekt, das dem Prüfling Sicherheit gibt. So hat beispielsweise eine Prüfungskandidatin in einem Amulett meine Telefonnummer wie eine Art Übergangsobjekt in sämtliche Prüfungen mitgenommen und mich oder meinen Anrufbeantworter angerufen. Bereits die Vorstellung, sie könnte mich notfalls auch während der Prüfung erreichen, beruhigte sie.

Analytische Kurzverfahren (Fokaltherapie, Krisenintervention, psychoanalytische Beratung) kommen je nach Indikation, Motivation und Zielsetzung in der psychoanalytischen Praxis zur Anwendung. Leuzinger-Bohleber u. Grüntzig-Seebrunner (1993, S. 331) haben eine tabellarische Übersicht verschiedener, aus der Psychoanalyse abgeleitete, kurztherapeutische Konzepte zusammengestellt (Tab. 4, S. 230).

Nach Leuzinger-Bohleber u. Grüntzig-Seebrunner ist die Fokaltherapie, die auf Balint (1972) und Malan (1963) zurückgeht, »z. Zt. die psychoanalytische Kurztherapie mit dem höchsten Anspruch« (S. 333). Balint et al. (1972) sehen in einem *Fokus* einen dem Patienten nicht bewussten, vorbewussten konflikthaften Zusammenhang mit den bewusst empfundenen und beklagten Problemen und Symptomen des Patienten. Die Aufgabe des Analytikers besteht nun darin, – gewissermaßen mit selektiver Aufmerksamkeit – aus einem manifest berichteten Inhalt den latenten Hintergrund zu erschließen und mit dem Patienten zu bearbeiten. Klüwer (2000) schreibt zur Bildung eines Fokus: »Der Patient bietet dem Therapeuten sein Problem an. Aus der psychoanalytischen Theorie wissen wir, daß ein solches aktuelles Konfliktangebot zugleich eine Neuauflage eines infantilen Konflikts ist, die der Patient jetzt als eine Übertragung auf den Therapeuten ins Spiel bringt … Es kommen also eine Übertragung und Gegenübertragung ins Spiel, die zum Fokus der aktuellen Situation werden. Solche Foci bilden sich – bei bestimmten, nicht bei allen Konfliktlagen – unabhängig vom Setting, also sowohl in hochfrequenten wie niederfrequenten Settings, in therapeutischen wie in beratenden Einzel-, Paar- oder Gruppensettings.« An dieser Stelle möchte ich nochmals auf das oftmals im Erstgespräch angebotene Problem der Prüfungsangst zurückkommen. Bewusst löst die Prüfung oder die als Prüfung

Psychoanalytische Kurzverfahren: Übersicht

Verfahren	Definition (Indikation und Ziel)	übliche therapeutische Haltung	Dauer
psychoanalytische Notfalltherapie	Kurzpsychotherapie in besonderen Dringlichkeits- und Krisensituationen mit dem Ziel einer sofortigen Abhilfe von Symptomen oder Fehlanpassungen. Der Patient hat dekompensiert und ist unfähig, die akute Notsituation zu bewältigen.	aktiv, stützend; deutend nur falls unbedingt erforderlich	1–3 Sitzungen
Kriseninterventionen	Kurzpsychotherapie mit dem Ziel der Bewältigung einer aktuellen Krise. Der Patient steht in Gefahr, durch spezifischen inneren oder äußeren Stress zu dekompensieren und kann deshalb die Krise nicht aus eigener Kraft bewältigen.	aktiv, stützend; psychodynamische Bedeutung der Krise wird, wenn möglich, gedeutet	1–5 Sitzungen
psychoanalytische Kurztherapie	Umfasst als Sammelbegriff eine Reihe von stark verkürzten Formen der traditionellen Psychotherapie.	analytische Grundhaltung und Deutungstechnik	5–50 Sitzungen
psychoanalytische Fokaltherapie	Form der Kurztherapie, die mittels einer spezifischen Technik einen fokussierten Konflikt des Patienten bearbeitet mit der Intention, auch unbewußte Bedeutungen der aktuellen Problematik zu erhellen.	analytische Grundhaltung und spezifische Deutungstechnik	10–30 Sitzungen
psychoanalytische Adoleszenztherapie	Eine Modifikation der Fokaltherapie, basierend auf psychoanalytischen Erkenntnissen zur Adoleszenz (vgl. Krejci & Bohleber 1982, Leuzinger-Bohleber & Mahler, 1993).	analytische Grundhaltung, jedoch spielt die Realbeziehung eine größere Rolle und führt zu einer aktiveren Haltung des Therapeuten. Die Übertragung wird selten gedeutet.	10–30 Sitzungen

Verfahren	Definition (Indikation und Ziel)	übliche therapeutische Haltung	Dauer
psychoanalytische Beratung	Sammelbegriff für Beratungen in verschiedenen institutionellen Settings mit unterschiedlichen Patienten und divergierenden Zielvorstellungen, die auf psychoanalytischen Erkenntnissen beruhen, z. B. Erziehungsberatung, motivierende Beratung, stützende Beratung (vgl. Grüntzig & Meyer, 1978).	aktive Haltung, i. d. R. keine Deutungen	5–50 Sitzungen

Tab. 4: Psychoanalytische Kurzverfahren: Übersicht, aus: Leuzinger-Bohleber, M. und Grüntzig-Seebrunner, M. (1993): Fokaltherapie – Krisenintervention – psychoanalytische Beratung. In: Mertens W. (Hg.): Schlüsselbegriffe der Psychoanalyse, S. 331/332

erlebte Schwellensituation Angst oder für den Patienten nicht zuordenbare Symptome z. B. körperlicher oder mentaler Art (z. B. Kopfschmerzen, Schlafstörungen, Konzentrationseinschränkung usw.) aus. Der dahinter liegende Konflikt bleibt jedoch unbewusst.

Hier schließt sich der Kreis meiner Fragestellung und Thematik in dem Buch: Wie ist die psychische Situation eines Ratsuchenden einzuschätzen? Welche therapeutische Indikation ist in seiner jetzigen Situation zu stellen und wie könnte die Prognose für die einzelne Empfehlung, d.h. für das anzuwendende Setting vorhersagbar sein? Das *hochfrequente Setting der psychoanalytischen Psychotherapie*, die ich in mehreren Fallbeispielen in ihrer Anwendung geschildert habe, bildet nach Klüwer (2000) die »Funktion eines Containers für die Übertragungsanalyse«. Durch die höhere Stundendichte pro Woche, die freie Assoziation des Analysanden und die Deutungsarbeit des Analytikers soll die Erkundung und die Lösung unbewusster Konflikte in der Bearbeitung der Übertragungsmanifestationen (als Ausdruck von Regression) in der analytischen Beziehung in Gang gesetzt werden. Ein Veränderungsbzw. Nachreifungsprozess in tiefen seelischen Schichten wird angestrebt. Sowohl die Unterform der *tendenzlosen Psychoanalyse (im streng klassischen Sinn)* als auch die der *analytischen Psychotherapie* (gemäß den Krankenkassenrichtlinien) arbeitet gezielt an und mit der Übertragung, verwendet Klärungs- und Deutungsarbeit als vorrangige Mittel. Nach Klüwer (2000) ist der Analytiker nicht nur in der hochfrequenten Analyse »Wächter des Settings«, sondern auch in der Fokaltherapie. Klüwer weist sowohl auf die Chance als auch auf die Gefahr einer Fokaltherapie hin, die im Sinne eines Containers sowohl »öffnend wie einengend wirksam werden kann«. Der Zugang zu unbewussten Vorgängen und ein basales Fokusverständnis verlangen ebenso eine gleichschwebende Aufmerksamkeit seitens des Behandlers wie in einer hochfrequenten Langzeittherapie. Bei »falschem Gebrauch« (z. B. suggestive oder manipulative Vorgehensweisen), d. h. einer gewissen Unkenntnis über behandlungstechnische Ergänzungen in der psychoanalytischen Arbeit mit einem Fokus, kann die Entwicklung eines Menschen auch gefährdet sein, »da *eine* Behandlungsstunde pro Woche als Container für die Bearbeitung der Übertragung nicht mehr ausreichend ist«.

Es gibt also wesentliche Indikations- und Prognosekriterien für die Anwendung der unterschiedlichen analytischen und tiefenpsychologisch fundierten Behandlungsmethoden. Dazu gehören so genannte strukturelle Kriterien, wie die Ich-Stärke des Einzelnen, das Ausmaß von Defiziten und die Art des Leidensgefühls (geht es »nur« um eine rasche Beseitigung des Symptoms und um die illusionäre Erwartung, alle Sorgen schnell los zu werden, etwa nach dem Motto: »Sagen Sie mir, was ich tun soll!«). Ferner spielt die Gestörtheit des Selbstwertgefühls eine große Rolle bei der Indikationsstellung (z. B. wie flexibel ist eine Person in ihrer psychischen Kompetenz oder aber wie groß ist bei erhöhter Kränkbarkeit die Frustrationstoleranz?) und auch die Überich- und Ichideal-Struktur (wie schwerwiegend ist eine Neigung zu destruktiver Selbstkritik oder wie übermächtig sind z. B. hinsichtlich der Lernfähigkeit eines Menschen dessen Allmachtsphantasien? usw.). Wie ich in meinen Fallvignetten aufgezeigt habe, gibt es die unterschiedlichsten Anlässe im Leben eines Menschen, in denen regressive, unverarbeitet und unbewusst gebliebene Ängste und Befürchtungen reaktiviert und reproduziert werden können. Dazu gehören sehr häufig auch Prüfungssituationen, die Person des Prüfers als Übertragungsfigur oder die Einrichtung (z. B. die Alma Mater), im Grunde alle zu überschreitenden Schwellen der Entwicklung und Reifung bzw. Veränderung, die oft auf Grund von Entwicklungsdefiziten als »Prüfung« und als zu bedrohlich und riskant erlebt werden, um angemessen bewältigt werden zu können. Es geht hierbei allzu oft um die Angst, beschuldigt zu werden, um die Angst vor Strafe, um die Furcht, nicht geliebt oder fallengelassen zu werden. Bei unbewussten Ängsten treten diese oft nicht als spezifisches Angsterleben, sondern häufig verkleidet in eine Symptomatik in Erscheinung (z.B. psychosomatische Phänomene), die erst entschlüsselt werden muss, wenn ein Patient zum Erstgespräch kommt.

Wie bereits im Zusammenhang mit den Kurztherapien geschildert liegt die Persönlichkeits- und Krankheitstheorie der Psychoanalyse den analytisch orientierten, d. h. tiefenpsychologisch fundierten und auch den dynamischen Behandlungsverfahren (Dührssen 1988) zugrunde. Bei all den genannten Methoden geht es um Einzel- oder Gruppenarbeit mit Kindern, Jugendlichen, Erwachsenen, Paaren und Familien.

Von den analytisch orientierten Verfahren möchte ich noch die *tiefenpsychologisch fundierte Psychotherapie* als die am häufigsten angewandte konfliktzentrierte Psychotherapieform den analytischen Psychotherapien und den Kurztherapien andererseits gegenüberstellen. Von den Kurztherapien unterscheidet sie sich bezüglich der längeren Therapiedauer. Sie findet aber wie diese für gewöhnlich mit einer Wochenstunde im Sitzen statt. Im Unterschied zu höher frequenten analytischen Psychotherapien geht es eher um eine Vermeidung oder Steuerung regressiver Vorgänge. Auch das freie Assoziieren wird weniger konsequent verwendet. Sie zielt ebenfalls auf Einsicht ab, konzentriert sich aber in der Regel auf umschriebene aktuelle Bereiche und weniger auf die Aufarbeitung unbewusster infantiler Konflikte. Deshalb geht es bei diesem Therapieverfahren auch weniger um die Übertragung in der therapeutischen Beziehung, die eher am Rande eine Rolle spielt, als um aktuelle Beziehungskonflikte im Leben eines Patienten und damit zusammenhängende Übertragungsaspekte.

Ich möchte nun noch auf weitere Therapieverfahren, die bei prüfungsgeängstigten Patienten von Bedeutung sind, eingehen und mich zunächst der *psychoanalytischen Gruppentherapie* zuwenden. Die »London Group Analytic Society« hat über die Konzeption von Foulkes (1978) einen großen Einfluss auf die derzeitige Auffassung über die Gruppenpsychotherapie. Foulkes empfiehlt »slow open groups«, in denen in ihrer Selbsterfahrung fortgeschrittene Teilnehmer ausscheiden und neue hinzukommen. Durch die dadurch unvermeidlich entstehenden Trennungsprozesse können unter anderem unbewusste Verlustängste aktualisiert, in der Gruppenanalyse zugänglich gemacht und gelöst werden. In einer Raum und Zeit gebenden, empathischen »Atmosphäre«, die der Gruppenleiter zu schaffen und zu begleiten hat, können Träume, affektive Reaktionen, Agieren, Übertragung und Widerstand der einzelnen Teilnehmer im »Netzwerk« (»Matrix«) der Gruppe erfasst und bearbeitet werden. Wie im Kapitel über die Identität bereits betont, kommen in der Gruppentherapie sowohl soziologische Gesichtspunkte als auch psychoanalytische Aspekte ins Blickfeld und zur intensiven Bearbeitung.

Auch die *psychoanalytische Familientherapie* hat sich aus der Psychoanalyse heraus entwickelt und sieht im therapeutischen Vorgehen mit Familien eine wichtige Bedeutung für das Verständnis unbewusster Szenen im zwischenmenschlichen Vorgang in Familienverbänden (Möhring und Neraal, 1996). Mit Hilfe von Übertragungs-, Gegenübertragungs- und Widerstandsanalyse werden in Familiensitzungen abgewehrte, unbewusste Ängste, Wünsche und Phantasien der Teilnehmer aufgenommen, reflektiert und deren Bedeutung den Teilnehmern unter Entlastung von Scham- und Schuldgefühlen nahegebracht. Gestörte Kommunikationsmuster im Sinne von Verstrickungen und übermäßigen Abhängigkeiten sollen gelöst und seelische Störungen der einzelnen Familienmitglieder vermindert oder geheilt werden. Neraal (2000) meint: »Bei dieser therapeutischen Arbeit wird die Beziehungsstörung oft gerade dadurch deutlich, dass jeder sich eine Besserung nur vorstellen kann, wenn der andere oder die anderen sich ändern. Die in diesem Wunsch ausgedrückte Abhängigkeit wird meist gar nicht erlebt. Wenn der Therapeut dabei helfen kann, bei jedem Familienmitglied den Kontakt zu den eigenen Bedürfnissen mit den daraus resultierenden Wünschen, aber auch Ängsten zu fördern, werden Sicherheit gebende Grenzen nach und nach errichtet. Dieser Prozess fördert die Eigenverantwortlichkeit, aber gerade dadurch auch die Verantwortlichkeit dafür, wie es anderen mit einem geht.« In der Regel wird – hier möchte ich beispielsweise an die als Krisenintervention durchgeführte Familientherapie mit der Familie von Jessica am Anfang dieses Buches erinnern – auch die Weiterbehandlung in Form einer analytischen Einzel- oder Gruppentherapie für Erwachsene oder für Kinder bzw. Jugendliche empfohlen und durchgeführt. Nicht selten ergibt sich im Anschluss an eine Familientherapie die Paarbehandlung der Eltern.

Ziel einer *psychoanalytischen Paartherapie* ist ebenfalls, ein vertieftes Verständnis für die unbewussten, konflikthaften Objektbeziehungen und deren Übertragung auf die jeweilige Partnerbeziehung zu erlangen. Sowohl in der Einzelpaartherapie als auch in der Paargruppenarbeit ist es wichtig, mit einfühlsamen Deutungen von Beziehungsverflechtungen, Träumen und unbewussten Ängsten vorzugehen. Eine Klärung und das Akzeptieren eigener, anfangs noch unbewusster, Bedürftigkeit kann dann oft erlebnisnah für die Beteiligten ermöglicht werden und die eigene Entscheidungsfähigkeit für oder auch gegen das Weiterführen einer Partnerbeziehung stärken (Wendl-Kempmann und Wendl, 1986). Wie aus der Erörterung einiger Fallvignetten dieses Buches hervorgeht, verbergen sich hinter vielen bewusst erlebten Prüfungsängsten auch schwere Partnerkonflikte. Diese Konfliktdynamik entsteht wiederum aus der unbewussten Angst vor narzisstischer Kränkung, vor Liebesverlust oder Verlust der Bedürfnisbefriedigung durch den (in der Übertragung) »bedeutsamen Anderen« im Falle eines Versagens in der Prüfung. Hier handelt es sich meist um Übertragungen früher Verwöhnungen oder Versagungen durch die frühe Bindungsperson.

Auch in der *analytischen Kinder- und Jugendlichenpsychotherapie* gelten die behandlungstechnischen Ansätze zur Erkundung des Unbewussten wie bei der Arbeit mit Erwachsenen: die freie Assoziation, die Deutung von Übertragungsgefühlen, Träumen, Abwehr und Widerstand. Bei der Arbeit mit Kindern muss der Analytiker mit dem kindlichen Fühlen und Denken vertraut sein, das sich in Phantasien, im kindlichen Spiel und anderen kreativen Gestaltungsmöglichkeiten ausdrückt. Auch hat er es auf Grund der realen Abhängigkeit des Kindes von seiner Bezugswelt mit dem elterlichen Leidensdruck und den sozialen Konflikten in der Schule oder im Kindergarten zu tun und gerät somit in seiner therapeutischen Arbeit nicht selten auch in Loyalitätskonflikte zwischen den oft ehrgeizigen Erwartungen der Eltern (das Kind soll gute Leistungen erbringen) und den (Prüfungs-)Ängsten und Widerständen des Kindes selbst. Auch hier möchte ich an einige Fallbeispiele in diesem Buch erinnern. Auf die speziellen Schwierigkeiten einer Jugendlichen-Psychoanalyse in einem Entwicklungsalter der Progression, in der therapeutisch behutsam regressive Schritte auch in die Wege geleitet werden, haben auch Laufer und Laufer (1989) und Blos (1990) hingewiesen. Der Therapeut ist hier auch Begleiter auf einer Wegstrecke seelischen und körperlichen Wachstums als einem kreativen Identitätsfindungsprozess.

Literatur

Ainsworth, M. (1982): Attachment: retrospect and prospect. In: Parkes, C. M., Stevenson-Hinde, J. (Eds): The Place of Attachment. In: Human Behaviour, London: Tavistock

Ainsworth, M., Blehar, M., Waters, E., Wall, S. (1978): Patterns of Attachment: Assessed in the Strange Situation and at Home. Hillsdale, NJ: Erlbaum

Altmeyer, M. (2000): Narzissmus, Intersubjektivität und Anerkennung. Psyche 54, 143–171

Andreasen, N. C. (2002): Brave New Brain. Geist-Gehirn-Genom. Berlin, Heidelberg, New York: Springer

Arbeitskreis OPD (Hg.) (1996): Operationalisierte Psychodynamische Diagnostik. Bern-Göttingen-Toronto-Seattle: Hans Huber

Argelander, H. (1970): Die szenische Funktion des Ich und ihr Anteil an der Symptom- und Charakterbildung. Psyche 24, 325–345

Auchter, T. (1982): Psychoanalyse im Übergang. In: Krejci, E., Bohleber, W. (Hg.): Spätadoleszente Konflikte. Göttingen: Verlag für Medizinische Psychologie im Verlag Vandenhoeck & Ruprecht, 150–183

Balint, E. (1973): Technical problems found in the analysis of a Woman by a woman analyst. Int. J. Psycho-Anal., 54, 195–201

Balint, M. (1952): Über Liebe und Haß. Psyche 6, 19–33

Balint, M. (1968): Therapeutische Aspekte der Regression. Stuttgart: Klett, 1970

Balint, M., Ornstein, P. und Balint, E. (1972): Fokaltherapie. Franfurt a. M.: Suhrkamp, 1973

Bartholomew, K., Horowitz, L. M. (1991): Attachment styles among. Young adults: A test of a four-category model. J Personal Soc Psychol 1991, 61, 226–244

Benedetti, G. (1998): Psychotherapie als existentielle Herausforderung. 2. Aufl., Göttingen: Vandenhoeck & Ruprecht

Benz, A. E. (1984): Zum Gebärneid der Männer. Psyche 38, 307–328

Bion, W. (1962): Lernen durch Erfahrung. Frankfurt a. M.: Suhrkamp, 1997

Bion, W. (1962): Eine Theorie des Denkens. In: Spillius, E. B. (1988) (Hg.): Melanie Klein heute, Bd. 1, Stuttgart: Verl. Intern. Psychoanal., 1990, 225–235

Blos, P. (1954): Prolonged Adoleszenz. Am. J. Orthopsychiat. 24, 733–742

Blos, P. (1973): Adoleszenz. Eine psychoanalyische Interpretation. Stuttgart: Klett

Blos, P. (1990): Sohn und Vater. Diesseits und jenseits des Ödipuskomplexes. Stuttgart: Klett-Cotta

Bohleber, W. (1992): Identität und Selbst. Die Bedeutung der neueren Entwicklungsforschung für die psychoanalytische Theorie des Selbst. Psyche 46, 336–365

Bohleber, W. (1996): Adoleszenz und Identität. Stuttgart: Verlag Internationale Psychoanalyse, 7–40

Bowlby, J. (1976): Trennung – Psychische Schäden als Folge der Trennung von Mutter und Kind. München: Kindler

Bowlby, J. (1980): Bindung – Eine Analyse der Mutter-Kind-Beziehung. München: Kindler

Brenner, C. (1955): Grundzüge der Psychoanalyse. Frankfurt a. M.: Fischer

Brenner, C. (1959): The masochistic character. Genesis and treatment. J of the Am. Psychoanal. Ass. 7, 197–266

Buddeberg, C. (1983): Sexualberatung. Stuttgart: Enke

Cannon, W. B. (1929): Bodily changes in pain, hunger, fear, and rage. Bd. 2, New York: Appleton

Chasseguet-Smirgel, J. (1975): Das Ich-Ideal. Frankfurt a. M.: Suhrkamp, 1987

Chasseguet-Smirgel, J. (1986): Zwei Bäume im Garten. München, Wien: Verlag Internationale Psychoanalyse, 1988

Damasio, A. R. (1994): Descartes' Irrtum. Fühlen, Denken und das menschliche Gehirn. München: dtv, 1999

Damasio, A. R. (1999): Ich fühle, also bin ich. Die Entschlüsselung des Bewusstseins. München: Econ, Ullstein, List, 2000

Deneke, F. W. (1989): Das Selbst-System. Psyche 43, 577–608

Deneke, F. W. (1999): Psychische Struktur und Gehirn. Stuttgart, New York: Schattauer

Deserno, H. (1995): Träumen, Übertragen und Erinnern. In: Traum und Gedächtnis. Materialien aus dem Sigmund-Freud-Institut 15, Münster: Literatur-Verlag, 123–151

Deserno, H. (1999): Der Traum im Verhältnis zu Übertragung und Erinnerung. In: Deserno, H. (Hg.): Das Jahrhundert der Traumdeutung, 397–431, Stuttgart: Klett-Cotta

Dicke, U. und Roth, G. (2001): Grundkurs Neurobiologie. Vortrag Lindauer Psychotherapiewochen.

Dornes, M. (1993): Der kompetente Säugling. Frankfurt: Fischer

Dührssen, A. (1988): Dynamische Psychotherapie. Berlin, Heidelberg, New York: Springer

Ehlert, M., Lorke, B. (1988): Zur Psychodynamik der traumatischen Reaktion. Psyche 42, 502–532

Elias, N. (1987): Die Gesellschaft der Individuen. Frankfurt a. M.: Suhrkamp

Emde, R. N. (1988): Die endliche und die unendliche Entwicklung. Psyche 45, 1991, 745–779

Erdheim, M. (1992): Das Eigene und das Fremde. Über ethnische Identität. Psyche 46, 730–744

Erikson, E. (1946): Ich-Entwicklung und geschichtlicher Wandel. In: Identität und Lebenszyklus. Frankfurt a. M.: Suhrkamp 1973

Erikson, E. (1959): Identität und Lebenszyklus. Frankfurt a. M.: Suhrkamp

Erikson, E. (1965): Kindheit und Gesellschaft. Stuttgart: Klett

Erikson, E. (1954): Das Traummuster der Psychoanalyse. In: Graevenitz, J. v. (Hg.): Bedeutung und Deutung des Traumes in der Psychotherapie. Darmstadt: Wissenschaftliche Buchgesellschaft, 1968

Ermann, M. (1999): Psychotherapeutische und psychosomatische Medizin. Stuttgart: Kohlhammer

Ermann, M. (2000): 100 Jahre nach Freuds Traumdeutung. Traumstörung. Forum der Psychoanalyse. Berlin, Heidelberg, New York: Springer, 58–371

Federn, P. (1956): Ich-Psychologie und die Psychosen. Bern, Stuttgart: Hans Huber

Fonagy, P., Target, M. (2002): Neubewertung der Entwicklung der Affektregulation vor dem Hintergrund von Winnicotts Konzept des »falschen Selbst«. Psyche 56, 839–862

Foulkes, S. H. (1965): Einige Grundbegriffe der Gruppen-Psychotherapie. In: Zs Psychoth. med. Psychol. 1965, 15. Jg., Heft 3, 125–130

Foulkes, S. H. (1975): Praxis der Gruppenanalytischen Psychotherapie. München, Basel: Ernst Reinhardt Verlag

Freud, A. (1936): Das Ich und die Abwehrmechanismen. In: Die Schriften der Anna Freud. München: Kindler (1989)

Freud, A. (1965): Wege und Irrwege der Kinderentwicklung. Bern, Stuttgart: Huber/Klett (1968)

Freud, S. (1900): Die Traumdeutung. GW, Bd. 2/3

Freud, S. (1905): Drei Abhandlungen zur Sexualtheorie. GW, Bd. 7

Freud, S. (1912/13): Totem und Tabu. GW IX

Freud, S. (1916/17): Vorlesungen zur Einführung in die Psychoanalyse. GW, Bd. 11

Freud, S. (1923): Das Ich und das Es. GW XIII, Bd. 13

Freud, S. (1925): Selbstdarstellung. GW, Bd. 14

Freud, S. (1926). Hemmung, Symptom und Angst. GW, Bd. 14

Freud, S. (1930): Das Unbehagen in der Kultur. GW XIV, Bd. 14

Fuchs, G. (2000): Kinderanalyse. In: Mertens, W., Waldvogel, B. (Hg.): Handbuch psychoanalytischer Grundbegriffe. Stuttgart: Kohlhammer, 370–381

Gedo, J. E., Goldberg, A. (1973): Models of the mind. A psychoanalytic theory. Chicago: University Chicago Press

Gergely, G., Watson, J. (1996): The social biofeedback model of Parental affect-mirroring. Int J Psychoanal 77, 1181–1212

Gergely, G. (2002): Ein neuer Zugang zu Margaret Mahler: normaler Autismus, Symbiose, Spaltung und libidinöse Objektkonstanz aus der Perspektive der kognitiven Entwicklungstheorie. Psyche 56, 809–838

Grossmann, K. E., Grossmann, K. (1991): Attachment Quality as an Organizer of emotional and behavioral responses in a longitudinal Perspective. In: Parkes, C. M., Stevenson-Hinde, J., Marris, P. (eds): Attachment Across the Life Cycle. London-New York: Tavistock/Routledge 1991, 93–114

Grunert, U. (1975): Der Analytiker im Initialtraum. Psyche 29, 865–889

Grunert, U. (1977): Narzißtische Restitutionsversuche im Traum. Psyche 31, 1057–1107

Grunert, U. (1982): Selbstdarstellung und Selbstentwicklung im Manifesten Traum. Jahrbuch der Psychoanalyse 14, 179–209

Haas, E. Th. (2000): Opferritual und Behälter. Versuch der Rekonstruktion von Totem und Tabu. Psyche 54, 1110–1140

Haesler, L. (1992): Musik als Übergangsobjekt. Zs f. psychoanalytische Theorie und Praxis, VII, 4–15

Henseler, H. (1974): Narzißtische Krisen. Reinbek: Rowohlt

Hettlage-Varjas, A. und Kurz, C. (1995): Von der Schwierigkeit, Frau zu werden und Frau zu bleiben. Zur Problematik weiblicher Identität in den Wechseljahren. Psyche 49, 903–937

Hirsch, M. (2000): Arbeitsstörung und Prüfungsangst. In: Hirsch, M. (Hg.): Psychoanalyse und Arbeit. Göttingen: Vandenhoeck & Ruprecht, 76–99

Hohage, R. (1994): Diagnostik und Therapie neurotischer Arbeitsstörungen. Psychotherapeut 39, 146–152

Hohage, R. (2000): Zur Psychoanalyse des Arbeitens und der Arbeitsstörungen. In: Hirsch, M. (Hg.): Psychoanalyse und Arbeit. Göttingen: Vandenhoeck & Ruprecht, 100–124

Holmes, J. (2002): John Bowlby und die Bindungstheorie. München, Basel: Ernst Reinhardt Verlag

ICD-10-Diagnosenthesaurus (2000): Sammlung von Krankheitsbegriffen im deutschen Sprachraum, verschlüsselt nach der Internationalen statistischen Klassifikation der Krankheiten und verwandter Gesundheitsprobleme. Köln: Deutscher Ärzte-Verlag

Jacobson, E. (1964): Das Selbst und die Welt der Objekte. Frankfurt a. M.: Suhrkamp, 1973

Kandel, E. R. (1999): Biologie and the Future of Psychoanalysis: A New Intellectual Framework for Psychiatrie Revisted. Am J Psychiatry 156, 505–524

Khan, M. (1972): The use and abuse of dreams. Int J Psychother 1, 23–41

Khan, M., Masud, R. (1962): Dream psychology and the evolution of the psychoanalytic situation; deutsch: Die Psychologie der Traumvorgänge und die Entwicklung der psychoanalytischen Situation (1988). In: Erfahrungen im Möglichkeitsraum. Frankfurt a. M.: Suhrkamp, 1990

Khan, M. (1974): Selbsterfahrung in der Therapie. München: Kindler, 1977

Khan, M. (1990): Erfahrungen im Möglichkeitsraum. Frankfurt a. M.: Suhrkamp

King, P. B.(1978): Affective response of the analyst to the patient's communication. Int. J Psycho-Anal. 59, 329–334

Klein, M. (1932): The Psycho-Analysis of Children. London: Hogarth, 1975

Klein, M. (1935): Das Seelenleben des Kleinkindes und andere Beiträge zur Psychoanalyse. Thorner, A. (Hg.), Stuttgart: Klett-Cotta, 1989

Klein, M. (1952): On Observing the Behaviour of Young Infants, Developments in Psycho-Analysis. London: Hogarth Press

Klein, M. (1957): Envy and Gratitude. Tavistock Publications, London. Deutsch: Das Seelenleben des Kleinkindes und andere Beiträge zur Psychoanalyse. Stuttgart: Klett, 1962

Klein, M. (1963): Our Adult World and Its Rootsin Infancy and other Essays. London: Heinemann

Klüwer, R. (2000): Fokus – Fokaltherapie – Fokalkonferenz. Psyche 54, 299–231

Klüwer, R. (2001): Szene, Handlungsdialog (Enactment) und Verstehen. In: Bohleber, W., Drews, S. (Hg.): Die Gegenwart der Psychoanalyse – die Psychoanalyse der Gegenwart. Stuttgart: Klett-Cotta, S. 347–357

König, K. (1981): Angst und Persönlichkeit. Das Konzept vom steuernden Objekt und seine Anwendung. Göttingen: Vandenhoeck & Ruprecht

Kohut, H. (1971): The psychoanalysis of the self. Int. Univ. Press, New York (deutsch: Narzißmus, Frankfurt a. M.: Suhrkamp 1973)

Kohut, H. (1979): Die Heilung des Selbst. Frankfurt a. M.: Suhrkamp

Kohut, H. (1987): Wie heilt die Psychoanalyse? Frankfurt a. M.: Suhrkamp

Koukou-Lehann, M. (1995): Funktionelle Hirnzustände, Gedächtnisfunktionen und die psychobiologische Signifikanz des Schlafes und des Träumens. In: Sigmund-Freud-Institut (Hg.): Traum und Gedächtnis. Münster: Literatur-Verlag, 97–122

Krause, R. (1983): Zur Onto- und Phylogenese des Affektsystems und ihrer Beziehung zu psychischen Störungen. Psyche 37, 1016–1043

Kubin, A. (bis 1904): Das zeichnerische Frühwerk. Peters, H. A. (Hg.): Katalog Staatliche Kunsthalle, Baden-Baden, 1977

Laufer, M. E. (1980): Zentrale Onaniephantasie, definitive Sexualorganisation und Adoleszenz. Psyche 34, 365–384

Leuzinger-Bohleber, M., Mahler, E. (1993): Phantasie und Realität in der Spätadoleszenz – Gesellschaftliche Veränderungen und Entwicklungsprozesse. Eine Einleitung. In: Leuzinger-Bohleber, M., Mahler, E. (Hg.): Phantasie und Realität in der Spätadoleszenz. Opladen: Westdeutscher Verlag, 13–48

Leuzinger-Bohleber, M. (2002): Traumforschung. Zum interdisziplinären Dialog zwischen Neurowissenschaften und Psychoanalyse. In: Zwiebel, R., Leuzinger-Bohleber, M. (Hg.): Träume, Spielräume I. Göttingen: Vandenhoek & Ruprecht, 41–70

Leuzinger-Bohleber, M. und Grüntzig-Seebrunner, M. (1993): Fokaltherapie – Krisenintervention – psychoanalytische Beratung. In: Mertens, W. (Hg.): Schlüsselbegriffe der Psychoanalyse. Stuttgart: Verlag Internationale Psychoanalyse

Lichtenberg, J. D. (1983): Psychoanalyse und Säuglingsforschung. Berlin, Heidelberg, New York: Springer (1990)

Lichtenstein, H. (1977): The Dilemma of Human Identity. New York: Aronson

Loch, W. (1974): Der Analytiker als Gesetzgeber und Lehrer. Psyche 29, 431–460

Löwenstein, R. M. (1957): A contribution to the theorie of masochism. J of the Am. Psychoanal. Ass. 5, 197–234

Lyons-Ruth, K. (1991): Rapprochement or approchment: Mahler's theory reconsidered from the vantage point of resent research in early attachment relationships. Psychoanal Psychol 8, 1–23

Mahler, M. (1975): Die Bedeutung des Loslösungs-Individuations-Prozesses für die Beurteilung von Borderline-Phänomenen. Psyche 29, 609–621

Mahler, M., Pine, F., Bergman, A. (1978): Die psychische Geburt des Menschen. Frankfurt a. M.: Fischer

Main, M., Goldwyn, R. (1996): Adult attachment classification and rating system. Unpubl. Ms. University of California, Department of Psychology, Berkely

Malan, D. H. (1963): Psychoanalytische Kurztherapie. Bern, Stuttgart: Huber/Klett, 1965

Mancia, M. (2002): Methodologische Unterschiede zwischen der neurowissenschaftlichen und der psychoanalytischen Traumforschung. In: Giampieri-Deutsch, P. (Hg.): Psychoanalyse im Dialog der Wissenschaften. Stuttgart: Kohlhammer, 214–224

McDougall, J. (1972): Primal scene and sexual perversion. Int. J. Psycho-Anal., 53, 371–384

McEwen, B. S. (1992): Paradoxical effects of adrenal steroids on the brain: Protection versus degeneration. Biological Psychiatrie 31, 177–199

Mead, M. (1971): Der Konflikt der Generationen. Jugend ohne Vorbild. Olten/Freiburg: Walter

Meltzer, D. (1988): Traumleben. Stuttgart: Verlag Internationale Psychoanalyse

Mentzos, S. (1984): Neurotische Konfliktverarbeitung. Frankfurt a. M.: Fischer

Modell, A. H. (1968): Object Love and Reality. An Introduction to a Psychoanalytic Theorie of Object Relations. New York: Int. Univ. Press

Modell, A. H. (1975): The Ego and the Id: Fifty Years Later. Int. J. Psycho-Anal. 56, 57–68

Möhring, P. und Neraal, T. (1996): Psychoanalytisch orientierte Familien- und Sozialtherapie. Gießen: Psychosozial-Verlag

Moeller, M. L. (1967): Untersuchung zur Psychodynamik der Neurotischen Prüfungsangst. Inaugural-Dissertation zur Erlangung der medizinischen Doktorwürde an der Medizinischen Fakultät der Freien Universität Berlin. Promoviert am 27. Januar 1967

Moeller, M. L. (1969a): Zur Psychodynamik der neurotischen Prüfungsangst. In: H. U. Ziolko (Hg.): Psychische Störungen bei Studenten. Stuttgart: Thieme, 214–222

Moeller, M. L. (1969b): Psychotherapeutische Behandlung von Studenten im Urteil der Therapeuten. Vortrag auf einem Kongreß der Allgemeinen Ärztlichen Gesellschaft für Psychotherapie und Tiefenpsychologie, April 1969

Morgenthaler, F. (1986): Der Traum. Fragmente zur Theorie und Technik der Traumdeutung. Frankfurt a. M.: Edition Qumran (Campus)

Nedelmann, C. und Reiche, R. (1990): Analyse und Analysieren im Spiegel einer empirischen Studie. Psyche 44, 202–217

Neraal, T. (2000): Familiendynamik. Interdisziplinäre Zeitschrift für Systemorientierte Praxis und Forschung. Heft 4, 369–385

Panksepp, J. (1998): Affective Neuroscience. The Foundations of Human and Animal Emotions. New York, Oxford: Oxford University Press

Parin, P. (1976): Das Mikroskop der vergleichenden Psychoanalyse und die Makrosozietät. Psyche 30, 2–25

Parin, P. (1978): Der Widerspruch im Subjekt. Frankfurt a. M.: Syndikat

Pawlow, I. P. (1927): Conditioned reflexes. An Investigation of the Physiological Activity of the Cerebral Cortex. Translated by Inrep GV, London: Oxford University Press

Piaget, J. (1969): Das Erwachen der Intelligenz des Kindes. Stuttgart: Klett

Prahl, H. W. (1979): Prüfungsangst. Frankfurt a. M.: Fischer

Pulver, S. E. (1987): The manifest dream in psychoanalysis: A clarification. J. of the Am. Psychoanal. Ass. 35, 99–118

Radebold, H. und Schweizer, R. (2001): Der mühselige Aufbruch. Eine Psychoanalyse im Alter. München, Basel: Ernst Reinhardt

Radebold, H. (2002): Psychoanalyse und Altern oder: Von den Schwierigkeiten einer Begegnung. Psyche 56, 1031–1060

Raguse-Stauffer, B. (1990): Psychoanalytische Überlegungen zu Klimakterium und Menopause. Zs Psychoanal Theorie und Praxis 5, 303–315

Resch, F. (2002): Risikoverhalten und seelische Störungen in Pubertät und Adoleszenz. In: Zapotoczky, H. G., Fischhof, P. K. (Hg.): Psychiatrie der Lebensabschnitte. Wien, New York: Springer, 55–76

Rohde-Dachser, C. (1990): Über töchterliche Existenz. Zs psychosom. Med. 36, 303–315

Roth, G., Prinz, W. (1996): Kopfarbeit. Kognitive Leistungen und ihre neuronalen Grundlagen. Spektrum Akademischer Verlag

Roth, G. (1996, 2000): Das Gehirn und seine Wirklichkeit. Kognitive Neurobiologie und ihre philosophischen Konsequenzen. Frankfurt a. M: Suhrkamp

Rupprecht-Schampera, U. (1997): Frühe Triangulierung in der Hysterie. Psyche 51, 637–664

Salzberger-Wittenberg, I. (2002): Psychoanalytisches Verstehen von Beziehungen. Ein Kleinianischer Ansatz. Wien: Facultas

Sander, L. M. (1989): Investigation of the infant and is care-giving environment as a biological system. In: Greenspan, S. I., Pollock, G. H. (Hg.): The course of life, vol. 1, Madison Conn.: International University Press, 359–391

Sandler, J., Sandler, M. A. (1984): The past unconscious, the present unconscious and interpretations of the transference. Psychoanalytic Inquiry 4, 367–399

Schlesinger-Kipp, G. (2002): Weibliche Entwicklung in den Wechseljahren. Psyche 56, 1007–1030

Schubart, W. (1991): Psychoanalyse und ihre Anwendungen – Zur Identität des Psychoanalytikers. Zeitschrift für psychoanalytische Theorie und Praxis, VI, 260–276

Schwarz, F., De Rijke, J. (1993): Course and outcome after individual and group psychotherapy with schizophrenic and schizo-affective patients. In: Benedetti, G., Furlan, P. M. (Hrsg.): The psychotherapy of schizophrenia. Seattle, Toronto, Bern, Göttingen: Hogrefe & Huber Publ., 283–292

Schwarzer, R. (1993): Streß, Angst und Handlungsregulation. Stuttgart: Kohlhammer

Segal, H. (1990): Bemerkungen zur Symbolbildung. In: Spillius, E. B. (Hg.): Melanie Klein heute. München: Verlag Internationale Psychoanalyse

Segal, H. (1996): Traum, Phantasie und Kunst. Stuttgart: Klett-Cotta

Sies, C., u. Nestler, V. (1992): Soll und Haben. Die Wechseljährige zwischen Illusion und Wirklichkeit. Psyche 46, 366–387

Söldner, M. (1994): Depression aus der Kindheit. Göttingen: Vandenhoeck & Ruprecht

Spitz, R. (1963): Das Leben und der Dialog. Psyche 26, 249–264

Spitz, R. (1965): Vom Säugling zum Kleinkind. Stuttgart: Klett, 1967

Stern, D. N. (1985): Die Lebenserfahrung des Säuglings. Stuttgart: Klett-Cotta, 1992

Stern, D. N. (1985): The interpersonal world of the infant. New York: Basic Books

Stork, J. (1974): Fragen nach dem Vater. Freiburg, München: Alber

Strenger, C. (1991): Between Hermeneutics and Science, An essay on Epistemology of Psychoanalysis, New York

Tyson, Ph., Tyson, R. L. (1990): Psychoanalytic theories of Development: an integration. Yale University Press, New Haven and London. Deutsch: Lehrbuch der psychoanalytischen Entwicklungspsychologie. Stuttgart: Kohlhammer, 2001

Tyson, Ph. (1991): Männliche Geschlechtsidentität und ihre Wurzeln in der frühkindlichen Entwicklung. In: Friedmann, R. M. und Lerner, L. (Hg.): Zur Psychoanalyse des Mannes. Berlin, Heidelberg, New York: Springer

Volkan, V. D., Ast, G. (1994): Spektrum des Narzißmus. Göttingen: Vandenhoeck & Ruprecht

Waelder, R. (1970): Hemmung, Symptom und Angst – vierzig Jahre später. Psyche 24, 81–100

Watson, J. S. (1994): Detection of self: the perfect algorithm. In: Parker, S., Mitchell, R., Boccia, M. (Hg.): Self-Awareness in Animals and Humans: Developmental Perspectives. New York: Cambridge University Press, 131–149

Wendl-Kempmann, G. und Wendl, Ph. (1986): Partnerkrisen und Scheidung. Ursachen, Auswirkungen und Verarbeitung aus psychoanalytischer und richterlicher Sicht. München: Beck

Winnicott, D. H. (1953): Übergangsobjekt und Übergangsphänomene. Psyche 23, 666–682

Winnicott, D. W. (1967): Die Spiegelfunktion von Mutter und Familie in der kindlichen Entwicklung. In: Vom Spiel zur Kreativität. Stuttgart: Klett, 1973

Winnicott, D. W. (1974): Reifungsprozesse und fördernde Umwelt. München: Kindler

Winnicott, D.W., (1974): Fear of Breakdown. Int. Rev. Psycho-Anal., 1, 103. Deutsch: Psyche 12, 1116–1126

Winnicott, D. W. (1976): Von der Kinderheilkunde zur Psychoanalyse. München: Kindler

Winnicott, D. W. (1971, 1989): Vom Spiel zur Kreativität. Stuttgart: Klett-Cotta

Sachregister

Adoleszenz 93, 123, 133 ff
– protrahierte 143 ff
Adrenalin 31 ff
Affektsteuerung 134
Affektsyteme 40
Alpha-Funktion 54 ff
Alpträume 14, 48 f, 60, 63 f
– quälende 14, 29
– Wiederholungsalpträume 172
Alterungsprozess 212 ff
Anal-sadistische Machtkämpfe 158
Angst
– automatische 69 f
– bei Prüfungsvorbereitung 11 f
– das Objekt zu zerstören 79
– Entwicklungsstufen 65 ff
– Existenzangst 184
– Fragmentierung 89, 176
  Fremdenangst 70
– gebundene 98 f
– Gewissensangst 14, 77, 92
– hypochondrische 29
– in der Prüfung 12
– Kastrationsangst 76, 90 f
– Konfliktangst 77, 100
– Leistungsangst 24
– Prüfungsangst
– normale 31, 42, 130
– pathologische 12, 25, 28, 34, 35 ff,
  42, 54, 81, 101, 130, 216
– Schulangst 28, 65, 138
– Schwellenangst 42 f, 54, 101
– Signalangst 68, 81
– Strafangst 77, 90, 92
– Todesangst 29, 17 f, 206
– -toleranz 131
– Trennungsangst 76 ff, 160
– Über-Ich-Angst 77
– Verfolgungsangst 78 f
– Verlassenheitsangst 78, 161

– Verlustangst 85
– Vernichtungsangst 75, 78
– Versagensangst 177
– Verschmelzungsangst 78
– vor Bewertung 82
– – Fahrprüfung 159
– – Kritik 76
– – Nachreifung 157
– – Objektverlust 76 f
– – Potenz 170
– – Retraumatisierung 176
– – Selbstverlust
– – Strafe 76
– – traumatischer Überstimulierung
  78
– – Verlust von Bewunderung und
  Liebe 78
– – Verschlungenwerden 79
Arbeitsstörung 12, 36, 63, 103 ff, 150,
  158, 170, 177
Autonomiekonflikt 85

Basis
– sichere 81
Beta-Elemente 55 ff
Bindung 81 ff
– Erwachsenen-Bindungsinterview
  (AAI) 84
– sichere 83
– unsicher-ambivalente 83
– unsicher-desorganisierte 83
– unsicher-vermeidende 83
Bindungsstörungen 38
Bindungsverhalten 36

Containment 44, 58, 228

Depressive Konflikte 160
Depressive Position 56, 85
Der bedeutsame Andere 101, 125, 131

Erotisierung 187

Furchtreaktion 69

Geburtstag 43
Gedächtnis 36
– bewusstes 36
– explizites 52
– implizites 52
– unbewusstes 36
Gefahrensituation
– subjektiv erlebte 35, 130
Gegenübertragung 189, 225, 234
Geschlechtsidentität 39
Größenphantasien 136

Hippocampus 33, 36, 38
Hypothalamus 31

ICD-10-Diagnosenthesaurus 131
Ich-Ideal 62
Identität 112 ff
– Ich-Identität 134
– Identitätsbildung 133
– Identitätserleben 15
– Identitätsdiffusion 137
– Identitätskrise 154, 170
– Identitätsselbst 129
– Identitätsveränderung 150
– kulturelle 151
Impotenz 178
Indikation 232 f
Interdisziplinärer Dialog 37 ff
Intersubjektive Anerkennung 28, 41,
74, 177

Klimakterium 63, 213
Konfliktdynamik 235
Konfliktlösungen 130
Kontingenz 72
Kortisol 32 f, 36
Kreativität 188, 211
Kriseninterention 14

Lampenfieber 63
Latenz 9
Lernstörung 36, 109
Loyalitätskonflikt 90 f, 111, 236

Mandelkern 32, 36, 38
Masochismus 152
Matrix 118
Migration 117 ff, 151
Mothering
– good enough 186
Motivationssysteme 40, 81

Narzisstische Konflikte 169
Neurobiologische Befunde 37
Noradrenalin 31 ff

Objekt
– steuerndes 99
Objektkonstanz 71, 84, 131, 152
Ödipuskomplex 149
OPD 131
Onaniephantasie 134

Paranoid-schizoide Position 54, 56
Parasympathikus 31
Phantasien
– unbewusste 47
Phobie 94 ff
Posttraumatische Belastungsstörung 36
Präkonzeptualisierung 54
Präödipale Konflikte 152
Probehandeln 134
Projektive Identifizierung 57
Prüfung 31 ff, 42
Pseudoobjektivierung 99
Psychose 35, 78, 201 ff
Psychotherapie
– analytische Kinder- und Jugend-
lichenpsychotherapie 28, 235
– – Familientherapie 20, 234
– – Fokaltherapie 229
– – Gruppentherapie 44, 116 ff, 234
– – Kurzzeittherapie 229

– – Langzeittherapie 161 ff, 172 ff, 209, 231
– – Krisentherapie 170, 207
– – Paartherapie 226, 235
– tiefenpsychologisch fundierte 106, 233 f
Psychotiker 58
– Psychotherapie 58

Regression 41, 103, 150
Reifungskrise 135
Reifungsschub 133
Resymbolisierung 188

Schwellensituationen 15 ff, 30
– Berufswechsel 216
– Einschulung 23 ff, 65 ff
– Ende der Berufstätigkeit 29
– Geburt eines Kindes 15
– Hauskauf 29
– Heirat 88
– Kindergarten 16
– Loslösung 14
– – von der Familie 14
– – von der Universität 14
– – Pubertät 27
– Scheidung 16, 26
– Schulabschluss 15
– Schwimmkurs 16
– Trennung 25, 28
Selbst 112 ff
– falsches 86 ff, 119, 183
– kohärentes 91
Selbstbild 28, 113, 129
Selbstobjekt 25, 152, 212
Selbstverlust 158
Separation 187
Sexualisierung 181
Sozialadoleszenz 142
Sozialprestige 15
Spätadoleszenz 93, 133 ff, 141
Strukturniveau 60, 132, 152, 200
Suizidale Krisen 155, 159
Symbiose 72, 77
Symbol 57

– gedächtnis 53
Symbolisierung 55 ff, 67, 85, 101, 176, 187, 202
Sympathikus 31
Szene 227 f

Tagträume 12, 135
Trauerarbeit 161
Traum 40 ff
– Angsttraum 46, 49
– -arbeit 46
– Bestrafungstraum 46
– diagnostik 45, 47 ff, 59
– Initialtraum 189, 191
– latenter Traumgedanke 46
– manifester 43 ff, 227
– Prüfungsangst-Träume 44, 61 ff
– -raum 60, 189
– -serien 58
– Tagesrest 46, 188
– traumatischer Traum 59
– Traumdenken 41, 53
– Wiederholungsträume 159, 176
– Wunscherfüllungserfüllungstraum 46
Trennungsschuld 14, 111
Trennungswunsch 85
Triangulierung 84, 90, 153

Übergangsobjekt 80, 201
Übergangsraum 60, 89
Über-Ich
– sadistisches 150
Überstimulierung 69
– traumatische 69
– Angst vor traumatischer 77
Übertragung 51, 227
– -analyse 235
– Hörigkeitsübertragung 212
– negative 37, 175
Urrepräsentationen 39
Urverunsicherung 161
Wechseljahre 210
Wiedergutmachung 56, 116
Widerstandsanalyse 235